RESPONSABILIDADE CIVIL PELA PERDA DE UMA CHANCE
A álea e a técnica

O GEN | Grupo Editorial Nacional reúne as editoras Guanabara Koogan, Santos, Roca, AC Farmacêutica, Forense, Método, LTC, E.P.U. e Forense Universitária, que publicam nas áreas científica, técnica e profissional.

Essas empresas, respeitadas no mercado editorial, construíram catálogos inigualáveis, com obras que têm sido decisivas na formação acadêmica e no aperfeiçoamento de várias gerações de profissionais e de estudantes de Administração, Direito, Enfermagem, Engenharia, Fisioterapia, Medicina, Odontologia, Educação Física e muitas outras ciências, tendo se tornado sinônimo de seriedade e respeito.

Nossa missão é prover o melhor conteúdo científico e distribuí-lo de maneira flexível e conveniente, a preços justos, gerando benefícios e servindo a autores, docentes, livreiros, funcionários, colaboradores e acionistas.

Nosso comportamento ético incondicional e nossa responsabilidade social e ambiental são reforçados pela natureza educacional de nossa atividade, sem comprometer o crescimento contínuo e a rentabilidade do grupo.

Daniel Amaral Carnaúba

RESPONSABILIDADE CIVIL PELA PERDA DE UMA CHANCE
A álea e a técnica

13

SÃO PAULO

■ A EDITORA MÉTODO se responsabiliza pelos vícios do produto no que concerne à sua edição (impressão e apresentação a fim de possibilitar ao consumidor bem manuseá-lo e lê-lo). Os vícios relacionados à atualização da obra, aos conceitos doutrinários, às concepções ideológicas e referências indevidas são de responsabilidade do autor e/ou atualizador.

Todos os direitos reservados. Nos termos da Lei que resguarda os direitos autorais, é proibida a reprodução total ou parcial de qualquer forma ou por qualquer meio, eletrônico ou mecânico, inclusive através de processos xerográficos, fotocópia e gravação, sem permissão por escrito do autor e do editor.

Impresso no Brasil – *Printed in Brazil*

■ Direitos exclusivos para o Brasil na língua portuguesa
Copyright © 2013 *by*
EDITORA MÉTODO LTDA.
Uma editora integrante do GEN | Grupo Editorial Nacional
Rua Dona Brígida, 701, Vila Mariana – 04111-081 – São Paulo – SP
Tel.: (11) 5080-0770 / (21) 3543-0770 – Fax: (11) 5080-0714
metodo@grupogen.com.br | www.editorametodo.com.br

■ Capa: Marcelo S. Brandão

■ CIP – Brasil. Catalogação-na-fonte.
Sindicato Nacional dos Editores de Livros, RJ.

C286r

Carnaúba, Daniel Amaral

Responsabilidade civil pela perda de uma chance : a álea e a técnica / Daniel Amaral Carnaúba ; Coordenação: Giselda Maria Fernandes Novaes Hironaka, Flávio Tartuce. – Rio de Janeiro : Forense ; São Paulo: MÉTODO, 2013.

ISBN 978-85-309-4803-0

1. Direito civil – Brasil 2. Responsabilidade (Direito) 3. Responsabilidade social. I. Título. II. Série.

13-1586.   CDU: 342.71

Coordenação

Giselda Maria Fernandes Novaes Hironaka
Flávio Tartuce

Títulos

Vol. 1 – **Direito sucessório do cônjuge e do companheiro**
Inacio de Carvalho Neto

Vol. 2 – **Função social dos contratos – do CDC ao Código Civil de 2002**
Flávio Tartuce

Vol. 3 – **Revisão judicial dos contratos – do CDC ao Código Civil de 2002**
Wladimir Alcibíades Marinho Falcão Cunha

Vol. 4 – **Danos morais e a pessoa jurídica**
Pablo Malheiros da Cunha Frota

Vol. 5 – **Direito contratual contemporâneo – a liberdade contratual e sua fragmentação**
Cristiano de Sousa Zanetti

Vol. 6 – **Direitos da personalidade e clonagem humana**
Rita Kelch

Vol. 7 – **Responsabilidade civil objetiva pelo risco da atividade – uma perspectiva civil-constitucional**
Ney Stany Morais Maranhão

Vol. 8 – **Regime de bens e pacto antenupcial**
Fabiana Domingues Cardoso

Vol. 9 – **Obrigações de meios e de resultado – análise crítica**
Pablo Rentería

Vol. 10 – **Responsabilidade civil objetiva e risco – a teoria do risco concorrente**
Flávio Tartuce

Vol. 11 – **Da responsabilidade civil do condutor de veículo automotor – uma abordagem sob as perspectivas da teoria do risco**
Marcelo Marques Cabral

Vol. 12 – **Responsabilidade civil dos prestadores de serviços no Código Civil e no Código de Defesa do Consumidor**
Silvano Andrade do Bomfim

Vol. 13 – **Responsabilidade civil pela perda de uma chance: a álea e a técnica**
Daniel Amaral Carnaúba

Aos meus queridos avós, Lygia e Tarcizo.

"Embora não haja neste mundo tal coisa como a *chance*, nossa ignorância acerca da causa real de qualquer evento exerce essa influência sobre o entendimento, gerando equivalente espécie de crença ou opinião" – David Hume, *An Inquiry Concerning Human Understanding*, Edimburgo: Abernethy & Walker, 1817, p. 56.

AGRADECIMENTOS

O presente trabalho é fruto de minha dissertação, defendida em 2009 na Escola de Direito da Sorbonne (Universidade de Paris 1), como requisito à obtenção do título de Mestre em Direito Privado. Do texto ora apresentado ao público, as duas primeiras partes são a tradução do trabalho original; já a terceira foi elaborada posteriormente, em português, a partir da análise da doutrina e da jurisprudência nacionais. Tomei a liberdade de adaptá-lo tanto quanto possível ao leitor brasileiro, alongando algumas passagens e inserindo notas explicativas do Direito francês. Traduzi livremente todas as citações para o português, ciente dos riscos decorrentes dessa prática.

Minha pesquisa sobre o tema da perda de uma chance ainda prossegue, inserida agora em meu projeto de doutorado na mesma universidade. Nada obstante, entendi por bem publicar, no Brasil, os resultados obtidos até agora com meus estudos. A análise da terceira parte do trabalho talvez convença o leitor das razões desta decisão: em matéria de responsabilidade civil, poucos assuntos têm despertado tanto o interesse dos juristas brasileiros quanto o tema da perda de uma chance. Basta notar o grande número de julgados proferidos recentemente pelo STJ sobre a questão, alguns dos quais prolatados enquanto estas linhas eram escritas. Embora imperfeito – vale lembrar que as dissertações na França não são destinadas à publicação –, este trabalho talvez contribua para a compreensão desse conceito que, subitamente, tornou-se incontornável no Direito Civil Brasileiro. A espera pela excelência pode se revelar leviana, ao passo que as melhorias certamente encontrarão seu lugar em uma subsequente edição do livro.

Gostaria de agradecer o apoio incondicional e os preciosos ensinamentos de minhas duas orientadoras, Professora Muriel Fabre-Magnan

(Paris 1) e Professora Teresa Ancona Lopez (USP). Que elas encontrem, nesta obra, um sinal de minha profunda admiração.

Não poderia deixar de reconhecer, igualmente, o apoio da Professora Patrícia Iglecias Lemos (USP) e do Desembargador Virgilio de Oliveira Júnior (TJ-SP), que sempre abraçaram com grande entusiasmo meus projetos acadêmicos, dividindo comigo parte de sua sabedoria.

Agradeço ainda aos queridos Laure e Damien Canali, cuja prontidão para corrigir meus escritos em francês e para socorrer-me nas tarefas mais fastidiosas foi essencial à conclusão deste trabalho; ao Charles Pastor, pela ajuda ao longo de todo o curso de mestrado; o carinho de minha madrinha Vanda Carnaúba, presença marcante em minha defesa de dissertação; ao amigo Flávio Higa, primeiro leitor desta obra, pelo auxílio fundamental durante sua tradução, pela riqueza de seus comentários e por ter, sempre, me incentivado a publicá-la.

Por fim, aos meus pais, Tarcizo e Beatriz, ao Fernando e ao Guilherme, companheiros de uma vida toda, e à Fabiana, companheira de uma vida pela frente. A eles dedico todo meu amor.

Paris, 26 de maio de 2013

Daniel Amaral Carnaúba
Doutorando em Direito Civil pela Universidade de São Paulo.
Doutorando em Direito Comparado pela Universidade
do Panthéon-Sorbonne.

NOTA DOS COORDENADORES

"De nossa parte, temos a ponderar que, considerados especialmente os têrmos do preceito em vigor sôbre a matéria [...], a tese positivista não encontra nenhum alicerce. Na verdade, o nosso legislador, invocando os Princípios Gerais do Direito, quando a lei fôr omissa, está em tudo e por tudo confessando a omissão, isto é, a imprecisão, a insuficiência da Lei. Como, pois, apelar para a mesma Lei, na pesquisa dos princípios em aprêço? Por outro lado, a atitude positivista implica uma orientação reacionária, pois, se aplicada – e, na verdade, povo culto nenhum jamais a aplicou restritivamente –, tolheria a natural evolução do Direito, gradativamente levada a cabo pela Doutrina e pela Jurisprudência, no seu cotidiano afã de adaptar as normas gerais do Sistema à multifária casuística das relações da vida"
(LIMONGI FRANÇA, Rubens. *Princípios gerais do direito.* 2. ed. São Paulo: RT, p. 160).

A crítica formulada por Rubens Limongi França ao positivismo, no texto acima, reflete o tom crítico e a inegável atualidade de suas obras.

Limongi França foi um revolucionário e estaria muito feliz se estivesse entre nós, vivificando a verdadeira revolução pela qual passa o Direito Civil brasileiro. Estaria feliz com o surgimento do sistema de cláusulas gerais, que confere maior efetividade ao sistema jurídico. Estaria feliz com o diálogo interdisciplinar, com o diálogo das fontes, com a análise do Direito Privado a partir da Constituição Federal. Estaria feliz com esse Direito Civil que mais se preocupa com a pessoa humana, relegando o aspecto patrimonial das relações a um posterior plano.

Como Limongi França infelizmente não está mais entre nós, coube a estes coordenadores, e à Editora Método, a ideia de lançar uma série editorial monográfica com o seu nome, trazendo trabalhos e estudos de novos e já consagrados juristas sobre esta nova face do Direito Privado.

Muito nos honra esta coordenação, e trabalharemos no sentido e em razão de honrar o nome desse grande jurista, para que se perpetue ainda mais no meio jurídico nacional.

Assim, esperamos, e desejamos, que a presente coleção reflita, consagre e encaminhe para o futuro toda a magnitude da obra de Limongi França, bem como todo o anseio pela mudança e pelo avanço que eram difundidos e esperados pelo saudoso Mestre.

Boa leitura a todos.

São Paulo, dezembro de 2006

PREFÁCIO

(Tradução livre do próprio autor)

A perda de uma chance é uma noção complexa, que ainda perturba a Corte de Cassação e divide a doutrina. Ela refere-se ao dano, mas, na seara médica, ela não revelaria uma incerteza sobre o nexo de causalidade? Ela deve sempre conduzir a uma reparação meramente parcial do dano ocorrido? Ela pode ser empregada no âmbito do descumprimento de uma obrigação de informação? São estas algumas das questões intrincadas sobre as quais a dúvida persiste e o consenso não se estabelece.

A perda de uma chance é a prova irrefutável de que nem tudo pode ser conhecido e de que sempre haverá uma parcela de desconhecido. Daniel Carnaúba enfrenta com coragem essa constatação, em vez de ceder à ilusão reconfortante da onisciência. Segundo ele, embora a utilização da noção de perda de uma chance seja sempre o indício de uma incerteza, ela não é inaceitável, mas precisamente o contrário, necessária. O mecanismo da perda de uma chance afasta as soluções extremas para encontrar um justo meio-termo, que, como ressalta o autor, não nos conduz nem a ignorar, nem a desfazer a incerteza. Em verdade, diferentemente do que ocorre, por exemplo, com o uso das presunções, esse mecanismo não converte o desconhecido em conhecido, mas toma a opção oposta, de se acomodar diante da parcela desconhecida. Ele permite, assim, uma solução menos abrupta e falsamente abalizada do que a reparação total do dano, ou do que a solução inversa, a recusa de qualquer reparação. A perda de uma chance faz parte, assim, dos instrumentos jurídicos que nos permitem lidar com a incerteza.

Desse modo, a presente dissertação não se contenta em promover fielmente a desconstrução da noção (primeira parte); ela também se dedica, humildemente, à tarefa ainda mais complexa de reconstrução da técnica (segunda parte).

Segundo o autor, "em vez de constituir uma espécie de prejuízo, a perda de uma chance seria definida melhor como uma técnica decisória, que, por meio do deslocamento da reparação, visa superar as insuficiências da responsabilidade civil". É fácil se convencer da afirmação: a perda de uma chance é uma técnica, enquanto a espécie de prejuízo reparada é efetivamente a chance perdida e que é reparada precisamente como tal.

Daniel Carnaúba emprega então uma distinção bastante estimulante e igualmente convincente entre dois tipos de incerteza: uma incerteza fatual, referente a um fato ou a um encadeamento de fatos que realmente ocorreram (por exemplo, a embolia de um paciente teria sido causada pelo ar presente em suas narinas ou pelo ar injetado pelo médico por meio de uma seringa?), e uma incerteza contrafatual, referente à reconstrução retrospectiva de um encadeamento de fatos (o que teria ocorrido se o médico tivesse agido de forma diversa?). Segundo ele, a técnica da perda de uma chance pode ser empregada apenas em presença de uma incerteza fatual e as situações de perda de chance devem assim ser distinguidas das situações de criação de riscos. Essa distinção permite o que ele designa como "limite da técnica", que significa precisamente que a perda de uma chance não deve ser utilizada quando há na verdade uma incerteza sobre o nexo de causalidade entre o fato imputado ao réu e a chance perdida. Nos casos de pluralidade de riscos, a incerteza é fatual e decorre, com efeito, das dificuldades experimentadas pelos juízes na reconstituição do evento litigioso. Há, portanto, um problema de incerteza probatória que somente poderá ser resolvido por meio da técnica das presunções, e não de lesão a um interesse aleatório, que é a única definição da perda de uma chance.

Segundo o autor, a técnica da perda de uma chance não pode igualmente ser utilizada em casos de descumprimento de um dever de informação. Nesse tipo de litígio, falta – mais uma vez – um elemento essencial sem o qual a reparação de chances não tem razão de ser: a lesão a um interesse aleatório. O fato litigioso e, portanto, incerto, refere-se à decisão que a vítima teria tomado se o dever de informação tivesse sido respeitado. Ora, se essa decisão é aleatória para todos os indivíduos, ela não o é para a vítima, afirma o autor. A vontade não constituiria tecnicamente uma "chance" para aquele que deve declará-la. A jurisprudência francesa mais recente parece dar-lhe razão.

Por outro lado, a técnica da perda de uma chance pode, segundo Daniel Carnaúba, aplicar-se em matéria de responsabilidade médica, conduzindo assim à reparação da perda de uma chance de cura ou de sobrevida causada pelo erro médico. A reparação de chances perdidas é até mesmo especialmente adaptada aos casos em que o paciente foi privado de um medicamento ou de um tratamento indicado para a sua doença, na medida em que o juiz poderá então dispor das estatísticas que indicam a probabilidade dos benefícios dos quais gozaria este paciente. O autor conclui, porém, que os juízes deveriam hesitar menos em utilizar a técnica das presunções, e logo a reparar todo o dano, o que é sustentado igualmente, mas por outras razões, por parte da doutrina francesa.

Em definitivo, a perda de uma chance revela-se um mecanismo particularmente eficaz na medida em que afasta as conjecturas impossíveis. Em vez de remeter a vítima à situação em que ela se encontraria sem a culpa do autor (uma situação desconhecida), a reparação da perda de uma chance a recoloca na situação na qual ela se encontrava antes do evento danoso, ou seja, ela restabelece o *status quo ante*. Ora, não há qualquer dúvida sobre essa situação passada: sabemos que, antes da intervenção do réu, a vítima tinha chances de obter o resultado esperado. São estas chances, então, que devem ser indenizadas.

A contribuição desta excelente dissertação é patente e é com grande satisfação que a vemos hoje publicada. Fiquei absolutamente convencida, ao lê-la, dos talentos do autor, e por essa razão aceitei orientá-lo em sua tese de doutorado. É bastante raro encontrar, em uma dissertação de mestrado (master 2), tamanha sofisticação de análise e criatividade.

Resta-me desejar que essas promessas sejam confirmadas em sua tese e que, depois de analisar tão bem o passado e as chances perdidas, Daniel Carnaúba concretize, no futuro, todas as suas chances de sucesso.

Paris, 18 de fevereiro de 2013

Muriel Fabre-Magnan
Professora da Escola de Direito da Sorbonne
Universidade de Paris 1 (Panthéon-Sorbonne).

SUMÁRIO

ABREVIATURAS.. XXI

INTRODUÇÃO... 1

PRIMEIRA PARTE
PERDA DE UMA CHANCE: A DESCONSTRUÇÃO
DO PROBLEMA

Seção preliminar: a técnica.. 17

Título 1 – Os elementos fáticos... 25

   Seção 1 – As constantes dos casos de perda de chances 25

     § 1 – Um interesse sobre um resultado aleatório 25

     § 2 – A redução de chances de obter o resultado aleatório deseja-
do em razão de um fato imputável ao réu............................. 27

     § 3 – O fim do processo aleatório com a não obtenção do resulta-
do desejado... 29

     § 4 – A incerteza contrafatual.. 31

   Seção 2 – A distinção com relação à criação de um risco............... 32

     § 1 – A ação antes da concretização do risco............................... 33

     § 2 – A ação depois da concretização do risco 37

Título 2 – Um paradoxo jurídico.. 47

   Seção 1 – O óbice à certeza do prejuízo 49

     § 1 – A noção de certeza 51

     § 2 – A abrangência da certeza... 54

Seção 2 – O óbice ao nexo de causalidade 56

Seção 3 – Nexo de causalidade e certeza do prejuízo: relações e limites 66

SEGUNDA PARTE
PERDA DE UMA CHANCE: A CONSTRUÇÃO DA TÉCNICA

Seção preliminar: a álea 73

Título 1 – A evolução da técnica 79

Seção 1 – Primeira solução: a álea inerente ao interesse lesado impede sua reparação 82

Seção 2 – Segunda solução: o deslocamento do objeto da prova 87

§ 1 – A presunção de fato aplicada aos casos de perda de chance 88

§ 2 – A presunção de fato aplicada aos casos de perda de chance jurisdicional 93

Seção 3 – Terceira solução: o deslocamento da reparação 103

§ 1 – A reparação das chances perdidas: uma questão de certeza 108

§ 2 – A avaliação das chances perdidas: uma questão de probabilidade 112

Título 2 – O fundamento da técnica 121

Seção 1 – A álea como prejuízo: os elementos da assimilação 122

§ 1 – Um interesse real e sério 123

§ 2 – Um interesse autônomo (?) 128

Seção 2 – A álea como um prejuízo: os limites da assimilação 137

§ 1 – A reparação das chances de sobrevivência ou de cura: a demarcação dos limites 138

A – O princípio: uma aplicação justificável 140

B – O limite: a aplicação injustificada 143

§ 2 – A reparação das chances em razão do desrespeito ao dever de informar: a extrapolação dos limites 149

TERCEIRA PARTE
PERDA DE UMA CHANCE: A ASSIMILAÇÃO DA TÉCNICA PELO DIREITO BRASILEIRO

Título 1 – A natureza da chance perdida: uma análise da taxonomia do prejuízo 165

Seção 1 –	A chance perdida e a dicotomia entre danos emergentes e lucros cessantes	166
§ 1 –	O critério adotado: o impacto do evento danoso sobre o *status quo ante*	166
§ 2 –	O critério aplicado à chance perdida: o enquadramento como dano emergente	168
Seção 2 –	A chance perdida e a dicotomia entre danos patrimoniais e danos morais	169
Título 2–	A aplicação da reparação de chances: uma análise da jurisprudência	173
Seção 1 –	A reparação de chances na jurisprudência: os equívocos de premissa	175
§ 1 –	Os equívocos quanto à identificação do prejuízo a ser reparado	175
§ 2 –	Os equívocos quanto à quantificação do prejuízo a ser reparado	177
Seção 2 –	A reparação de chances na jurisprudência: a justa cautela	181

CONCLUSÃO 189

BIBLIOGRAFIA 195

ABREVIATURAS

AJDI	L'Actualité Juridique Droit Immobilier
Ass. Plen.	Corte de Cassação, Assembleia Plena (França)
Bull. civ.	Bulletin civil
Bull. crim.	Bulletin criminel
CA	Corte de Apelação (França)
Câm.	Câmara
Civ.	Corte de Cassação, Câmara Civil (França)
Col.	Coleção
Com.	Corte de Cassação, Câmara Comercial (França)
Comen.	Comentário
Cons. St.	Conselho de Estado (Itália)
Crim.	Corte de Cassação, Câmara Criminal (França)
C. Supr. Cass.	Corte Suprema de Cassação (Itália)
D.	Recueil Dalloz-Sirey
D.H.	Dalloz Hebdomadaire
Ed.	Edição
Gaz. Pal.	Gazette du Palais
IR	Informations rapides Dalloz
JCP	La Semaine Juridique, edição geral

KB	King's bench (Inglaterra e País de Gales)
LGDJ	Librairie Générale de Droit et de Jurisprudence
LPA	Les Petites Affiches
PUAM	Presses Universitaires Aix-Marseille
PUF	Presses Universitaires de France
QB	Queen's bench (Inglaterra e País de Gales)
RD Imm.	Revue de Droit Immobilier
RDC	Revue des Contrats
RDSS	Revue de Droit Sanitaire et Social
Req.	Corte de Cassação, Câmara de Requerimentos (França)
Resp. civ. et ass.	Responsabilité Civile et Assurance
RRJ	Revue de la Recherche Juridique
RTD civ.	Revue Trimestrielle de Droit Civil
Trad.	Tradução
S.	Recueil Sirey
Seç.	Seção
Som.	Sommaires commentés Dalloz
STJ	Superior Tribunal de Justiça (Brasil)
TA	Tribunal Administrativo (França)
TGI	Tribunal de Grande Instância (França)
Trib. civ.	Tribunal Civil (França)
Trib. com.	Tribunal Comercial (França)
Trib. cor.	Tribunal Criminal (França)
UnB	Editora da Universidade Nacional de Brasília
Vol.	Volume

INTRODUÇÃO

1. A álea, o acaso, a chance, a probabilidade, a incerteza. Tantas palavras contém o vernáculo, utilizadas ora como sinônimos, ora para lapidar ideias muitas próximas. Sem adentrar o domínio da etimologia, não seríamos capazes de traçar, por exemplo, uma distinção clara entre álea, da terminologia contratual-jurídica, e a incerteza, definição cara às obras de economia. Sem dúvida, a riqueza do vocabulário pode ser empregada para dissipar os mal-entendidos; preocupado com a precisão terminológica, um autor poderia conceder a cada uma dessas palavras um sentido próprio e estrito. Não é, no entanto, o que faremos agora. Por ora, deixemos incólume a desordem da língua corrente para procurarmos a ideia por detrás de todos esses termos. É inegável que há um elemento de coesão entre eles, irredutível mesmo perante o mais severo purismo técnico. Há um denominador comum que é, todavia, muito difícil de ser identificado. Tantas palavras para expressar uma ideia que tanto nos custa a ser entendida.

A nosso ver, a chave para a compreensão de todas essas expressões é justamente o desconhecido. Por definição, a álea, o acaso, a chance, a probabilidade, a incerteza, são sempre manifestações do incógnito, manifestações de algo que escapa ao pleno entendimento humano. Todo evento existe ou não existe, existirá ou não existirá. Dado evento será taxado de aleatório ou incerto apenas porque não dispomos de todas as informações necessárias para tecer esse inevitável juízo. A incerteza ou a álea não é, portanto, um elemento próprio de um fenômeno, mas sim a consequência de nosso conhecimento imperfeito sobre ele. É o que fez Frank H. Knight concluir que "não há qualquer probabilidade, mas tão somente certeza, se o conhecimento é completo"[1]. Quase uma década antes, Poincaré já afirmava que "a aleatoriedade não é outra coisa senão

---

[1] F. H. KNIGHT, *Risk, Uncertainty and Profit*. Nova York: Cosimo, 2006, p. 219 [1921].

2 RESPONSABILIDADE CIVIL PELA PERDA DE UMA CHANCE

a medida de nossa ignorância. Os fenômenos fortuitos são, por definição, aqueles cujas leis nós ignoramos"[2].

São duas as espécies de incógnito que podem dar ensejo à aleatoriedade: em alguns casos, a ignorância atinge uma ou mais regras causais que determinam o evento em questão, hipótese na qual o incógnito é algo inerente ao estado da ciência. Trata-se de uma lacuna do saber nomológico, relativo ao conhecimento das leis da natureza que regem aquele fato judicioso. Em outros casos, a álea é fruto de uma ignorância fática. A despeito da aptidão tecnológica para compreender todas as leis causais que regem determinada situação, a aplicação de tais regras ao caso concreto mostra-se impossível, pois um ou mais dados da realidade são ignorados. Nesta segunda hipótese, o desconhecido atinge o saber ontológico, tornando imperfeita a descrição do fenômeno analisado[3].

---

[2] H. POINCARÉ, *Calcul des probabilités*. 2ª ed. Paris: Jacques Gabay, 1987, n° I, p. 2 [1912]. Para fazer justiça à concepção do autor, é necessário ressaltar que ele postula tal definição para, na sequência, criticá-la: "Mas tal definição seria realmente satisfatória? [...] é forçoso concluir que o acaso não é simplesmente o nome que damos à nossa ignorância". No entanto, os exemplos fornecidos por Poincaré para sustentar tal crítica, longe de refutar a definição inicial, ao contrário, a confirmam: por exemplo, o autor demonstra que incerteza relativa ao equilíbrio instável universal decorre de nossa impossibilidade de conhecer perfeitamente a realidade. "Se conhecêssemos exatamente as leis da natureza e a situação do universo no instante inicial, poderíamos prever exatamente a situação deste mesmo universo em um instante ulterior. Mas, ainda que as leis naturais não nos guardassem mais qualquer mistério, só poderíamos conhecer tal situação de maneira aproximativa". A mesma razão é dada à álea meteorológica: uma diferença ínfima de temperatura – décimos de grau – determina se um ciclone ocorrerá aqui ou lá: "Tivéssemos conhecido esse décimo de grau, poderíamos então ter antecipado [a ocorrência do ciclone], mas as observações não eram nem tão firmes nem tão precisas, e é por isso que tudo parece ter ocorrido em função do acaso". Ainda, o resultado da roleta é sempre incerto, pois "basta que a impulsão varie em um ou dois milímetros" para que o resultado se altere. "Diferenças que não são captáveis por nossos sentidos musculares e que escapariam aos instrumentos mais delicados". Por fim, são as "correntes de ar, cujas leis são ignoradas por nós" que determinam a disposição aleatória dos grãos de poeira em suspensão. Como se vê, a relação entre ignorância e acaso é curiosamente confirmada.

[3] Essa distinção entre conhecimentos nomológicos e conhecimentos ontológicos foi empregada por Von Kries, em seu ensaio clássico sobre a causalidade no Direito. John Maynard Keynes a retoma, desenvolvendo tal diferença a partir das noções de espaço e tempo: os dados ontológicos são aqueles relativos à existência de um fato particular e, por consequência, só têm sentido quando delimitados em um ponto no espaço e no tempo. Por exemplo, a proposição "Paulo caiu da escada" pertence ao saber ontológico, pois concerne a um fato preciso da realidade, em dado momento e em dado lugar. Por outro lado, os conhecimentos nomológicos são aqueles relativos às leis da natureza. São eles abstratos, e não fazem referência aos elementos de tempo e espaço. Trata-se do saber científico. É assim com a proposição "a gravidade provoca a queda dos corpos", a qual é atemporal e não espacial. J. M. KEYNES, *A Treatise on*

INTRODUÇÃO

2. É bem verdade que essa definição da álea como consequência do desconhecido pode parecer contraintuitiva. Seria realmente possível identificar um elemento incógnito na base de todo evento incerto? De início, não parece haver maiores problemas em se admitir que a incerteza que atinge certos fenômenos é fruto das limitações da ciência, ainda incapaz de estabelecer satisfatoriamente todas as regras que os determinam[4]. Com efeito, nenhum evento que passa ao largo dos conhecimentos humanos atuais pode ser antecipado, pertencendo, por consequência, à alçada do incerto, do aleatório. As doenças que ainda não foram completamente dominadas pela medicina são um exemplo marcante; não podemos explicá-las senão por meio de probabilidades: X% de chances de desenvolver um tumor, Y% de sucesso do tratamento. Os limites do saber nomológico são incompatíveis com a certeza.

Por outro lado, é possível que determinado evento seja aleatório e que essa álea não pareça, ao menos à primeira vista, ser o resultado de um fator ignorado. Alguém joga um dado sobre uma mesa. O resultado do lance é obviamente fortuito. Entretanto, qual seria o elemento incógnito? Nós diríamos que ele reside na descrição incompleta dos fatos. Evidentemente, as leis causais que regem o caso em questão são bem conhecidas pelo homem (as leis da aplicação de forças sobre um corpo, da aerodinâmica, do atrito...). São os fatos concretos que fogem ao nosso juízo: em que ponto do dado a força foi aplicada? Qual foi a direção do movimento? Qual era a exata posição inicial do objeto? Fossem essas informações conhecidas, a posição final do dado e o resultado do lance seriam naturalmente previsíveis. Contudo, o desconhecimento da realidade – demasiado complexa – impede que as regras da mecânica sejam postas a nosso serviço. Novamente, é o incógnito que dá origem à incerteza, ainda que dessa vez estejamos diante de uma ignorância ontológica, relativa à descrição do fenômeno.

3. É necessário agora que desfaçamos uma confusão frequente: um evento aleatório não é necessariamente um evento futuro, e vice-versa[5].

Probability. Londres: BN, 2008, p. 275-277. V. também F. CHABAS, *L'Influence de la pluralité de causes sur le Droit de la réparation.* Paris: LGDJ, 1967, n° 104 e s., p. 87-89 (Col. Bibliothèque de Droit Privé).

[4] A mesma ideia é explorada por A. BÉNABENT em sua definição de acaso (*hasard*), cuja imprevisibilidade "se deve à ausência de causa, ao menos de uma causa por nós discernível", *La chance et le Droit.* Paris: LGDJ, 1973, n° 6, p. 13 (Col. Bibliothèque de Droit Privé).

[5] Em seu comentário ao julgado *Cognet* (Req., 1° jun. 1932, *S. 1933,* I, p. 49), H. MAZEAUD nota que, quando afirma-se que o prejuízo deve ser "certo e atual", os dois termos estão, na realidade, sendo empregados como sinônimos – ou, mais precisamente, o termo "futuro" estaria sendo empregado como sinônimo de certeza. Daí surgiria a

4　RESPONSABILIDADE CIVIL PELA PERDA DE UMA CHANCE

Trata-se de intuição enganosa aquela que vê no porvir, e não no desconhecido, a fonte das incertezas. Essa relação entre fortuito e futuro, apesar de recorrente, não é nem necessária nem determinante. Um exemplo simples pode demonstrar a falácia: tomemos dois amigos, A e B, que desejam realizar apostas sobre o resultado de um dado. Podem eles, em princípio, apostar *antes* de lançar o dado. A posição final – e, neste caso, futura – do objeto lhes é desconhecida, e por essa razão o resultado será evidentemente aleatório. Contudo, eles podem de igual maneira lançar previamente o dado dentro de uma caixa opaca e fechada, fazendo a aposta *após* o lançamento. Os apostadores continuam a ignorar qual é a posição final do dado, que, contudo, já está consolidada no momento presente. Em razão desse desconhecimento, o resultado – fato presente – é mais uma vez aleatório. E bastará que os dois abram a caixa para que essa álea cesse. O desconhecido dá lugar ao conhecido, levando consigo todo traço de incerteza. Por outro lado, imaginemos como contraexemplo o quão infeliz seria o jogo caso A e B decidissem apostar sobre a posição final de um gato, lançado de alguns centímetros do solo... O conhecimento *a priori* impede que esse evento futuro se revista de um caráter fortuito[6].

Em suma, a álea é sempre consequência de um elemento ignorado, pouco importa se o evento em questão é futuro ou passado. Sem dúvida, os eventos futuros são, o mais das vezes, vítimas do desconhecido, e por isso tornam-se frequentemente aleatórios. Por seu turno, os eventos passados são geralmente conhecidos, esquivando-se assim de qualquer incerteza. Contudo, essa relação não é fundamental.

4. Ignorância ontológica ou ignorância nomológica, nos dois casos, a persistência de um elemento desconhecido provoca um lapso na razão humana. Com efeito, o desconhecido atinge um dos pilares de nosso pensamento: as regras de causa e efeito[7]. A ignorância de um elemento impede

---

suposição errônea de que o prejuízo deve ser atual e certo, quando na verdade basta que ele seja certo. "Exemplo típico desses erros corriqueiros, que nascem no meio jurídico em razão de um vocabulário impreciso."

[6] Esses dois tipos de incerteza – sobre objetos futuros e sobre objetos presentes – são bem identificados por HUME: "A probabilidade pode ser de duas espécies: em uma, o objeto é em si incerto, e será determinado pelo acaso; em outra, o objeto é desde logo certo e, no entanto, ele permanece incerto para o nosso juízo, que encontra indícios ou presunções para ambos os lados da questão." *An Inquiry Concerning Human Understanding*. Edimburgo: Abernethy & Walker, 1817, p. 172.

[7] "Considerando que a chance não é nada em si mesma, ou, mais precisamente, que ela é a mera negação de uma causa, sua influência sobre a consciência é contrária àquela da causalidade; e à chance é característico o fato de que ela torna a imaginação totalmente livre para considerar seja a existência seja a não existência do objeto visto

INTRODUÇÃO 5

que a causalidade seja posta em prática e, por essa razão, a determinação do evento considerado aleatório torna-se racionalmente impossível, de forma que nenhuma afirmação categórica sobre sua existência pode ser feita. Se X é aleatório, então X pode ser, mas é igualmente verdadeiro que X pode não ser. A confirmação ou a negação de um evento aleatório depende de uma variável, incerta por definição.

É justamente por depender de um fator desconhecido que o evento aleatório se opõe à dominação absoluta do homem sobre a realidade. Dado evento é aleatório por não estar totalmente dominado pela técnica; ele excede nossas capacidades. Assim, em sua aparição mais célebre, a palavra *álea* é empregada por César para demonstrar os limites de seu poder[8]. Por certo, foi o próprio César quem decidiu cruzar o Rubicão, mas as consequências de tal ato não estavam mais submissas aos seus comandos. Coube ao destino decidi-lo. Muito mais do que uma simples fronteira da República, o rio marca a passagem do domínio do homem ao domínio da incerteza, onde mesmo César, então o cidadão mais poderoso de Roma, via-se incapaz de intervir. A álea revela a fragilidade de nossa própria condição humana[9].

5. Incompreensível, a álea nos aflige com seus mistérios[10]. É por tal razão que o acaso é por vezes entregue ao altar de todo obscurantismo:

---

como contingente ou dependente da chance. Uma causa indica ao nosso pensamento o caminho a ser seguido; de certa forma, ela nos força a considerar certos objetos sob certas relações. Tudo que a chance faz é destruir essa compulsão de pensamento, relegando nossa consciência a seu estado original de indiferença". D. HUME, *A Treatise of Human Nature*, vol. I. Londres: J. M. Dent, 1964, p. 127.

[8] "Marchemos para onde nos chamam os sinais divinos e a injustiça de nossos inimigos. *Jacta alea est*" é a frase que SUETÔNIO atribui a César, quando da célebre travessia do Rubicão (*Vies des Douze Césars*, t. I.. Trad. H. Ailloud. Paris: Les Belles Lettres, 1931, p. 23). Traduzida da obra grega de Plutarco e imortalizada pelo conhecimento popular, a frase, contudo, carece de indícios históricos sobre sua existência. O próprio CÉSAR, por exemplo – talvez por vergonha desse ato de violação das leis romanas –, não faz qualquer menção a ela ou à marcha heroica sobre o rio, em suas notas pessoais, *Guerre civile*, t. I. 9ª ed. trad. Pierre Fabre. Paris: Les Belles Lettres, 2005, p. 9-14 e p. XI, n. 1. Muito provavelmente, a frase não passa de mero recurso estilístico, tendo em vista o caráter eminentemente literário das obras de Plutarco e Suetônio. V. também APIANO, *Les guerres civiles à Rome*, livro II. Trad. Jean-Isaac Combes-Dounous. Paris: Les Belles Lettres, 1994, p. 42.

[9] Assim, segundo I. VACARIE, "A chance evoca tanto um evento aleatório, que pode se realizar como pode não se realizar, quanto um evento fortuito, cuja concretização era imprevisível ou permanece inexplicável. Ambos os eventos não dominados pelo homem: a chance começa onde termina o poder humano". "La perte d'une chance". *RRJ, Droit Prospectif*, vol. 3, p. 904, 1987.

[10] A. BÉNABENT, *La chance et le Droit*, op. cit., n° 3, p. 7.

o sobrenatural. A religião, nesse sentido, pode se tornar uma forma de resignação perante o desconhecido; espontaneamente ela lhe oferece um asilo. Se a álea é uma força indecifrada pela razão humana, então, ela só poderia ser uma expressão do supra-humano, de uma divindade[11]. Não podemos compreendê-la porque ela está acima de nós. *Foi Deus quem assim o quis.* Disso decorre o servilismo voluntário com relação a certos eventos imprevisíveis, tais como a chuva, as más colheitas, o nascimento, a peste; fatos aleatórios por excelência, por vezes interpretados como consequência dos bons e maus humores divinos.

Ora, essa relação entre álea e divindade se manifesta também no domínio do Direito. Uma sociedade que não se opõe às explicações sobrenaturais terá mais facilidade em consagrar como justas situações que decorrem de fatos puramente aleatórios. A álea do nascimento, por exemplo, que determinava quem teria o *status* de nobre e quem teria o *status* plebeu, não chocava uma sociedade feudal, na qual a religião era o principal elemento de unidade[12]. Em uma situação extrema, o Direito pode se valer da álea como via de revelação da vontade divina: é o caso – surpreendente – das ordálias que, por se fundarem em eventos incertos, eram consideradas "julgamentos de Deus"[13].

6. Por outro lado, uma sociedade fundada em um ideal racionalista será naturalmente mais hostil aos efeitos da álea, na medida em que o misticismo não servirá mais para justificar uma atitude complacente com o desconhecido. Se a razão se arroga a onipotência, ela não se permitirá a derrota, qualquer que seja o obstáculo. O progresso depende da dominação da realidade pelo homem, enquanto a incerteza é justamente a negação desse controle. A razão a arrebatará.

Em seu confronto com a álea, a razão humana reage de duas formas: seja pela negação, com a eliminação das fontes de obscuridade; seja pela assimilação, com o enquadramento do desconhecido dentro de suas próprias regras.

7. Vejamos primeiro a negação. É em nome do progresso que o homem desenvolve instrumentos para combater a álea. Com efeito, a evolução da ciência conjurou o desconhecido dos mais diversos campos e, por consequência, alargou o alcance da atividade humana. Assim, as epidemias – outrora a praga divina por excelência – não mais têm suas

---

[11] Sobre a dicotomia entre razão e fé, v. A. Sériaux, *Le Droit naturel*. 2ª ed. Paris: PUF, 1999, p. 6 (Col. Que Sais-je?).

[12] A. Bénabent, *La chance et le Droit*, op. cit., n° 149 *bis*, p. 115.

[13] V. J. P. Levy, e A. Castaldo, A., *Histoire du Droit civil*. Paris: Dalloz, 2002, n° 580, p. 847 (Col. Précis Droit Privé).

INTRODUÇÃO 7

causas relegadas ao desconhecido, de maneira que a medicina pode hoje nos oferecer meios para combatê-las: vacinas, medidas de higiene pública e de eliminação dos vetores de transmissão, etc. À incerteza da colheita, desgraça de tantas civilizações, a ciência respondeu com a agricultura e suas técnicas: a irrigação, os adubos, os pesticidas. Em suma, nossa sociedade conhece mais e melhor as regras da natureza que a cerca. Quanto mais as técnicas de dominação humana se dilatam, tanto mais as fronteiras do desconhecido se retraem. É o acaso que está em vias de desaparecimento.

Todavia, esse movimento de caça ao desconhecido restará perpetuamente inacabado. A verdade é que sempre haverá, em qualquer campo da ação humana, pontos de obscuridade, em razão dos quais o homem não será capaz de obter conclusões peremptórias. E buscar o fim do acaso não passa de uma ilusão: trata-se da busca pela onisciência. Mais que uma utopia, o desaparecimento total do desconhecido é uma ideia que beira o inconcebível.

8. É por isso que, ao lado da expansão do conhecimento, a razão humana criou para si instrumentos capazes de afrontar a álea, mesmo no seu campo de existência irredutível. O desenvolvimento dos estudos de probabilidade, notadamente a estatística[14], deu-nos os métodos para esse fim: as equações de probabilidade, as estimativas, as sondagens. O lado inovador dessas técnicas é que elas subvertem a estratégia de combate à incerteza. Não se trata mais de um esforço para aniquilar o desconhecido, mas o contrário; diante de um problema, o homem admite os limites de sua compreensão e busca obter conclusões, a despeito deles. A estatística assimila o acaso. Ela nos permite obter uma resposta *provável*, visto que um ou mais elementos que determinam tal resposta são desconhecidos.

Como consequência desse controle sobre a incerteza, a ciência estatística provocou sua desmistificação[15]. O acaso não mais se opõe à

---

[14] A estatística constitui apenas uma parte dos estudos sobre as probabilidades, apesar de ser, indubitavelmente, seu ramo mais relevante. É uma ciência que se ocupa das probabilidades – e, em especial, do cálculo das probabilidades – relativas a conjuntos geralmente vastos de dados. Contudo, a ideia de probabilidade não se resume aos fenômenos de massa. V., nesse sentido a opinião de J. M. KEYNES, "É a óbvia, e também justificada, crítica que se faz a tal pensamento, visto que a identificação da probabilidade com a frequência estatística se afasta claramente do uso que se faz dessas palavras, pois tal identificação claramente exclui uma vasta gama de julgamentos que geralmente seriam considerados relativos à probabilidade". *A Treatise on Probability*, op. cit., p. 95.

[15] BÉNABENT, *La chance et le Droit*, op. cit., n° 71, p. 59-60.

ação humana. Sem dúvida, diante de um elemento aleatório, as respostas categóricas continuam inalcançáveis. Contudo, tal limitação não implica a impotência total do homem. A resposta provável oferecida pela estatística confere ao acaso algum grau de previsibilidade, o que permite a ação. O homem pode assim ampliar sua dominação, não obstante sua ignorância sobre o objeto dominado.

9. O Direito, por óbvio, não passou ao largo desse choque entre álea e razão. O contrário: em muitos campos, o Direito é confrontado diretamente com os dilemas do acaso. No campo contratual, por exemplo, exposta pela teoria da imprevisão, a álea da execução do contrato provocou debates dos mais inflamados que, na França, datam do julgado *Canal de Craponne* e se estendem até os dias de hoje[16]. Da mesma forma a força maior (força divina?[17]), embaraço imprevisível por definição, revela outra situação em que o Direito se vê obrigado a confrontar a incerteza.

---

[16] A França é um dos poucos países que refuta a aplicação da teoria de imprevisão ao campo dos contratos em geral e, por essa razão, salvo alguns temperamentos, a revisão judicial dos contratos privados só é possível nos poucos domínios em que a lei assim o prevê. Essa recusa francesa à teoria da imprevisão é frequentemente reiterada nos tribunais (v., p. ex., Com., 18 dez. 1979, *RTD Civ.* 1980, p. 180, nota G. Cornu; CA Dijon, 4 fev. 1999, *RTD Civ.* 1999, p. 396, nota J. Mestre) e exposta nos manuais de Direito das obrigações (cf. J. Flour, J.-L. Aubert e E. Savaux. *Les obligations*, vol. 1. *L'Acte Juridique*. 11ª ed. Paris: Armand Colin, 2004, n° 404 e s., p. 310-316; M. Fabre-Magnan, *Droit des obligations*, vol. 1, *Contrat et engagement unilatéral*. Paris: PUF, 2007, n° 187, p. 469-474 (Col. Thémis Droit); F. Terré, P. Simler, e Y. Lequette, *Les obligations*. 10ª ed. Paris: Dalloz, 2009, n° 465 e s., p. 481-490 (Col. Précis Droit Privé); H. Mazeaud, J. Mazeaud, L. Mazeaud, e F. Chabas, *Leçons de Droit civil*, t. II, vol. 1, *Obligations: theorie generale*. 9ª ed. Paris: Montchretien, 1998, n° 736, p. 861). O acórdão denominado *Canal de Craponne*, datado de 1876 (Civ., 6 mar. 1876, *D.* 1876, I, p. 195, nota A. Giboulot) é ainda hoje considerado o julgado-matriz para a questão: o demandante, que explorava um canal construído para fins de irrigação, requeria a revisão de contratos que, celebrados por seus antepassados em 1560 e 1567 (!), estabeleciam contraprestações financeiras que se tornaram absolutamente irrisórias no curso de mais de três séculos. A Corte de Cassação foi categórica em sua decisão: "Em nenhuma hipótese podem os tribunais, por mais equitativa que possa parecer sua decisão, levar em consideração o tempo e as circunstâncias para modificar as convenções das partes e substituir por novos termos aqueles que foram livremente aceitos pelos contratantes". A questão, contudo, é amplamente debatida na doutrina (cf. as obras citadas, *supra*).

[17] Note-se que essa relação entre os limites do poder do homem, a álea e o sobrenatural é ainda mais nítida na Common Law, em que o termo Act of God ("ato de Deus") é utilizado para designar situações que estariam abrangidas pela "força maior" do Direito romano-germânico. "Uma desventura ou casualidade é considerada causada por um 'act of God' quando decorre direta, imediata e exclusivamente das forças da natureza, que não é controlada ou influenciada pelo poder do homem", é a definição dada pelo *Black's Law Dictionary* no verbete respectivo.

INTRODUÇÃO 9

O que nos interessa, dentro das delimitações deste estudo, é uma manifestação precisa da incerteza, qual seja, aquela inerente aos pedidos de reparação civil decorrentes da lesão a interesses aleatórios. Para que o conflito entre álea e razão ecoe no campo jurídico, basta que a demanda indenizatória fundamente-se na lesão às expectativas da vítima sobre um evento incerto. Longe de ser um mero problema teórico, as situações em que os juízes são confrontados com um litígio dessa espécie são bastante recorrentes. Tomemos um exemplo trivial[18]: em razão de um acidente, um candidato se vê impedido de participar do concurso para o qual se preparara. Diante de tal embaraço, ele decide acionar o causador, demandando a reparação de seus prejuízos[19]. Devemos, nesse caso, declarar o réu responsável pela reprovação no concurso? Para tanto, seria necessário pressupormos que a vítima *teria sido aprovada* no exame. Ora, não é possível fundamentar uma decisão sobre esse pressuposto, visto que a aprovação é, nessa hipótese, algo incerto, desconhecido. Devemos então pressupor o contrário, que a vítima *não teria sido aprovada*, exonerando, por consequência, o réu de qualquer dever de reparação? A mesma resposta se impõe.

Tal exemplo é bastante ilustrativo das contradições entre o Direito e a álea; entre a técnica dogmática, que pressupõe o domínio da realidade, e a incerteza irredutível, a que essa técnica deve responder.

10. De imediato, pode-se afirmar que a ordem jurídica não poderá jamais se valer da incerteza para esquivar-se de uma decisão. A resignação mística diante do acaso lhe é absolutamente defesa. A exemplo da própria razão, o Direito de uma sociedade racional também se arroga a onipotência: ele se pretende capaz de resolver todos os conflitos trazidos às suas portas[20], inclusive aqueles relativos a eventos aleatórios. A ordem normativa moderna não comporta, ao contrário do modelo romano, o *non liquet*. Ela não tolera qualquer lacuna[21].

---

[18] Para outros exemplos, v. *infra*, n° 17.

[19] Trib. Civ. Bordeaux, 16 jan. 1950, *D. 1950*, p. 122; CA Lyon 1ª Câm., 17 nov. 1958, *Gaz. Pal. 1959*, I, p. 195; Civ. 2ª Seç., 17 fev. 1961, *Gaz. Pal. 1961*, I, p. 400; CA Limoges, 19 out. 1995, *JCP 1996*, IV, 897; TA Rennes, 6 jul. 1994, *LPA 1995*, n° 24, p. 12, nota F. MALLOL.

[20] Trata-se do dogma da completude. Na França, esse dogma é extraído do art. 4º do Código Civil. Já no Brasil, a completude está prevista no art. 126 do Código de Processo Civil, e no art. 4º da Lei de Introdução às Normas do Direito Brasileiro.

[21] Sobre a questão das lacunas do ordenamento jurídico, v. N. BOBBIO, *Teoria do ordenamento jurídico*. Trad. M. C. Leite dos Santos. 6ª ed. Brasília: UnB, 1995, p. 115-160.

É por essa razão que o sistema da responsabilidade deve conter regras compatíveis com o acaso, ou seja, regras capazes de responder racionalmente aos dilemas engendrados pela incerteza. E, da mesma forma que o problema se repete, as soluções que lhe são dadas também repercutem a interação entre álea e razão: diante de um evento aleatório, as regras da responsabilidade ora repelem a incerteza, ora a assimilam.

Como exemplo da primeira posição, o Direito dispõe notadamente das regras de presunção[22]. Trata-se de um método jurídico de neutralização do desconhecido, o que se deduz de sua própria definição legal: "as presunções", postula o art. 1349 do Código Civil francês, "são consequências que a lei ou o magistrado extrai de um fato conhecido para um fato desconhecido". Assim, a presunção age como uma espécie de conhecimento artificial, sintetizado no plano da técnica. A partir dos elementos que lhe foram fornecidos, o juiz afasta aquilo que ignora, agindo como se tudo soubesse[23]. Ora, ainda que mero subterfúgio, a presunção expurga a álea da demanda de reparação, permitindo que o julgador decida o conflito que foi chamado a resolver.

Por outro lado, o Direito comporta também regras fundadas sobre um método diametralmente oposto. Diante de um evento aleatório, o juiz pode admitir a incerteza que acomete a realidade, proferindo uma decisão que a leve em consideração. A reparação das chances perdidas é um exemplo notável. Segundo uma fórmula diversas vezes empregada pela jurisprudência francesa, a perda de uma chance é reparável "ainda que, por definição, a realização de uma chance jamais seja certa"[24]. Aqui, temos uma técnica que, a exemplo do modelo estatístico, assimila o acaso

---

[22] V. *infra*, n° 80 e s.

[23] Nesse sentido, G. M. Hironaka afirma que "a presunção é um remédio que cura a impossibilidade do pleno conhecimento". E prossegue mais à frente: "Parece, enfim, fora de dúvida a necessidade de o Direito recorrer, ainda e sempre, às presunções como forma de se garantir um conhecimento o mais pleno possível acerca dos fatos levados ao conhecimento dos órgãos responsáveis pela composição das lides. Isso se justifica pela impossibilidade de que o espírito humano conheça em profundidade o que quer que se lhe ponha aos olhos". *Responsabilidade pressuposta*. Belo Horizonte: Del Rey, 2005, p. 271 e 277.

[24] A frase é recorrentemente inserida nos acórdãos da Câmara Criminal: "a perda de uma chance apresenta um caráter direto e certo toda vez que é constatado o desaparecimento, em consequência do ato imputável ao réu, de uma probabilidade de um evento favorável, ainda que, por definição, a realização de uma chance jamais seja certa". Cf. Crim., 9 dez. 1980, *Bull. Crim. 1980*, n° 338; Crim., 15 jun. 1982, *Bull. Crim. 1982*, n° 159; Crim., 6 jun. 1990, *RTD Civ. 1991*, p. 121, *RTD Civ. 1992*, p. 109, nota P. Jourdain; Crim., 4 dez. 1996, *Bull. Crim. 1996*, n° 445, p. 1301.

INTRODUÇÃO   **11**

no seio das regras da responsabilidade[25]. Dá-se uma solução ao litígio, mas não à incerteza.

É esta última técnica que será tratada no presente estudo.

11. É necessário ressaltar, desde logo, que a perda de uma chance é uma criação essencialmente pretoriana. Sem se apoiar sobre um texto legal ou sobre uma construção doutrinária mais aprofundada[26], os tribunais franceses conceberam uma solução audaciosa, que responde "sob medida" aos casos de lesão a interesses sobre eventos aleatórios[27]. A análise dos julgados mais antigos, proferidos pelos juízes franceses no fim do século XIX, revela uma jurisprudência vacilante, desconcertada diante da incerteza. Após uma sucessão de soluções diferentes, os juízes consolidaram finalmente, na década de 1930[28], a técnica da reparação de chances. A partir de então, a solução não cessou de estender sua abrangência[29].

Isso não significa, todavia, que essa seja uma técnica de fácil assimilação. Em verdade, duvidamos que a perda de uma chance seja, ainda

---

[25] C. RUELLAN, "La perte de chance en Droit privé", *Rev. Rech. Juri.*, *Droit Prospectif 1999*, vol. 3, nº 3 e s., p. 730-736. A autora elabora uma distinção entre chance e álea. A álea seria um conceito de Direito, referente ao acaso previamente assimilado ao mundo jurídico, seja por meio de um contrato, seja por meio de uma atividade aleatória. Por outro lado, a chance, alheia à vontade dos indivíduos atingidos, estaria em princípio excluída do domínio do Direito. O conceito de perda de uma chance seria assim uma forma de assimilação dessa incerteza não desejada, que de outro modo pertenceria ao não Direito.

[26] A primeira referência doutrinária à noção de perda de uma chance é a nota de H. LALOU ao julgado Trib. Civ. de Meaux, 29 jan. 1920, *D. 1920*, I, p. 137. O autor questiona o rigor da jurisprudência de seu tempo, propondo que a chance seja considerada um prejuízo reparável – solução até então não aceita pelos tribunais franceses. A noção torna-se célebre em 1928, com a publicação da obra *La responsabilité civile*, do mesmo autor. Alguns anos mais tarde, H. e L. Mazeaud consagram o conceito de perda de uma chance em seu tratado, cuja 1ª edição data de 1931.

[27] V. Y. CHARTIER, *La réparation du préjudice dans la responsabilité civile*. Paris: Dalloz, 1983, nº 22, p. 32.

[28] A doutrina francesa costuma a citar o acórdão proferido em 17 de julho de 1889 pela Câmara de Recursos da Corte de Cassação (Req., 17 jul. 1889, *S. 1891*, I, p. 399) como o mais antigo julgado sobre a perda de uma chance. Contudo, procuraremos demonstrar que essa decisão não tem qualquer relação com o conceito. V. *infra*, nº 89. Na verdade, a primeira decisão sobre da reparação de chances só viria em 1932 (Req., 26 maio 1932, *S. 1932*, I, p. 387). V. *infra*, nº 97.

[29] V., por exemplo, que o repertório fornecido pelos irmãos MAZEAUD, no parágrafo de nº 219 de seu tratado, não cessou de se ampliar ao longo das sucessivas edições da obra. H. MAZEAUD, L. MAZEAUD e A. TUNC. *Traité théorique et pratique de la responsabilité civile delictuelle et contractuelle*, t. I. 6ª ed. Paris: Montchretien, 1965, nº 219, p. 273-276. V. também, G. VINEY e P. JOURDAIN, *Traité de Droit civil: Les conditions de la responsabilité* (dir. J. GHESTIN). 3ª ed. Paris: LGDJ, 2006, nº 280, p. 91.

hoje, uma solução totalmente elucidada, a despeito do grande número de estudos que lhe foram consagrados.

Com efeito, a maioria desses estudos concentra-se na solução adotada, sem analisar preliminarmente a real extensão do problema a que essa solução pretende responder. Ora, é justamente essa visão invertida da questão que provocou um dos dilemas mais inextricáveis relativos à perda de uma chance: sua natureza. Trata-se de um conceito relativo à causalidade jurídica? É nesse sentido que por vezes respondem a doutrina inglesa e americana. Trata-se de um tipo específico de prejuízo? Tal é o que afirma a doutrina francesa, há muito tempo. Muito apegada aos seus conceitos já consolidados, a doutrina sempre buscou inserir a perda de uma chance em um ou outro campo. Contudo, a leitura desses trabalhos não deixa de provocar certa perplexidade: nenhum dos autores explica como ou por que essa causalidade e esse prejuízo estão tão intimamente ligados. A passagem de um ao outro está sempre revestida de certo mistério.

12. A nosso ver, a questão foi construída sobre bases frágeis. Antes de ser um tipo de prejuízo ou uma nova teoria causal, a perda de chances é um conceito forjado pelos juízes para deslindar as dificuldades trazidas pela intromissão da incerteza no seio da responsabilidade civil. A perda de uma chance é assim um objeto concebido teleologicamente. Uma técnica, portanto.

Na qualidade de técnica, a perda de uma chance não pode ser reduzida aos seus componentes. Com efeito, uma técnica jamais poderia ser compreendida senão pelos fins a que se destina e pelos métodos que emprega para atingí-los.

Tomando de empréstimo um exemplo de A. Supiot[30], poderíamos dizer que uma pá pode ser analisada de diversas formas. Do ponto de vista da física, ela seria designada por seu peso, seu volume, sua densidade. Do ponto de vista da química, por sua composição molecular ou atômica, ou por suas propriedades reativas. Todavia, nenhum desses juízos é capaz de demonstrar que estamos diante de um objeto tão trivial quanto uma pá. Por tratar-se de um instrumento criado e destinado para uma função precisa, é essa função que lhe é essencial e que o diferencia de todos os demais artefatos. É sua função que faz da pá uma pá. Se determinado estudo pretende se debruçar sobre um objeto técnico, jamais poderá negligenciar o caráter teleológico do objeto em questão sem com isso destituí-lo de toda sua essência.

---

[30] A. Supiot, *Homo juridicus: ensaio sobre a função antropológica do Direito*. Trad. M. E. de Almeida Prado Galvão. São Paulo: Martins Fontes, 2007, p. 140-142.

INTRODUÇÃO 13

Para estudar a perda de uma chance como técnica, três etapas nos parecem necessárias:

Em primeiro lugar, será necessário estabelecer o perímetro do problema enfrentado pelos julgadores. O objeto de nosso estudo será assim a *fattispecie* da perda de uma chance. Determinaremos de que forma a álea interage com o sistema da responsabilidade, buscando entender por que a incerteza perturba a regra da reparação, a ponto de exigir uma técnica específica para solucionar o caos por ela provocado. É a partir da *desconstrução do problema* (Primeira Parte) que poderemos compreender a real dimensão do dilema a ser superado pela técnica.

Somente em um segundo momento é que estudaremos os métodos de resolução desse problema. É nessa parte que a reparação das chances surge em nosso estudo. Quais são os contornos dessa técnica? Por que e como foi ela, ao longo de décadas, desenvolvida pelos tribunais franceses? Que razões a tornam tão sedutora, de modo a afirmar-se, nos dias de hoje, como um conceito incontornável do Direito francês, exercendo sua influência muito além dos limites daquele país[31]? É através da *construção da técnica* (Segunda Parte) que abordaremos seu funcionamento e sua justificação.

O trabalho se encerrará com uma análise dos reflexos do problema no Direito brasileiro. Veremos que o tema da reparação de chances despertou o interesse de nossos juristas a partir da década de 1990 – quase setenta anos após o primeiro julgado proferido pela Corte de Cassação francesa. A perda de uma chance chega ao Brasil como conceito já maduro, amplamente discutido e experimentado ao longo das décadas de existência. Resta saber de que forma esse discurso pode ser aproveitado em nosso ordenamento, e como ele vem sendo empregado, efetivamente, pelos tribunais do país. É a *assimilação da técnica* (Terceira Parte) que será objeto de nossas indagações.

I – Perda de uma chance: a desconstrução do problema

II – Perda de uma chance: a construção da técnica

III – Perda de uma chance: a assimilação da técnica pelo Direito brasileiro

---

[31] Hoje, a noção de perda de uma chance é conhecida em diversos sistemas jurídicos. Brasil, Portugal, Argentina, Itália e Espanha são alguns exemplos nos quais os juristas – e por vezes até tribunais – não escondem a origem francesa do conceito.

PRIMEIRA PARTE
PERDA DE UMA CHANCE:
A DESCONSTRUÇÃO DO PROBLEMA

SEÇÃO PRELIMINAR: A TÉCNICA

13. Seria possível afirmar que a perda de uma chance não passa de uma simples categoria de prejuízo, reconhecida, como tantas outras, pelo Direito da responsabilidade civil. Nessa medida, não haveria nada de extraordinário ao seu encontro. Visto que o prejuízo é uma noção ampla no Direito francês[1], os juízes gozam de uma grande liberdade para reconhecer diversas espécies: os lucros cessantes, as perdas de rendimentos profissionais, os sofrimentos físicos, os prejuízos estéticos[2]... a perda de uma chance. A expansão dos prejuízos reparáveis é um dos principais vetores de evolução da responsabilidade civil e é natural que mais e mais espécies de prejuízo sejam paulatinamente reconhecidas[3].

---

[1] X. PRADEL, *Le préjudice dans le Droit civil de la responsabilité*. Paris: LGDJ, 2004, n° 1 e s., p. 1-10 (Col. Bibliothèque de Droit Privé). Para uma análise do direito comparado (Direito italiano e Direito alemão), v. M. FABRE-MAGNAN, *Droit des obligations*, vol. 2, *Responsabilité civile et quasi-contrats*. Paris: PUF, 2007, n°s 42 e 43, p. 121-123 (Col. Thémis Droit).

[2] Há hoje, na França, uma nomenclatura oficial que uniformiza o rol de prejuízos reparáveis para os casos de acidentes corporais. Trata-se do *Rapport Dintilhac*, fruto do trabalho um grupo de juízes e especialistas, reunido em 2005 sob a direção do Ministro Jean-Pierre Dintilhac, presidente da 2ª Câmara Civil da Corte de Cassação. O rol elaborado pelo grupo é composto por não menos do que vinte e nove espécies de prejuízo (custos de saúde atuais, custos de saúde futuros, despesas de adaptação de veículo, prejuízo sexual...), divididos em dois grandes grupos: prejuízos das vítimas diretas e prejuízos das vítimas indiretas. Apesar de não ter força de lei, o rol proposto pelo *Rapport Dintilhac* tornou-se praticamente obrigatório nos tribunais civis, principalmente após a lei de 21 de dezembro de 2006, que reformou a sistemática das ações de regresso em casos de acidentes corporais. Com a referida reforma, a ação de regresso das seguradoras e instituições de seguridade social passou a ser exercida de acordo com o método denominado "espécie de prejuízo sobre espécie prejuízo" (*poste par poste*). Para maiores informações sobre o sistema de subrogação na França, v. *infra*, n° 130 e s.

[3] X. PRADEL, op. cit., n° 73 e s., p. 85-132. Para uma visão crítica da questão, v. P. le TOURNEAU, *Droit de la responsabilité et des contrats 2006-2007*. 6ª ed. Paris: Dalloz, 2006, n° 1.306 e s., p. 365-369 (Col. Action).

RESPONSABILIDADE CIVIL PELA PERDA DE UMA CHANCE

Tal análise, contudo, se mostraria insuficiente para explicar o conceito de perda de uma chance. Diferentemente das demais formas de prejuízo recentemente assimiladas, a reparação das chances foi admitida por uma razão que vai além do simples propósito de reparar. O que singulariza o conceito de perda de uma chance perante os demais prejuízos é que ele foi forjado pela jurisprudência francesa para exercer um papel preciso, a saber, para pôr fim aos dilemas provocados pela incerteza nos casos de lesão a interesses sobre eventos aleatórios. Ora, reduzir a perda de uma chance a uma espécie de prejuízo significaria cingir-se à forma pela qual o raciocínio se manifesta no léxico jurídico. Esqueceríamos que atrás da fachada do prejuízo se esconde uma técnica decisória que favorece não apenas as vítimas, mas a própria coesão do sistema de reparação.

Para demonstrá-lo, tomemos um exemplo particularmente esclarecedor.

14. No dia 16 de maio de 1951, o Sr. Jean-Gérard Chauffeteau, escritor em início de carreira, recebeu a seguinte carta:

> Prezado Chauffeteau
>
> Robert Kanters me perguntou se tenho um escritor para candidatar ao Prêmio dos Leitores 1951.
>
> Você estaria interessado em candidatar-se? Se sim, você poderia enviar, em meu nome, um manuscrito ao Sr. Kanters.
>
> Já pedi para que seu manuscrito fosse lido, mas ainda não tive tempo de lê-lo pessoalmente. Farei isso em breve.
>
> Sr. Uckermann
> Diretor Literário da Editora Flammarion

Na verdade, a Sociedade Flammarion acabara de receber uma circular na qual o Sr. Kanters, Diretor Geral do prêmio literário organizado pela revista *Gazette des Lettres*, convidava a editora a apresentar seu candidato. O edital previa apenas uma condição: a Sociedade Flammarion deveria garantir uma tiragem mínima de mil exemplares da obra apresentada "antes do início das férias de verão", sob pena de exclusão da candidatura.

Eis que o Sr. Chauffeteau aceitou a proposta, e enviou ao Sr. Kanters, em nome da Sociedade Flammarion, seu manuscrito intitulado *L'affaire Villablanca*[4]. Um primeiro júri se reuniu, e sete obras foram selecionadas

---

[4] Posteriormente publicado por outra editora: J. G. Chauffeteau, *L'Affaire Villablanca*. Paris: Horay, 1952.

PERDA DE UMA CHANCE: A DESCONSTRUÇÃO DO PROBLEMA **19**

à etapa seguinte. Entre elas, o *L'affaire Villablanca*. Todavia, e a despeito da conquista inicial, a Sociedade Flammarion se declarou incapaz de imprimir o manuscrito no prazo exigido. A candidatura foi consequentemente descartada do concurso literário.

Essa pequena anedota é o pano de fundo de uma decisão diversas vezes citada pela doutrina francesa[5], proferida em 16 de dezembro de 1953 pela 1ª Câmara Civil do Tribunal de la Seine[6]. Com efeito, o Sr. Chauffeteau, insatisfeito com a atitude da editora, decidiu acioná-la judicialmente, requerendo a reparação de seus prejuízos. E foi assim que o imbróglio chegou às mãos dos juízes.

15. Em princípio, a procedência ou improcedência da demanda do Sr. Chauffeteau dependia da decisão que o júri tomaria caso tivesse analisado seu manuscrito. Se o destino da obra fosse a consagração, então a falha da editora causou-lhe a perda do prêmio literário e de todas as benesses dele decorrentes. Por outro lado, a conduta da editora não teria acarretado maiores consequências caso o ganhador prêmio houvesse de ser, de todo modo, algum outro concorrente.

Ora, sabe-se bem que o júri jamais se pronunciou sobre a questão, e o tribunal, por óbvio, não tinha meios para suprir tal lapso. Em seu veredito, os juízes não esconderam seu embaraço diante da própria impotência: "considerando, é verdade, que é difícil afirmar se [o Sr. Chauffeteau] teria saído vitorioso desta competição". Com efeito, a obtenção do prêmio é um evento aleatório, na medida em que depende de um elemento desconhecido: a opinião do júri. Se a realidade jamais deslindou tal incerteza, como poderíamos exigir que os juízes o fizessem? A álea torna desconcertante o peso da decisão. Nada obstante, é necessário superá-lo. A completude do sistema depende de uma resposta.

Pressionado pela dificuldade, o tribunal decide se valer de um método já conhecido pela jurisprudência: condenar o réu a reparar as chances perdidas pela vítima. "Mas considerando que, por culpa da editora, ele foi impedido de tentar sua chance, chance essa que ostenta um caráter sério, visto que o *L'affaire Villablanca* foi selecionado por um primeiro júri dentre um grande número de manuscritos; [...] Por tais motivos [...] condena-se a Sociedade Flammarion a pagar a Chauffeteau a soma de 100 mil francos a título de perdas e danos".

---

[5] V. por exemplo, P. le Tourneau, *Droit de la responsabilité et des contrats*, op. cit., n° 1424, p. 392; Y. Chartier, *La réparation du préjudice dans la responsabilité civile*, op. cit., n° 34, p. 49.

[6] Trib. Civ. de la Seine, *Gaz. Pal. 1954*, I, p. 80.

20 RESPONSABILIDADE CIVIL PELA PERDA DE UMA CHANCE

O tribunal concedeu a ele 100 mil francos. Não se trata do valor do prêmio – o Sr. Chauffeteau tinha requerido a soma de 500 mil francos como compensação por essa perda –, mas sim do valor da chance de que, estimaram os juízes, a editora o havia privado.

16. Note-se que a reparação das chances não foi a origem do problema, mas sua porta de saída. Os juízes adotaram a chance como prejuízo a ser reparado justamente porque tal manobra permitiu que eles tomassem uma decisão, a despeito da incerteza que acometia a situação em conflito. Dado que a chance encerra em si o elemento aleatório – por definição, a realização de uma chance nunca é certa –, a reparação das chances os poupou da tarefa sobre-humana de destrinchar a incerteza do concurso. Trata-se de uma maneira de assimilar a incerteza em sua decisão: o montante do prejuízo corresponderá não ao valor da vantagem aleatória desejada, mas ao valor da chance de obtê-la.

O método empregado não se resume, contudo, ao reconhecimento de uma nova espécie de prejuízo. Acrescentar um prejuízo ao problema não contribuiria em nada para sua resolução, mas, o contrário, tornaria a situação ainda mais complexa. O "prejuízo-chance" somente é útil na medida em que é utilizado como pivô do deslocamento da reparação[7]. E é por essa razão que a argumentação dos julgadores seguiu uma lógica bem concatenada: em um primeiro momento, eles renunciaram à reparação de um prejuízo outrora considerado – a perda do prêmio – para depois concederem a indenização de outro prejuízo – a perda da chance de obter esse prêmio.

Assim, não somente o prejuízo foi deslocado, mas também outra condição da responsabilidade civil: o nexo de causalidade[8]. Para justificar a reparação, o tribunal afirma que há uma relação entre o ato culposo da editora e a perda da chance, e não mais entre aquele fato e a perda do prêmio[9]. Em suma, a operação de reparação foi deslocada em seu todo.

Poderíamos assim retomar nossa afirmação inicial: em vez constituir uma espécie de prejuízo, a perda de uma chance seria mais bem definida como uma técnica decisória, que, por meio do deslocamento da repara-

---

[7] Sobre a ideia de perda de uma chance como um deslocamento da reparação, v. M. BACACHE-GIBEILI, *Droit civil* (Dir. C. LARROUMET), t. V, *Les obligations: la responsabilité civile extracontractuelle*. Paris: Economica, 2007, n° 317, p. 348, e n° 389, p. 432.

[8] Y. CHARTIER, *La réparation du préjudice dans la responsabilité civile*, op. cit., n° 38, p. 52; C. RUELLAN, "La perte de chance en Droit privé", op. cit, n° 31 e s., p. 742-744.

[9] Alguns julgados ressaltam esse deslocamento do nexo de causalidade. Assim, a Corte de Cassação já afirmou que a perda de uma chance é um prejuízo reparável, visto tratar-se de "um prejuízo atual e certo e que está unido por um nexo de causalidade ao inadimplemento [do réu] a uma de suas obrigações". Civ. 2ª Seç., 17 fev. 1961, *Gaz. Pal. 1961*, I, p. 400.

PERDA DE UMA CHANCE: A DESCONSTRUÇÃO DO PROBLEMA

ção, visa superar as insuficiências da responsabilidade civil diante dos conflitos envolvendo a lesão a interesses aleatórios. Por meio da técnica, a responsabilidade cessa de se preocupar com a intangível vantagem aleatória desejada e passa a considerar a chance perdida objeto a ser reparado. Evidentemente, esse deslocamento pressupõe que a privação de uma chance representa, em si, um prejuízo sofrido pela vítima. Tal é a condição fundamental da técnica, visto que é sobre essa espécie de prejuízo que a reparação será deslocada.

17. Em várias ocasiões envolvendo a lesão de interesses aleatórios os tribunais franceses se valeram dessa técnica de reparação de chances como solução aos enigmas do acaso[10]: um advogado[11] ou um oficial de justiça (*huissier*)[12] deixa transcorrer o prazo para a realização de determinado ato processual, privando seu cliente da chance de exigir judicialmente seus direitos. Em razão de um erro cometido pelo jóquei, o apostador, que havia depositado suas esperanças no cavalo mal-conduzido, perde sua chance de obter o prêmio[13]. Vítima de um grave acidente que comprometeu sua capacidade de trabalho, o autor da demanda perdeu a chance de evoluir em sua profissão[14]; ou ainda, se o acidente é fatal, seus familiares perderam a

---

[10] Para alguns repertórios mais completos, v. em especial, G. VINEY e P. JOURDAIN, *Traité de Droit civil: Les conditions de la responsabilité*, op. cit., n° 280, p. 91-96; H. LALOU e P. AZARD, *Traité pratique de la responsabilité civile*. 6ª ed. Paris: Dalloz, 1962, n° 146, p. 93-94; P. le TOURNEAU, *Droit de la responsabilité et des contrats*, op. cit., n° 1427 e s., p. 393-396; M. BACACHE-GIBEILI, *La responsabilité civile extracontractuelle*, op. cit., n° 316 e s., p. 348-350; Y. CHARTIER, *La réparation du préjudice dans la responsabilité civile*, op. cit., n° 23 e s., p. 33-49.

[11] Civ., 22 out. 1934, *Gaz. Pal. 1934*, II, p. 821; Civ. 1ª, 4 abr. 2001, *JCP 2001*, II, 10640 nota C. NOBLOT; Civ. 1ª, 4 abr. 2001, *Bull. Civ.* I, n° 101, p. 64; Civ. 1ª, 30 out. 2008, *D. 2009*, p. 995, nota Y. AVRIL.

[12] Civ. 1ª, 2 jun. 1969, *D. 1970*, som. 12; Civ. 1ª, 16 jan. 2007, *Gaz. Pal. 2008*, n° 78, p. 19, nota E. DU RUSQUEC. Fazemos referência aos casos de responsabilidade do *huissier*, equivalente francês de nosso meirinho. Contudo, há uma importante diferença entre o oficial de justiça e o *huissier*: este, apesar de gozar do monopólio de certos atos oficiais, é um profissional liberal contratado diretamente pelas partes do processo, agindo em nome e por conta destas. Ao contrário do que ocorre no Brasil, onde o oficial de justiça é um funcionário público, o *huissier* exerce uma profissão privada regulamentada. Por isso, as falhas ou atrasos por ele praticados serão imputados àquele que o contratou.

[13] Civ. 2ª, 4 maio 1972, *D. 1972*, p. 596 nota P. le TOURNEAU; Civ. 2ª 25 jan. 1973, *JCP 1974*, II, 17641 nota A. BÉNABENT; D. 1974, p. 230, nota P. J. DOLL; *RTD Civ.* 1973, p. 573, nota G. DURRY.

[14] Civ. 1ª, 17 fev. 1961, *RTD Civ. 1962*, p. 99, nota A. TUNC; Crim., 4 dez. 1996, *Bull. Crim.*, n° 445, p. 1301; *Comp.* casos nos quais a vítima vem a falecer e a perda da chance de evolução em sua carreira representa um prejuízo aos seus sucessores: Crim., 18 mar. 1975, *Bull. Crim.*, n° 79, p. 213; Crim., 3 nov. 1983, *JCP 1985*, II, 20360, nota Y. CHARTIER; Civ. 2ª, 14 out. 1992, RTD CIV. 1993, p. 148, nota P. JOURDAIN.

22 RESPONSABILIDADE CIVIL PELA PERDA DE UMA CHANCE

chance de receber, no futuro, a pensão alimentar que seria prestada pela vítima falecida[15]. Em razão da morte acidental de seu amado, a noiva perdeu a chance de se casar[16]. Igualmente, para uma filha ilegítima, a morte trágica de sua mãe natural arruinou todas as suas chances de herdar indiretamente a fortuna de seus avós[17]. Em outro exemplo, anteriormente mencionado, a jurisprudência concede a indenização da chance de ser aprovado em um concurso ou exame em favor do candidato que, por culpa de outrem, foi impedido de realizar as provas[18].

Mais recentemente, a jurisprudência assimilou dois outros casos de reparação de chances: a partir dos anos 1960, passou-se a admitir que o erro de tratamento ou de diagnóstico priva o paciente de uma chance de sobrevida ou cura[19]. Alguns anos mais tarde, é a perda de uma chance em razão do não cumprimento do dever de informar que foi reconhecida, de início em matéria de responsabilidade médica[20], mas também em

---

[15] Civ., 9 jul. 1954, *D. 1954*, p. 627; Civ. 2ª, 4 jan. 1978, *Bull. Civ. II*, nº 4.

[16] CA Rouen, 9 jul. 1952, *D. 1953*, p. 13.

[17] Crim., 18 jan. 1956, *JCP 1956*, II, 9285, nota J. CAREL. Na época, o art. 757 do Código Civil francês não concedia aos filhos ilegítimos qualquer direito na sucessão de seus avós. *Comp.* Req., 30 abr. 1940, *Gaz. Pal.* 1940, II, p. 37, *D.* 1941, som. p. 4. Nesse julgado, a Corte de Cassação considerou que o demandante tinha perdido uma chance de suceder à esposa de seu pai. Com efeito, esta, não querendo deixar seu patrimônio aos seus ascendentes, tinha designado seu marido como legatário universal. Contudo, vítimas de um acidente automobilístico, pai e madrasta do demandante foram declarados comorientes. A Corte confirmou a decisão dos juízes de segundo grau, que consideraram que, em razão desse acidente, o demandante tinha perdido "a chance de se beneficiar, como herdeiro de seu pai, da sucessão [de sua madrasta]".

[18] Trib. Civ. Bordeaux, 16 jan. 1950, *D. 1950*, p. 122; CA Lyon 1ª Câm., 17 nov. 1958, *Gaz. Pal. 1959*, I, p. 195; Civ. 2ª Seç., 17 fev. 1961, *Gaz. Pal. 1961*, I, p. 400; CA Limoges, 19 out. 1995, *JCP 1996*, IV, 897; TA Rennes, 6 jul. 1994, *LPA 1995*, nº 24, p. 12, nota F. MALLOL.

[19] CA Grenoble, 24 out. 1961, *RTD Civ. 1963,* p. 334, nota A. TUNC; Civ. 1ª, 14 dez. 1965, *JCP 1966*, II, 14753, nota R. SAVATIER; *D. 1966*, p. 453, *RTD Civ. 1967*, p. 181; Civ. 1ª, 17 nov. 1970, *D. 1970*, som. p. 46; Civ. 1ª, 2 maio 1978, *JCP 1978*, II, 18966, nota R. SAVATIER; *D. 1978*, IR p. 408, nota C. LARROUMET; Civ. 1ª, 24 mar. 1981, *D. 1981*, p. 545, nota J. PENNEAU; Civ. 1ª, 16 jul. 1991, *RTD Civ. 1992*, p. 51, nota J. HAUSER; Crim., 20 mar. 1996, *RTD Civ. 1996*, p. 912, nota P. JOURDAIN; Civ. 1ª, 4 nov. 2003, D. 2004, p. 601, nota J. PENNEAU; Civ. 1ª, 29 nov. 2005, D. 2006, p. 689, nota J. PENNEAU.

[20] Civ. 1ª, 17 nov. 1969, *JCP 1970*, II, 16507, nota R. SAVATIER; *RTD Civ. 1970,* p. 580, nota G. DURRY; Civ. 1ª, 5 nov. 1974, *Bull. Civ. I*, nº 292, p. 251; Civ. 1ª, 7 jun. 1989, *D. 1991*, p. 158, nota J. P. COUTURIER; *RTD Civ. 1992*, p. 109, nota P. JOURDAIN; *RDSS 1990*, p. 52, nota L. DUBOUIS, D. 1991, p. 323, nota J.-L. AUBERT; Civ. 1ª, 7 fev. 1990, *D. 1991*, p. 183, nota J. PENNEAU; *RTD Civ. 1991*, p. 109, nota P. JOURDAIN; Civ. 1ª, 7 dez. 2004, *D. 2005*, p. 403, nota J. PENNEAU; Civ. 1ª, 6 dez. 2007, *D. 2008*, p. 192, nota P. SARGOS, *RTD Civ. 2008*, p. 303, nota P. JOURDAIN.

PERDA DE UMA CHANCE: A DESCONSTRUÇÃO DO PROBLEMA

outras áreas, por exemplo, no campo da responsabilidade das instituições de crédito[21].

Em todos os casos, o incidente atingiu o interesse da vítima sobre um evento aleatório. E em todos eles o mesmo método foi empregado: a chance é convertida em prejuízo, deslocando-se sobre ela a reparação.

18. A heterogeneidade dos casos de aplicação supramencionados revela o posicionamento pragmático da jurisprudência. Os tribunais franceses criaram um instrumento decisório flexível, e por essa razão a perda de uma chance não tem verdadeiramente um domínio aplicação específico[22]. Ela pode ser empregada na responsabilidade delitual ou contratual (e, outrora, foi aplicada à responsabilidade pré-contratual[23]); nos casos envolvendo danos corporais ou danos puramente econômicos; em benefício das vítimas diretas ou das vítimas por ricochete; nos casos de chances de evitar um prejuízo ou de chances de obter um ganho[24].

Em definitivo, a casuística requer um estudo mais aprofundado. Convém-nos assim isolar, a partir dos diversos exemplos, os elementos comuns a todos os casos de reparação de chances. Seguindo uma tipologia já consagrada, esses elementos serão ordenados em dois grupos: de fato e de direito. Veremos que, da casuística, é possível extrair um mesmo conjunto de *elementos fáticos* (Título 1) que dão origem a um *paradoxo jurídico* (Título 2).

---

[21] As instituições são responsabilizadas por não advertirem seus clientes sobre os riscos decorrentes das operações financeiras, ou sobre a inadaptação ou ausência de seguro para a operação de crédito contratada: Civ. 1ª, 13 nov. 1996, *D. 1998*, p. 48, nota C. J. Berr; Com., 10 dez. 1996, *Bull. 1996 IV,* n° 307, p. 261; Civ. 1ª, 18 set. 2008, *D. 2009*, p. 1044, nota D. R. Martin.

[22] Y. Chartier, *La réparation du préjudice dans la responsabilité civile*, op. cit. n° 35, p. 50.

[23] Em duas ocasiões, a Corte de Cassação condenou o responsável pela ruptura culposa das tratativas a indenizar a parte prejudicada, visto que esta, em razão do abuso, fora privada das chances de auferir os lucros que eventualmente decorreriam do contrato: Com., 25 fev. 2003 e Civ. 3ª, 12 nov. 2003, comentados por J. Mestre e B. Fages; *RTD Civ. 2004*, p. 80 e 85. No mesmo ano, no denominado "julgado Manoukian", a Câmara Comercial reverteu sua posição e declarou que a perda de uma chance não é um prejuízo indenizável nos casos de ruptura culposa das tratativas: Com., 26 nov. 2003, *D. 2004*, p. 869, nota A. S. Dupré-Dallemagne; *JCP 2004*, I, 163, n° 18, nota G. Viney; *RDC 2004*, p. 257, nota D. Mazeaud. Essa recusa em reparar as chances nos casos de responsabilidade pela ruptura das tratativas foi posteriormente seguida pela Terceira Câmara Civil: Civ. 3ª, 28 jun. 2006, *D. 2006*, p. 2963, nota D. Mazeaud; RTD Civ. 2006, p. 770, nota P. Jourdain; Civ. 3ª, 7 jan. 2009, *RTD Civ. 2009*, p. 113, nota B. Fages.

[24] R. Savatier, *Traité de la responsabilité civile en Droit français*, t. II. 2ª ed. Paris: LGDJ, 1951, n° 460 e s., p. 8-11; G. Viney e P. Jourdain, *Traité de Droit civil: Les conditions de la responsabilité*, op. cit., n° 281, p. 96; I. Vacarie, "La perte d'une chance", op. cit, p. 906; Y. Chartier, *La réparation du préjudice dans la responsabilité civile*, op. cit., n° 36, p. 50.

OS ELEMENTOS FÁTICOS

19. Se a álea é condição necessária para a aplicação da técnica da reparação de chances, ela não é, contudo, um elemento exclusivo dessa noção. A incerteza também está presente em outros conceitos do Direito da responsabilidade civil, em especial na noção de responsabilidade pela criação de um risco. Para delimitar o domínio da perda de uma chance, de início iremos identificar as constantes da casuística jurisprudencial (Seção 1); para, na sequência, determinar os critérios de distinção entre a responsabilidade pela perda de uma chance e a responsabilidade pela criação de um risco (Seção 2).

Seção 1 – As constantes dos casos de perda de chances

20. A despeito de sua diversidade, as situações que conduziram os tribunais a se valerem da técnica de reparação de chances nos remetem a uma mesma hipótese fática, em que a vítima veio a sofrer uma lesão em seus interesses sobre um evento aleatório. Sob uma perspectiva analítica, essa hipótese de lesão a interesses aleatórios pode ser decomposta em três elementos: um interesse sobre um resultado aleatório (§ 1); a diminuição de chances de obter esse resultado aleatório desejado, em razão da intervenção do réu (§ 2); e a não obtenção do resultado aleatório desejado (§ 3). Dessas três constantes de fato decorre uma quarta, que não é verdadeiramente um elemento da realidade, mas uma abstração desta. Trata-se da incerteza contrafatual (§ 4).

§ 1 – Um interesse sobre um resultado aleatório

21. O primeiro elemento comum é que, em todos os casos, a vítima almeja a obtenção de um resultado aleatório – ou seja, um resultado cuja realização ou não realização não era, até então, um elemento que fazia

26   RESPONSABILIDADE CIVIL PELA PERDA DE UMA CHANCE

parte de seus conhecimentos. A realização de seu desejo era uma simples possibilidade, e nada mais. Para o apostador, a obtenção do prêmio era incerta: no momento da aposta, ele não sabia se o cavalo venceria ou não a corrida. A obtenção do prêmio literário era igualmente incerta para o escritor, tanto quanto vitória no processo para o litigante. Há sempre uma álea que afeta o desenvolvimento da realidade e, com maior razão[25], a aspiração da vítima.

Essa natureza aleatória da ambição da vítima constitui o núcleo duro dos casos de perda de uma chance. Em primeiro lugar, porque a álea em questão revela nosso conhecimento insuficiente sobre a realidade, insuficiência essa que, a seu turno, obstará a aplicação ordinária da norma da reparação. No mais, não há qualquer razão para que a técnica de reparação de chances seja empregada nos casos em a vítima se queixa da perda de uma vantagem certa. Nesses casos, é a própria vantagem desejada que deve ser objeto de reparação, em toda a sua integralidade[26].

22. Nesse ponto, alguns autores distinguem as hipóteses em que a álea representa, para a vítima, uma chance de obter uma vantagem (álea positiva), e as hipóteses em que a álea implica um risco para ela (álea negativa). O campo de aplicação da perda de uma chance se resumiria, por princípio, aos casos de redução de uma álea positiva, de modo que a ideia de "perda de uma chance de evitar um dano" seria uma desnaturação do conceito. Esse é notadamente o ponto de vista de P. le Tourneau[27]. "O risco", afirma o autor, "designa a possibilidade de realização de um evento favorável, enquanto a chance nos remete à probabilidade de um evento positivo[28]".

---

[25] H. MAZEAUD, J. MAZEAUD, L. MAZEAUD e F. CHABAS, *Leçons de Droit civil: Obligation*, op. cit., p. 429.

[26] "A indenização da perda de uma chance pressupõe sempre a existência de uma incerteza, de uma álea em relação ao objetivo perseguido pela vítima". P. JOURDAIN, "Perte d'une chance: une nouvelle forme d'abus de l'utilisation de la notion pour réparer un préjudice certain", *RTD Civ. 1994*, p. 110. V. também C. RUELLAN, *La perte de une chance en Droit privé*, op. cit, n° 9, p. 732, e n° 38, p. 745.

[27] *Droit de la responsabilité et des contrats*, op. cit., n° 1418, p. 388. V. também I. VACARIE, "La perte d'une chance", op. cit., p. 917.

[28] De forma semelhante, F. CHABAS afirma que só há perda de uma chance nos casos em que a vítima já estava inserida em um processo aleatório nefasto, de maneira que tinha apenas chances de evitar seu próprio infortúnio. "Em todos os casos considerados pela teoria da perda de uma chance, a vítima dispunha apenas da esperança de ver realizado um evento benéfico. [...] Logo, não é correto afirmar que a vítima dispunha ou de chances de obter um ganho, ou de chances de evitar um prejuízo. Esta segunda hipótese é contrária, por assim dizer, ao bom senso". "La perte d'une chance en Droit français", in *Développements récents du Droit de la responsabilité civile* (dir. O. GUILLOD). Zurique: Schulthess, 1991, p. 133-141.

Essa distinção, apesar de semanticamente acertada, parece-nos extremamente difícil de ser posta em prática[29]. É inegável que, na língua corrente, risco e chance carregam valores muito distintos, senão opostos. Contudo, as possibilidades de ganho e de perda estão sempre intimamente ligadas, a tal ponto que a contrapartida de uma é justamente a existência da outra. Chance e risco se implicam mutuamente. Nem sempre é possível distinguir o ato de "obter de um ganho" do ato de "evitar uma perda"; ou a "perda de um ganho" de uma perda *tout-court*. Economicamente, essas contraposições não têm muito sentido[30].

Tomemos o exemplo do litigante. Seria mais correto afirmar que ele tem chances de vencer seu processo (álea favorável) ou que ele corre o risco de ver-se derrotado (álea desfavorável)? Haveria alguma diferença caso a decisão de primeiro grau tenha ou não lhe dado razão? Para o apostador, a incerteza da corrida é uma álea positiva (álea de receber o prêmio) ou negativa (álea de perder o valor apostado)? Para o paciente, o tratamento representa, sem dúvida, uma chance de cura. Mas não seria igualmente correto afirmar que ele corre o risco de sofrer o maior dos males caso esse tratamento venha a falhar? Tudo não passa de mero jogo de palavras, muito semelhante, aliás, à conhecida dicotomia entre o copo meio-cheio e o copo meio-vazio. Para aquele que tem uma chance de obter algo, o destino sempre poderá conduzi-lo a dois resultados: quer ele satisfará seus desejos, quer ele não os satisfará. Álea positiva e álea negativa não passam de duas facetas de um mesmo fenômeno, de maneira que a concretização de uma álea favorável pode ser igualmente descrita como a não concretização de uma álea desfavorável, e vice-versa; ou ainda, o aumento das chances de ocorrência de um evento favorável implica a diminuição das chances de ocorrência do evento desfavorável que lhe é oposto[31].

§ 2 – A redução de chances de obter o resultado aleatório desejado em razão de um fato imputável ao réu

23. Em segundo lugar, em todos os exemplos citados o desdobramento da situação aleatória foi perturbado por um fato imputável ao réu[32]. Sua intervenção diminuiu as chances de que dispunha a vítima

---

[29] O autor reconhece essa dificuldade, v. P. le TOURNEAU, op. cit., n° 1425, p. 392.

[30] *Comp.*, P. JOURDAIN, "Sur la perte d'une chance", *RTD Civ. 1992*, p. 109.

[31] Sob o ângulo da teoria dos conjuntos, esses dois elementos são considerados complementares.

[32] Y. CHARTIER, *La réparation du préjudice dans la responsabilité civile*, op. cit., n° 37, p. 51.

28 RESPONSABILIDADE CIVIL PELA PERDA DE UMA CHANCE

para obter o resultado aleatório desejado, de modo que a não realização desse resultado tornou-se comparativamente mais provável. A falha do jóquei, por exemplo, aniquilou – ao menos em parte – as chances do apostador, assim como a superveniência do acidente obstruiu a possível evolução profissional da vítima.

Essa intervenção do responsável pode trazer duas consequências distintas. Por um lado, é possível que o fato do réu acarrete o desaparecimento de todas as chances de concretização do resultado aleatório desejado pela vítima. Tal é o caso do advogado que deixa transcorrer *in albis* o prazo para a interposição de um recurso. Essa falha reduziu a zero as possibilidades de reversão da decisão desfavorável ao seu cliente, tornando definitivo o julgamento proferido em primeira instância. Igualmente, a morte trágica do jovem noivo reduziu a nada os sonhos de casamento de sua pretendida. O que há de relevante nesses casos é que a intervenção do réu interrompe completamente o processo aleatório[33]. Sabe-se, desde logo, que a vítima não obterá a vantagem aleatória desejada.

Por essa razão podemos afirmar que, em tais situações, o fato imputável ao réu é causa suficiente[34] para a perda do resultado aleatório desejado[35]. A partir da afirmação "o réu eliminou todas as chances de concretização do resultado desejado", a conclusão "o resultado desejado não foi obtido" é logicamente válida. Aquele basta à conclusão desta.

Os fatos, contudo, podem ser outros. É bem possível que o ato do réu diminua as chances da vítima sem aniquilá-las por completo. Em tal hipótese, o ato do réu não será causa suficiente ao insucesso do resultado desejado. É o que ocorre em alguns casos de erro médico. A prescrição de um tratamento inadaptado ou a negligência quando da adoção de medidas de assepsia interferem nas probabilidades de cura, privando o paciente de uma parte, mais ou menos importante, de suas chances de recobrar a saúde. Mas é possível que ele se recupere, a despeito dessas chances

---

[33] R. Pettefi da SILVA considera que essa ruptura total do processo aleatório é o critério definitivo para distinguir os casos em que a perda de uma chance depende da adoção da teoria da causalidade parcial, e os casos em que a perda de uma chance pode ser aplicada sem que se recorra a tal teoria. *Responsabilidade civil pela perda de uma chance*. São Paulo: Atlas, 2007, n° 2.2.2 e s., p. 81-107. A questão será abordada mais a frente, v. *infra*, n° 56.

[34] A é uma causa suficiente de B se a existência de *A* implica a existência de *B*. Em nosso exemplo, *A* é a privação de todas as chances de obtenção de um resultado favorável, e *B* a não obtenção do resultado favorável. A existência do primeiro fato implica a existência do segundo.

[35] Ela não é, contudo, uma condição necessária para a realização desse resultado negativo e, por tal razão, não há um nexo de causalidade jurídica entre estes dois fatos. V. *infra*, n° 55.

PERDA DE UMA CHANCE: A DESCONSTRUÇÃO DO PROBLEMA

perdidas[36]. A redução de suas chances fará que o combate à doença seja travado "com armas desiguais, em razão da falha do médico"[37].

§ 3 – O fim do processo aleatório com a não obtenção do resultado desejado

24. Um terceiro elemento: em todos os casos, a reparação de chance só ocorre se o processo aleatório já estiver terminado e se a realidade se revelar, de maneira definitiva, contrária aos desejos da vítima[38]. Em todos os exemplos citados, ela não obteve a vantagem que poderia se originar da oportunidade[39]. O prêmio não foi conquistado, tampouco a vitória na contenda judicial. O paciente não sobreviveu à doença, ou está acometido de uma incapacidade permanente. No mais, essa desventura sempre é definitiva; nada mais se alterará, pois no momento atual a álea não mais existe: o processo aleatório já está terminado e a incerteza que outrora pairava sobre o destino da vítima cedeu lugar à certeza de que seu infortúnio não será revertido[40].

Esse elemento pode parecer banal quando analisados os casos em que o ato imputável ao réu eliminou todas as chances de concretização do resultado aleatório desejado. Em tais hipóteses, é forçoso concluir que a vítima jamais obterá o resultado positivo e, por tal razão, pode-se afirmar que a não obtenção decorre logicamente do ato de eliminação total das chances[41]. Talvez por isso essa constante – a exigência da perda definitiva da vantagem aleatória desejada – seja por vezes ignorada pela doutrina[42].

---

[36] V. M. Fabre-Magnan, *De l'obligation d'information dans les contrats: essai d'une theorie*. Paris: LGDJ, 1992, n° 613, p. 488 (Col. Bibliothèque de Droit Privé).

[37] G. Durry, nota a Civ. 1ª, 25 maio 1971, *RTD Civ. 1972*, p. 409; *comp.*, Civ. 1ª, 8 jan. 1985, *D. 1986*, p. 390, nota J. Penneau.

[38] Y. Chartier, *La réparation du préjudice dans la responsabilité civile*, op. cit., n° 37 e 38, p. 51-53; I. Vacarie, "La perte d'une chance", op. cit., p. 904.

[39] Segundo Y. Chartier há sempre uma certeza nos casos de perda de uma chance: "a certeza da perda, para vítima, da vantagem desejada", *idem*, loc. cit.

[40] V. M. Fabre-Magnan, *Responsabilité civile et quasi-contrats*, op. cit., n° 34, p. 104-105; I. Vacarie, "La perte d'une chance", op. cit., p. 904; H. Mazeaud, L. Mazeaud e A. Tunc, *Traité theorique et pratique de la responsabilité civile*, t. I, op. cit., n° 219, p. 273, e *infra*, n° 49.

[41] M. Fabre-Magnan, *De l'obligation d'information dans les contrats: essai d'une theorie*, op. cit. p. n° 624, p. 495.

[42] Ou por vezes explicitamente refutada; v. notadamente P. Jourdain, "Perte d'une chance: une nouvelle forme d'abus de l'utilisation de la notion pour réparer un préjudice certain", op. cit., p. 110.

30 RESPONSABILIDADE CIVIL PELA PERDA DE UMA CHANCE

É inegável, todavia, que a não obtenção da vantagem aleatória constitui um elemento invariável aos casos em que a técnica da reparação de chances é empregada, e essa constante recobra sua importância toda vez que o ato imputável ao réu não extinguiu todas as chances do demandante. Em tais casos, a perda de uma chance só poderá ser indenizada com o desfecho do processo aleatório, tornando definitiva a perda da vantagem desejada[43]. Nesse sentido, a Corte de Cassação por vezes afirmou que, para que a chance perdida possa ser indenizada, "é necessário que esse elemento tenha um caráter certo no momento da decisão judicial"[44].

A razão de tal exigência é evidente: uma reparação prematura das chances perdidas, concedida antes do desfecho da incerteza, pode se somar à futura obtenção da vantagem desejada, provocando o enriquecimento injustificado do demandante[45].

25. Esses três elementos de fato podem ser resumidos da seguinte maneira: a reparação de chances é aplicada nos casos em que, em razão de um ato imputável ao réu, a vítima foi privada, total ou parcialmente, das chances de obter um resultado desejado, e sob a condição de que essa antiga expectativa aleatória tenha se tornado definitivamente impossível.

---

[43] V., por exemplo, Civ. 1ª, 21 nov. 2006, *JCP 2007*, I, 115, nota P. STOFFEL-MUNCK; RDC 2007, p. 266, nota D. MAZEAUD. A Corte de Apelação havia considerado que um advogado teria, em razão se sua inércia, privado seus clientes da chance de reverter uma decisão desfavorável. A Corte de Cassação reformou tal acórdão, afirmando que "os interessados dispunham ainda da possibilidade de apelar contra a decisão em questão", conquanto "somente a privação atual e certa de uma eventualidade favorável pode constituir uma perda de chance reparável".

[44] Crim., 23 nov. 1971, *D. 1972*, p. 225, nota LECOURTIER; *RTD Civ. 1972*, p. 598, obs. G. DURRY; Civ. 2ª, 24 jun. 1999, *Bull. Civ. II*, n° 126 p. 89: Após serem constatadas irregularidades em um concurso de admissão a uma instituição de ensino superior, quatro candidatos não aprovados propuseram uma ação de reparação contra a instituição, queixando-se da perda de "chances de escolaridade". Considerando que cada candidato "poderia prestar três vezes o exame da admissão" e que "nenhum dos demandantes havia utilizado essa faculdade", a Corte rejeitou a demanda dos candidatos, afirmando que a irregularidade "não os havia privado de uma chance de escolaridade". A tese amparada pela Corte é de exagerado rigor em relação aos demandantes. Seria possível objetar que, conquanto ainda tivessem chances de seguir o percurso acadêmico que desejavam, em razão das falhas os candidatos perderam a chance de iniciar seus estudos naquele ano. *Comp.* TA Rennes, 6 jul. 1994, *LPA 1995*, n° 24, p. 12, nota F. MALLOL.

[45] V. a nota de P. JOURDAIN em Civ. 1ª, 30 jan. 1996, *D. 1997*, p. 31. Essa aparente incoerência pode ser superada se considerarmos que a chance perdida é um prejuízo diretamente dependente da perda do resultado aleatório desejado – o interesse na chance de obter um resultado é evidentemente subordinado ao interesse na obtenção desse mesmo resultado. A questão será analisada mais a frente, *infra*, n° 127 e s.

§ 4 – A incerteza contrafatual

26. As três constantes mencionadas nos conduzem a uma situação em que todos os elementos são conhecidos; salvo um. Por um lado, sabe-se que a vítima não obteve a vantagem aleatória desejada, e que o réu a privou de chances de obter tal vantagem. De outro lado, resta impossível afirmar qual teria sido o resultado dessa chance perdida. Qual seria o veredito do tribunal caso o advogado tivesse interposto o recurso a tempo? O manuscrito seria ou não consagrado pelo júri como o vencedor do concurso?

Em outras palavras, sabe-se o que se passou; não há efetivamente qualquer dúvida sobre a realidade. Mas, em razão da álea que acometia o interesse da vítima, não se sabe ao certo *o que teria ocorrido* caso o réu não tivesse intervindo[46]. Trata-se de uma *incerteza contrafatual*[47], uma incerteza sobre uma situação hipotética, que teria supostamente se concretizado caso um fato – em espécie, o fato imputável ao réu – fosse suprimido do curso causal. Se normalmente é possível aguardar o desfecho de uma chance, visto que toda chance tende a se resolver a favor ou contra seu beneficiário[48], depois da intervenção do réu essa hipotética conclusão permanecerá, eternamente, relegada ao desconhecido[49]. O ato falseou o processo aleatório, de modo que a chance tornou-se um *natimorto*; anulada antes mesmo de vir ao mundo.

A incerteza contrafatual é, assim, uma sublimação da álea que inicialmente atingia os interesses da vítima. Antes da interferência, o elemento desconhecido cingia-se ao desdobramento da realidade – a vítima

---

[46] M. FABRE-MAGNAN descreve o problema como "uma incerteza sobre a situação na qual se encontraria a vítima se o fato danoso não tivesse ocorrido". *Responsabilité civile et quasi-contrats*, op. cit., n° 34, p. 103. Ou, segundo I. VACARIE, "o juiz admite a perda de uma chance quando ele se vê obrigado, não a reconstituir os fatos passados ou prever os fatos futuros, mas sim a imaginar o que teria ocorrido sem o fato danoso"." "La perte d'une chance", op. cit., p. 931.

[47] "Diz-se da especulação de natureza hipotética e utópica, oposta àquela que se baseia em fatos ou dados já existentes", define o dicionário *Caldas Aulete*, no verbete "contrafatual". Na verdade, empregamos aqui a terminologia utilizada por F. G'SELL-MACREZ, *Recherches sur la notion de causalité*, tese Paris I, 2005.

[48] Essa é a principal crítica tecida por A. BÉNABENT contra a noção de perda de uma chance. *La chance et le Droit*, op. cit., n° 237, p. 179.

[49] "A dificuldade surge, nesse caso, do fato de que não é mais possível aguardar para saber se o prejuízo existirá ou não existirá; a realização do prejuízo não depende mais de eventos futuros e incertos. A situação é definitiva; nada mais a modificará". H. MAZEAUD, L. MAZEAUD e A. TUNC, *Traité théorique et pratique de la responsabilité civile*, t. I, op. cit., n° 219, p. 273.

obterá a vantagem aleatória desejada? A intervenção do réu desnatura essa incerteza, que, outrora um possível futuro, converte-se ao futuro do pretérito – a vítima *obteria* essa vantagem?

Pudemos assim circunscrever a situação modelo na qual a técnica da reparação de chances é empregada. A partir dessas quatro constantes, poderemos distinguir a hipótese de perda de chance de outra, que dela se avizinha: a hipótese de criação de um risco.

Seção 2 – A distinção com relação à criação de um risco

27. A responsabilidade pela criação de um risco é outra manifestação da álea no campo da responsabilidade civil. Assim como nos casos de perda de chance, na criação de um risco o acaso interfere na constatação das condições da responsabilidade, a tal ponto que poderíamos pensar que as duas hipóteses não passam da manifestação de um mesmo problema[50]. Como afirmamos anteriormente, a fronteira entre risco e chance é demasiadamente sutil para que possamos utilizá-la como critério de classificação. Podemos, por exemplo, afirmar que o médico que ministra um tratamento inadequado priva seu paciente de uma chance de cura. Todavia, não seria igualmente correto afirmar – sem abuso do vernáculo – que, em razão de tal falha, o profissional cria um risco para a vítima[51]?

O critério definitivo poderia ser encontrado na ideia de preexistência da álea[52]. Tal como mencionamos há pouco, os casos de perda de uma chance pressupõem a existência de interesse aleatório da vítima; interesse que deve preceder cronologicamente ao fato imputável ao réu. É o caso do advogado que agiu culposamente: antes dessa falha, o jurisdicionado tinha interesse na possível reforma da decisão de primeiro grau.

A questão muda totalmente de figura nos casos em que o elemento aleatório é introduzido exclusivamente pelo fato imputável ao réu[53].

---

[50] G. VINEY e P. JOURDAIN, *Traité de Droit civil: Les conditions de la responsabilité*, op. cit., n° 278, p. 87.

[51] Nas primeiras edições de sua obra sobre as obrigações, P. MALAURIE e L. AYNES se posicionavam contrariamente a essa distinção: "criar um risco (para o autor do dano) e perder uma chance (para a vítima) é a mesma coisa, *Droit civil: Les obligations*. 2ª ed. Paris: Cujas, 1990, n° 242, p. 137. Contudo, essa crítica foi retirada nas edições mais recentes da obra (P. MALAURIE, L. AYNES e P. STOFFEL-MUNCK, *Droit civil: Les obligations*. Paris: Defrénois, 2004, n° 242, p. 137).

[52] M. FABRE-MAGNAN, *Responsabilité civile et quasi-contrats,* op. cit., n° 42, p. 128-129.

[53] M. FABRE-MAGNAN, *De l'obligation d'information dans les contrats: essai d'une theorie*, op. cit. p. n° 623, p. 494-495.

PERDA DE UMA CHANCE: A DESCONSTRUÇÃO DO PROBLEMA **33**

A vítima, que até não estava exposta a qualquer incerteza, passa a ser ameaçada por um risco decorrente dessa conduta[54]. Pode-se afirmar, por exemplo, que a instalação de fios de alta tensão sobre um terreno cria o risco de eletrocutar o rebanho do proprietário do imóvel[55]; ou, ainda, que a rocha à beira de uma falésia representa um risco para os imóveis vizinhos[56]. Por certo, estamos diante de uma álea: é possível, mas tão somente possível, que a pedra se precipite, causando danos ao proprietário do terreno adjacente. Contudo, trata-se de uma incerteza diversa daquela relativa à perda de uma chance. De um lado, essa incerteza surge com o ato do réu; nada até então ameaçava o demandante. De outro, essa incerteza versa sobre um fato bastante distinto: se, nos casos de perda de uma chance, não é possível afirmar *o que teria ocorrido* na ausência do fato imputável ao réu (incerteza contrafatual), nos casos de criação de um risco a dúvida versa sobre o desdobramento da realidade. A incerteza é assim fatual e futura, na medida em que não se sabe *o que ocorrerá* – a rocha cairá? Os animais perecerão?

Esse tipo de situação pode gerar o dever de reparar? A resposta a tal indagação depende do momento em que é proposta a ação de reparação: antes da concretização do risco (§ 1) ou depois dela (§ 2).

§ 1 – A ação antes da concretização do risco

28. Enquanto o risco não se concretizar, provocando uma efetiva perda à vítima, ela não fará jus à reparação. A solução não deixa de ser a aplicação pura e simples da condição de certeza do prejuízo. O risco nada mais é do que um prejuízo em potencial, ou seja, um prejuízo eventual e futuro, sendo, portanto, inapto a fundamentar um pedido de indenização[57].

---

[54] Civ. 3ª, 17 dez. 2002, *RD Imm. 2003,* p. 322, nota F.G. TRÉBULLE. Ou ainda, quando o réu não eliminou um risco pelo qual é responsável: Civ. 1ª, 28 nov. 2007, *RD Imm. 2008,* p. 191, nota F.G. TRÉBULLE; *JCP 2008,* I, 125, nota P. STOFFEL-MUNCK.

[55] Civ., 19 mar. 1947, *D. 1947,* II, p. 313, *Gaz. Pal. 1947,* II, p. 11.

[56] Civ. 1ª, 28 nov. 2007, *RD Imm. 2008,* p. 191, nota F. G. TRÉBULLE; *JCP 2008,* I, 125, nota P. STOFFEL-MUNCK.

[57] Em um julgado relativo à instalação de cabos de transmissão de eletricidade que ameaçavam o rebanho do proprietário (Civ., 19 mar. 1947, *D. 1947,* II, p. 313, *Gaz. Pal. 1947,* II, p. 11; e observação de Y. CHARTIER, *La réparation du préjudice dans la responsabilité civile,* op. cit., n° 20, p. 28), a Câmara Civil ressaltou o caráter eventual do prejuízo para negar sua indenização. Mais recentemente, a Terceira Câmara Civil considerou que o risco de poluição é um prejuízo "de caráter eventual", Civ. 3ª, 14

A regra em comento é mesma aplicável a outro tipo de incerteza: aquela relativa aos riscos da agravação do prejuízo após o julgamento. Para determinar o montante devido pelo responsável, o juiz deve levar em conta todos os elementos do prejuízo que tenham um caráter certo – ainda que sejam futuros – no momento da prolação da sentença[58]. Os fatores hipotéticos, que podem eventualmente alterar esse montante (por exemplo, a possível agravação do estado de saúde da vítima de um acidente corporal), não serão considerados nessa avaliação, mas poderão, por outro lado, dar ensejo a uma nova demanda, caso venham a se concretizar[59].

Qual seria a razão de tamanho rigor em relação ao demandante? Não poderíamos tratar o problema da criação de um risco de forma semelhante ao problema da perda de uma chance, concedendo ao demandante uma reparação que corresponda exatamente ao risco a que foi exposto[60]? Na verdade, não. Ao contrário da incerteza contrafatual da perda de uma chance – a qual é permanente –, a incerteza fatual da criação de um risco será deslindada. Ou a rocha irá desabar, e a vítima fará jus à reparação dos prejuízos sofridos; ou ela não desabará, e a reparação jamais terá qualquer razão de ser[61]. Eis então a resposta do Direito: se o tempo se mostra capaz de reverter a incerteza, não há motivos para afrontá-la. Basta aguardar seu desfazimento espontâneo[62].

---

fev. 2007, *RD. Imm. 2007*, p. 247, nota F.G. Trébulle; *RTD Civ. 2007*, p. 345, nota J. Mestre e B. Fages.

[58] H. Mazeaud, L. Mazeaud e A. Tunc, *Traité theorique et pratique de la responsabilité civile*, t. I, op. cit., n° 223, p. 284; Y. Chartier, *La réparation du préjudice dans la responsabilité civile*, op. cit., n° 458, p. 570.

[59] Crim., 9 jul. 1996, *Bull. Crim. 1996*, n° 286, p. 880

[60] É a ideia sustentada por R. Peteffi da Silva, *Responsabilidade civil pela perda de uma chance*, op. cit., n° 3.1.3.3. e s., p. 123-133.

[61] "A álea relativa à realização do risco será resolvida em um sentido ou em outro, conquanto a incerteza da realização da chance jamais será eliminada". M. Fabre-Magnan, *De l'obligation d'information dans les contrats: essai d'une théorie*, op. cit. p. n° 624, p. 495.

[62] Essa diferença entre risco não realizado e perda de uma chance foi claramente apontada em um julgado da Primeira Câmara Civil: os cônjuges X, coproprietários majoritários de um garanhão, haviam celebrado um contrato permissão de uso do animal em favor de uma sociedade dinamarquesa. Insatisfeitos com essa cessão, os demais coproprietários e também alguns indivíduos que detinham direitos contratuais sobre o garanhão propuseram uma ação reparatória contra os cônjuges. A Corte de Versailles, afirmando que o fato dos réus havia exposto os interessados "ao risco do aumento dos cruzamentos, e também da concorrência", julgou procedente a demanda e condenou os cônjuges X a reparar as chances perdidas. A Primeira Câmara censura essa decisão: "um risco, mesmo que certo, não basta para caracterizar a perda de uma chance", e assim "o prejuízo resultante era apenas eventual". Civ. 1ª, 16 jun. 1998, *Bull. Civ. I*, n° 216, p. 149.

PERDA DE UMA CHANCE: A DESCONSTRUÇÃO DO PROBLEMA **35**

29. Se a criação de riscos não constitui em si um prejuízo reparável, ela pode ainda assim dar origem a prejuízos reparáveis. É o caso dos prejuízos morais ocasionados pela ameaça constante da concretização desse risco – em especial, nos casos em que um acidente corporal fragiliza a saúde da vítima, obrigando-a a viver na eminência da morte súbita[63]. A depreciação do valor venal de um imóvel, ameaçado pelo risco de desmoronamento de uma falésia, é outro exemplo já enfrentado pela jurisprudência francesa[64]. Embora decorram do risco criado, esses dois prejuízos não compartilham seu caráter hipotético, sendo, portanto, desde logo reparáveis.

Dentre essas consequências reparáveis oriundas da criação de um risco, destacam-se as somas despendidas, ou que deverão ser despendidas, pelo demandante, com o objetivo de minimizar o risco criado. Apesar de um julgado contrário à reparação desse tipo de prejuízo[65], a jurisprudência francesa, por diversas vezes, decidiu que a vítima deve ser reembolsada dos gastos incorridos na prevenção dos riscos criados por outrem[66], ou que ela pode requerer, por via da tutela específica, a cessação do risco em questão[67].

Essa corrente jurisprudencial tem uma dupla virtude: de um lado, contribui com a evolução da responsabilidade civil, que se volta cada vez mais à prevenção do dano, em vez de buscar exclusivamente sua reparação[68]. De outro, ele se mostra coerente com a identificação dos prejuízos reparáveis, pois estabelece uma distinção clara entre o prejuízo

---

[63] Civ. 2ª, 13 mar. 1967, *D. 1967*, p. 591.

[64] Civ. 2ª, 28 maio 2009, *não publicado*, pourvoir, n° 08-14.272.

[65] Um tipo de sonda cardíaca apresentou defeito de concepção, criando um risco aos seus utilizadores. Portador de uma dessas sondas, o demandante decidiu substituí-la e, ato contínuo, propôs uma ação contra o fabricante requerendo a indenização dos custos e prejuízos decorrentes dessa substituição. A Corte de Cassação rejeitou o pedido, afirmando que esse prejuízo "ostentava apenas um caráter eventual". Civ. 1ª, 19 dez. 2006, *JCP 2007*, II, 10052, nota S. Hocquet-Berg; *RTD Civ. 2007*, p. 352, nota P. Jourdain.

[66] Civ. 2ª, 25 mar. 1991, *Resp. Civ. et Assur. 1991*, comen. 283; Civ. 1ª, 28 nov. 2007, *RD Imm. 2008*, p. 191, nota F.G. Trébulle; *JCP 2008*, I, 125, nota P. Stoffel-Munck; Civ. 2ª, 15 maio 2008, *RTD Civ. 2008*, p. 679, nota P. Jourdain; *JCP 2008*, I, 186, nota P. Stoffel-Munck; D. 2008, p. 2894, nota P. Brun.

[67] Civ. 2ª, 10 jun. 2004, *RTD Civ. 2004*, p. 738, nota P. Jourdain; *RD Imm.* 2004, p. 348, nota F. G. Trébulle; Civ. 2ª, 24 fev. 2005, *JCP 2005*, II, 10100, nota F. G. Trébulle; LPA 2006, n° 109, p. 16, nota M. A. Rakotovahiny; TGI Nanterre, 18 set. 2008, *JCP 2008*, II, 10208, nota J. V. Borel. Essa tendência jurisprudencial não é nova, cf. M. Planiol, G. Ripert e P. Esmein, *Traité pratique de Droit civil français*, t. VI, 1ª parte. *Obligations*. 2ª ed. Paris: LGDJ, 1952, n° 545, p. 751-75, e os julgados citados.

[68] G. Viney e P. Jourdain, *Les conditions de la responsabilité*, op. cit., n° 278, p. 89.

representado pelos custos de prevenção e o suposto prejuízo representado pelos riscos criados. Certamente, estes são futuros e hipotéticos; mas não aqueles: em razão do fato imputável ao réu, a vítima se viu obrigada a construir um muro de arrimo[69], ou deverá fazê-lo em breve[70]. Ora, há nesses casos um prejuízo certo – futuro ou presente, a depender da hipótese –, que não se confunde com o risco criado[71].

É verdade que a configuração do nexo de causalidade pode se revelar problemática nesses casos. Considerando que o demandante despendeu voluntariamente as somas de prevenção, o réu poderia objetar que esse ato voluntário rompeu o nexo entre a conduta que lhe é imputada e o prejuízo sofrido pela suposta vítima. Contudo, é inegável que as despesas constituem um prejuízo autônomo em relação ao risco criado[72]. Pode-se mesmo afirmar que a indenização dos gastos preventivos não constituirá obstáculo a um segundo pedido de reparação, caso o risco venha a se concretizar a despeito das precauções adotadas[73].

Em suma, antes de sua realização o risco não representa em si um elemento reparável. Nas demandas envolvendo riscos criados e não concretizados, quer o demandante fundamenta seu pedido no próprio risco, e então encontra a objeção de que esse risco não constitui um prejuízo reparável[74] em razão de seu caráter futuro e hipotético[75]; quer o deman-

---

[69] Civ. 2ª, 15 maio 2008, precitado.

[70] Civ. 2ª, 19 out. 2006, *não publicado*, pourvoir, n° 05-16.005.

[71] Cf. P. Jourdain: "ao indenizar as despesas incorridas na prevenção de um perigo (o desmoronamento da falésia), é um prejuízo atual e certo que está sendo reparado", *RTD Civ. 2008*, p. 679, precitado.

[72] Essa concepção é consagrada no art. 1344 do projeto de reforma do Código Civil francês denominado *avant-projet* Catala: "Art. 1344. As despesas incorridas para prevenir a realização iminente de um dano ou para evitar sua agravação, como também para minimizar suas consequências, constituem um prejuízo reparável, desde que tenham sido razoavelmente empregadas".

[73] Imaginemos, por exemplo, que o proprietário do imóvel no qual se encontra a rocha seja condenado judicialmente a construir uma estrutura para evitar sua queda. Se essa rocha despencar, mesmo após essas providências, nada impede que a vítima venha a propor uma nova ação, requerendo desta vez a reparação dos danos sofridos. Medidas de segurança e danos decorrentes da queda constituem prejuízos distintos.

[74] Civ. 1ª, 16 jun. 1998, *Bull. Civ. I*, n° 216, p. 149; Civ. 3ª, 14 fev. 2007, *RD. Imm. 2007*, p. 247, nota F. G. Trébulle; *RTD Civ. 2007*, p. 345, nota J. Mestre e B. Fages; *comp.* Civ. 2ª, 18 dez. 2003, *RTD Civ.* 2004, p. 294, nota P. Jourdain.

[75] *Contra*: G. Viney e P. Jourdain, *Les conditions de la responsabilité*, op. cit., n° 278, p. 89, e nota 412. Os autores afirmam que, em alguns casos, o risco é reparado "em si mesmo" pelos tribunais. Todavia, uma análise mais detida dos julgados citados demonstra que, na maioria dos casos, a reparação versou sobre as consequências certas do risco criado (Civ. 2ª, 13 mar. 1967; Civ. 2ª, 10 jun. 2004; Civ. 2ª, 24 fev.

dante o fundamenta nas consequências danosas e certas que decorrem do perigo gerado – despesas de prevenção, prejuízos morais, depreciações patrimoniais –, as quais constituem uma espécie de prejuízo autônomo em relação ao risco criado.

A criação de um risco não é uma espécie de prejuízo, mas sim um elemento gerador da responsabilidade[76], o que pode ser notado nas hipóteses em que o risco se concretiza.

§ 2 – A ação depois da concretização do risco

30. As demandas referentes aos riscos já concretizados se mostram – ao menos em princípio – muito menos problemáticas. Retomemos nosso exemplo: depois de anos de incerteza, a rocha incrustada à beira do precipício efetivamente desaba sobre o terreno vizinho. A solução ao caso é trivial: o responsável estará obrigado a reparar integralmente os prejuízos decorrentes desse desastre, sem que a magnitude do risco outrora existente seja levada em consideração[77].

Uma resposta trivial, mas nem por isso pouco intrigante. Há uma grande diferença entre essa solução e aquela adotada nos casos de perda de uma chance, a despeito das semelhanças entre as duas situações. Nos dois casos, o fato imputável ao réu aumentou as possibilidades de ocorrência de um resultado desfavorável (ou, o que é o mesmo, diminuiu as possibilidades de ocorrência de um resultado favorável), e esse resultado se concretizou de forma irreversível. Porém, os tratamentos jurídicos conferidos aos dois se distanciam substancialmente. Nos casos em que a técnica de reparação de chances é empregada, o objeto da reparação é a chance de que foi privada a vítima, e o valor da indenização equivalerá não à vantagem desejada, mas à magnitude da oportunidade perdida. Já nos casos de criação de um risco, a indenização é totalmente indiferente à álea criada, de modo que o réu será obrigado a reparar o próprio resultado negativo[78].

2005, precitados) ou, ainda, que a criação do risco foi considerada um elemento da culpa (Com., 14 maio 1985, *JCP 1985*, IV, p. 258; Civ. 3ª, 17 dez. 2002, precitado) ou da conduta *lato sensu*, geradora da responsabilidade (Civ. 2ª, 16 jul. 1982, não publicado), e não do prejuízo.

[76] M. Fabre-Magnan, *De l'obligation d'information dans les contrats: essai d'une theorie*, op. cit., n° 626, p. 497.

[77] G. Viney e P. Jourdain, *Les conditions de la responsabilité*, op. cit., n° 278, p. 89.

[78] "O quantum da reparação da perda de uma chance varia conforme a importância maior ou menor da chance, conquanto a reparação pela exposição a um risco não

Essa diferença de regime se deve ao papel exercido pela incerteza nas duas hipóteses. Quando o réu priva a vítima de uma chance, sua intervenção altera uma situação aleatória em marcha[79]. E desse fato resultam duas incertezas: uma sobre a possível obtenção do resultado aleatório desejado, caso restem algumas chances à vítima – uma incerteza fatual. Outra, sobre qual teria sido o desdobramento normal dessa chance perdida se o fato imputável ao réu não tivesse ocorrido – uma incerteza contrafatual. Se a primeira incerteza desaparece com a perda definitiva da vantagem desejada, a segunda, a incerteza contrafatual, permanecerá eternamente irredutível.

Por outro lado, o que caracteriza a criação de riscos é o fato de que a vítima não estava, até aquele momento, ameaçada por qualquer perigo[80]. Sem dúvida, tal como nos casos de perda de uma chance, o responsável pela criação de um risco aumentou as probabilidades de realização de um resultado desastroso. Mas, antes dessa intervenção, esse resultado não tinha qualquer chance de ocorrer. Não há assim nenhuma incerteza contrafatual, pois podemos afirmar que, sem o fato imputável ao réu, o prejuízo nunca teria atingido a vítima. Se há uma incerteza, ela é simplesmente fatual, referente à possível ocorrência do resultado negativo. Ora, a realização do prejuízo resolve a dúvida, trazendo à tona um caso clássico de responsabilidade civil: um fato gerador de responsabilidade que causou um prejuízo ao demandante[81].

Eis assim as diferenças quanto ao papel da incerteza nestas duas hipóteses: nos casos de perda de chances, a superveniência do resultado aleatório negativo (ou a não superveniência do resultado aleatório desejado) provoca o fim da incerteza fatual, mas não o fim da incerteza contrafatual. Já os casos de criação de um risco são acometidos apenas por uma dúvida fatual, e por essa razão a superveniência do evento negativo implica o fim de toda incerteza. A única álea então existente se resolve naturalmente, sendo, pois, possível afirmar que o fato imputável ao réu provocou o resultado negativo.

Desfeita pela ocorrência do sinistro, a álea não exercerá qualquer influência na ação reparatória. É por esse motivo que referida ação obedecerá às regras ordinárias da responsabilidade civil.

---

depende da probabilidade de realização do risco". *De l'obligation d'information dans les contrats: essai d'une théorie*, op. cit., n° 626, p. 497.

[79] F. Descorps Declère, "La coherence de la jurisprudence de la Cour de Cassation sur la perte d'une chance consécutive a une faute du médecin", *D. 2005*, p. 746.

[80] M. Fabre-Magnan, *De l'obligation d'information dans les contrats: essai d'une theorie*, op. cit. p. n° 623, p. 494.

[81] *Idem*, p. n° 625, p. 496-497.

PERDA DE UMA CHANCE: A DESCONSTRUÇÃO DO PROBLEMA

31. Pode-se então comparar lado a lado esses os dois modelos. Os casos de perda de chances são caracterizados pelos quatro elementos supramencionados: a preexistência de um interesse sobre um resultado aleatório; uma intervenção de um indivíduo privando, no todo ou em parte, a vítima de suas chances de obter esse resultado aleatório desejado; o fim do processo aleatório com a não obtenção do resultado desejado; e, enfim, uma incerteza contrafatual, que resulta dos elementos anteriores. Em oposição, os casos de criação de um risco são constituídos por: a ausência inicial de uma álea; uma intervenção de um indivíduo criando a possibilidade de um resultado negativo; o fim do processo aleatório com a superveniência do resultado aleatório negativo; de onde se conclui que esse resultado negativo é, certamente, a concretização do risco criado pelo indivíduo em questão.

Em comum, esses dois modelos têm a presença temporária de uma incerteza fatual; o incremento das probabilidades de um resultado negativo em razão de um fato imputável a outrem; e o fim da álea fatual com a superveniência desse resultado negativo. O que os diferencia é que, nos casos de perda de chance, essa incerteza fatual preexiste ao fato do indivíduo[82], conquanto nos casos de criação de um risco essa álea decorre de tal intervenção. No mais, os casos de perda de chance são acometidos por uma incerteza contrafatual[83], o que não ocorre nos casos de criação de riscos[84].

32. Duas situações que em muito se semelham, e que, mesmo assim, são submetidas a regimes jurídicos divergentes, trazendo consequências significativamente diversas às partes envolvidas. Eis uma grande ameaça à segurança jurídica. Se a distinção já é sutil no plano das abstrações, a prática também não contribui à identificação da fronteira, sempre disputada, entre as hipóteses de perda de uma chance e as hipóteses de criação de um risco. Há duas situações limítrofes: os casos de responsabilidade por descumprimento de um dever de informar e os casos de pluralidade de riscos[85].

Analisemos o primeiro. A situação é a seguinte: X e Y concluíram um contrato, que trará um risco para Y. Porém X, que sabia dos riscos em questão, não advertiu Y do perigo que o acordo lhe oferecia. O risco se

---

[82] F. CHABAS, *La perte d'une chance en Droit français*, op. cit, p. 134.

[83] I. VACARIE, "La perte d'une chance", op. cit., p. 931-932.

[84] *Contra*: T. WEIR, "Loss of a Chance: Compensable in Tort? The Common Law", in *Développements récents du Droit de la responsabilité civile* (dir. O. GUILLOD). Zurique: Schulthess, 1991, p. 111-129.

[85] G. VINEY e P. JOURDAIN, *Les conditions de la responsabilité*, op. cit., n° 278, p. 87-88.

40 RESPONSABILIDADE CIVIL PELA PERDA DE UMA CHANCE

concretiza e Y exige de X a reparação dos prejuízos sofridos. O modelo abrange, por exemplo, os casos em que um paciente, após uma cirurgia perigosa e que se revelou catastrófica, culpa o médico por não tê-lo advertido dos riscos decorrentes da operação.

O problema central do litígio é que Y jamais aceitou os riscos aos quais foi exposto. Nesse sentido, poderíamos afirmar que X introduziu esse perigo[86]. Ora, seguindo o modelo da responsabilidade pelo risco, uma vez que o perigo foi concretizado, X deverá responder pelas consequências. A concretização elimina a incerteza fatual, e poderíamos assim afirmar que X é responsável por ter causado um prejuízo a Y.

Esse modelo, contudo, é perturbado por uma incerteza contrafatual. Devidamente advertido, Y teria ou não aceitado os riscos do contrato? Se sim, então o desrespeito ao dever de informar não provocou qualquer prejuízo a Y – ele sofreria de toda maneira as perdas das quais se queixa. Mas é igualmente possível que Y, consciente dos riscos, tivesse recusado o acordo. É em razão dessa incerteza contrafatual que a técnica da reparação de chances é por vezes aplicada a tais casos[87]. O desrespeito de X ao seu dever de informar teria privado Y das chances de evitar os prejuízos decorrentes do contrato.

Podemos realmente considerar que a perda de uma escolha equivale à perda de uma chance? Note-se que a álea em questão refere-se à possível vontade de Y[88]. Se a doutrina se mostra dividida neste ponto[89], a jurisprudência francesa, em seu turno, também expressou suas hesita-

---

[86] M. Fabre-Magnan, *De l'obligation d'information dans les contrats: essai d'une théorie*, op. cit. p. nº 631, p. 502-503; G. Viney e P. Jourdain, *Les conditions de la responsabilité*, op. cit., nº 373, p. 235.

[87] "Aprovamos totalmente esse julgado que confirma que o desrespeito ao dever de informar por parte do médico pode ser sancionado pela perda de chances de tomar uma decisão capaz de evitar um prejuízo. Nenhuma das duas outras soluções chega ao resultado desta. A concessão uma indenização integral equivaleria à negação da incerteza que subsiste acerca da decisão que teria finalmente tomado a vítima se devidamente informada. Recusar qualquer reparação contrariaria o fato de que sua ignorância a privou da chance de evitar o dano". P. Jourdain, "Sur la perte d'une chance", op. cit p. 109.

[88] I. Vacarie, "La perte d'une chance", op. cit., p. 917-918.

[89] *Contra*: F. Chabas, "L'Obligation médicale en danger", *JCP 2000*, I, 212, nº 16 e s.; M. Fabre-Magnan, *De l'obligation d'information dans les contrats: essai d'une théorie*, op. cit. p. nº 606 e s., p. 481-484; J. Penneau, *La responsabilité du médecin*. 2ª ed. Paris: Dalloz, 1996, p. 36 (Col. Connaissance du Droit). *Pró:* F. Descorps-Declère, *La cohérence de la jurisprudence de la Cour de Cassation sur la perte d'une chance consécutive à une faute du médecin*, op. cit., p. 747; M. Bacache-Gibeilli, "Le défaut d'information sur les risques de l'intervention: quelles sanctions? Pour une indemnisation au-delà de la perte d'une chance", *D. 2008*, p. 1908, nº 5 e s.; S.

ções[90]. Hoje, os tribunais consideram que a perda de uma chance é o único prejuízo reparável nos casos de desrespeito ao dever de informar[91]. De nossa parte, consideramos que a perda de uma chance não pode, sem que haja distorção do princípio, ser aplicada a tais casos. Ninguém pode alegar que sua própria vontade é aleatória e, nesse sentido, a vítima não foi privada de chances, mas de certezas. A questão será analisada com maior profundidade na segunda parte deste estudo[92].

33. Um segundo caso limítrofe: dois riscos, independentes e mutuamente exclusivos, são capazes de gerar um mesmo resultado. O réu é legalmente responsável por um desses riscos; mas não pelo outro. O problema é que o resultado desastroso veio a se concretizar, sem que saibamos qual desses dois riscos deu causa ao acidente. Trata-se de um caso de perda de uma chance? Trata-se de um caso de responsabilidade por criação de um risco? A questão, que pode parecer estranha às especulações do Direito civil, é bem conhecida dos penalistas. Um exemplo hipotético pode nos auxiliar em sua compreensão.

Um indivíduo, X, decide caçar em um local em que tal prática é proibida. Pode-se afirmar que sua conduta cria um risco de acidentes.

PORCHY, "Lien causal, préjudices réparables et non-respect de la volonté du patient", *D. 1998*, n° 6 e s., p.381-382.

[90] Civ. 1ª, 2 out. 1984, *RTD Civ. 1986,* p. 117, nota J. HUET. A Corte de Cassação censurou uma Corte de Apelação por ter empregado a técnica de reparação de chances em um caso no qual a vítima fora privada de uma escolha (não se tratava, em espécie, de um risco contratual). Segundo a Corte, "a perda de uma chance depende somente de um evento futuro e incerto, cuja realização não pode resultar de uma atitude da vítima", e por isso, no caso em questão, os juízes deveriam "determinar a existência ou a ausência de um nexo de causalidade entre o ato culposo [do réu] e o prejuízo alegado". Há também alguns julgados que admitiram a reparação do resultado negativo, seguindo o modelo da responsabilidade pela criação de riscos: Civ. 1ª, 7 mar. 1978, *Bull. Civ. I,* n° 94; Civ. 1ª, 19 dez. 1979, *RTD Civ. 1980,* p. 386, nota G. DURRY; Civ. 1ª, 3 nov. 1983, *RTD Civ. 1984,* p. 322, nota G. DURRY; Civ. 1ª, 11 fev. 1986, *JCP 1987,* II, 20775, nota A. DORSNER-DOLIVET; Civ. 1ª, 16 jul. 1986, *JCP 1986,* IV, p. 285.

[91] Com efeito, em sua posição mais recente, a Corte de Cassação afirma que a perda de uma chance é o único prejuízo indenizável nos casos de não respeito a um dever de informar: Civ. 1ª, 6 dez. 2007, *D. 2008,* p. 192 nota P. SARGOS; *RTD Civ. 2008,* p. 303, nota P. JOURDAIN: "O único prejuízo indenizável em razão do inadimplemento da obrigação de informação do médico, a qual tem função obter o consentimento esclarecido do paciente, é a perda da chance de evitar o risco realizado". V. também: Civ. 1ª, 7 fev. 1990, *D. 1991,* p. 183 nota J. PENNEAU; *RTD Civ. 1991,* p. 109, nota P. JOURDAIN; Civ. 1ª, 7 dez. 2004, *D. 2005,* p. 403, nota J. PENNEAU. *Comp.* A. E. CRÉDEVILLE, "Le défaut d'information sur les risques de l'intervention: quelles sanctions? Non à la dérive des préjudices", *D. 2008,* p. 1914.

[92] V. *Infra,* n° 146 e s.

Segundo o modelo já exposto, o esportista será civilmente responsável pelo resultado desastroso caso venha a ferir alguém.

Acrescentemos um fator de complicação: um transeunte é gravemente ferido por uma bala, mas descobre-se que outro indivíduo, de identidade desconhecida, também caçava naquele local, não sendo possível determinar quem disparou o projétil. Desses fatos resulta uma incerteza. Há 50% de chances que a bala tenha partido da arma de X, e 50% que tenha partido da arma do outro caçador. Ignorando a ordem cronológica dos fatos, poderíamos afirmar que estamos diante de um caso de perda de chances. A álea da ocorrência de um acidente preexistia ao fato imputável a X, e esse fato apenas aumentou as chances de realização da catástrofe produzida. Tendo em vista que X é responsável por esses 50% de chances oriundas de seu fuzil, poderíamos então condená-lo a reparar essa álea a título de chance perdida? A resposta não nos parece tão óbvia.

34. A dificuldade decorre da existência de dois riscos independentes, mas que podem conduzir a um mesmo resultado. Há o risco de acidentes criado pela prática ilícita de X – pelo qual X é responsável – e há o risco de acidentes criado pela prática do outro caçador – pelo qual X não é responsável. Porém, essas duas hipóteses são mutuamente excludentes. Se a bala foi disparada pela arma de A, isso significa que o réu causou o acidente, devendo ser responsabilizado pelos prejuízos. O mesmo não se aplica caso o projétil tenha partido do outro caçador. Nessa hipótese, o fato de X em nada contribuiu na produção do evento negativo, não sendo ele responsável pelos prejuízos. Apenas um desses dois riscos se realizou, sem que possamos determinar qual deles; eis o verdadeiro dilema.

Trata-se sem dúvida de uma incerteza. Mas não de uma incerteza semelhante aos casos de perda de uma chance. A álea em questão – 50% – não representa de forma alguma as chances de que foi privada a vítima, mas sim a probabilidade de que a conduta do réu tenha provocado o acidente[93]. Temos uma incerteza fatual, que versa sobre um elemento concreto da realidade – quem disparou a bala que atingiu a vítima?

A técnica da reparação de chances se mostra assim inadaptada à resolução desse litígio. Em verdade, é necessário provar qual dos dois riscos foi concretizado, para que se determine se o réu deve ou não ser responsabilizado[94]. Veremos que outras técnicas da responsabilidade civil,

---

[93] Sobre essa interpretação, v. R. Savatier, "Une faute peut-elle engendrer la responsabilité d'un dommage sans l'avoir causé?", *D. 1970*, p. 124 e nota a Civ. 1ª, 14 dez. 1965, *JCP 1966*, II, 14753.

[94] Sobre a inaptidão da técnica da perda de uma chance para contornar as incertezas fatuais, v. I. Vacarie, "La perte d'une chance", op. cit., p. 931-932.

em especial, a técnica das presunções, podem ser empregadas neste campo, com o fim de facilitar esse ônus probatório[95].

35. Poderíamos citar outros exemplos de pluralidade de riscos: acampado em uma reserva natural, um indivíduo se esquece de apagar sua fogueira. Horas mais tarde, um incêndio se alastra pela mata, sem que saibamos se o fogo partiu da fogueira ou de causas naturais. Um médico comete um erro durante uma operação. O paciente falece, talvez em razão desta falha, talvez em razão de um risco inerente à terapia[96], pelo qual o médico não é responsável[97]. Um empregado de um zoológico deixa acidentalmente a porta de uma jaula entreaberta. O animal escapa, mas, em razão uma fenda descoberta entre as grades, não é possível determinar por onde.

Em todos os casos, temos sempre dois riscos independentes, que podem conduzir a um mesmo resultado.

Diferenciar essas situações de pluralidade de riscos das situações de perda de uma chance não é tarefa simples. Três elementos podem, todavia, servir como critério para tal distinção.

36. Primeiro elemento: o tipo de incerteza. Nos casos de perda de uma chance, a incerteza é contrafatual. Ignoramos qual seria o destino da vítima na ausência do fato imputável ao réu. Mas não há qualquer dúvida sobre o encadeamento causal.

Já nos casos de pluralidade de riscos, a incerteza paira sobre um fato da realidade. Por onde saiu o animal? A fogueira foi realmente a origem do fogo? A partir dessa informação, seria possível determinar se o malogro é a concretização do risco criado pelo réu, ou se ele decorre da realização de outro risco. O que escapa ao nosso conhecimento é um fato; estamos diante de uma incerteza fatual ainda não resolvida. Aliás, a persistência dessa incerteza fatual distingue os casos de risco único criado e os casos de pluralidade de riscos. Quando há apenas um risco, a superveniência do resultado aleatório negativo elimina toda incerteza, visto que tal superveniência é necessariamente a consequência da concretização

---

[95] A questão é colocada em especial no campo da responsabilidade médica. V. *infra,* n° 139.

[96] A chamada "álea terapêutica", que engloba todos os riscos decorrentes do próprio tratamento – mas não aqueles relativos às consequências danosas da própria doença ou de eventuais erros cometidos pelo médico. V. I. Vacarie, "La perte d'une chance", op. cit., p. 917-918.

[97] Civ. 1ª, 26 jan. 1966, *JCP 1966*, IV, p. 35; Civ. 1ª, 17 nov. 1982, *RTD Civ. 1983*, p. 547, nota G. Durry; *JCP 1983*, II, 20056, nota M. Saluden; *D. 1984*, p. 305, nota A. Dorsner-Dolivet; Civ. 1ª, 11 out. 1988, *RTD Civ. 1990*, p. 486, nota P. Jourdain.

desse risco. Por outro lado, se há dois ou mais riscos igualmente capazes de provocar o resultado negativo, a simples superveniência desse resultado não é suficiente para eliminar a incerteza fatual. É necessário descobrir qual risco, entre os diversos, se concretizou[98].

37. Um segundo elemento de diferenciação reside na participação do ato imputável ao réu no processo de realização do resultado desfavorável[99]. Essa participação é incontroversa nas hipóteses de perda de uma chance, na medida em que o fato imputável ao réu aumentou as probabilidades até então existentes de ocorrência do resultado. Nos casos em que o fato imputável ao réu é causa suficiente à realização do resultado negativo, esse fato participa da corrente causal, tornando definitivo o desfecho desfavorável. Nos casos em que o fato imputável ao réu não é causa suficiente à realização do resultado negativo, esse fato se soma à álea preexistente, aumentando as probabilidades de ocorrência do resultado negativo. Assim, se esse resultado se realiza, teremos a certeza de que o fato do réu "exerceu um papel no processo danoso[100]", mesmo que esse papel se resuma à privação de chances de evitar esse dano. Quando afirmamos, por exemplo, que o advogado privou seu cliente das chances de vitória no processo, não há dúvidas de que esse fato contribuiu de alguma forma para a definição do resultado final do litígio.

Essa participação incontroversa não pode ser afirmada nos casos de pluralidade de riscos. Nessas hipóteses, o risco preexistente e o risco criado pelo réu ostentam um caráter excludente: caso um tenha participado do curso causal, então o outro não exerceu qualquer papel, e vice-versa. É logicamente impossível que esses dois riscos tenham contribuído, ao mesmo tempo, à realização do dano: ou foi o risco criado pela prática ilegal de X que contribuiu na produção do acidente; ou foi o risco criado pelo outro caçador que o fez. As duas hipóteses não podem ser verdadeiras ao mesmo tempo. É precisamente em razão dessa coexistência impossível que podemos afirmar que o fato imputável ao réu não interferiu em uma álea preexistente, mas, o contrário, criou um risco novo e independente do anterior.

---

[98] Há ainda outro fator de complicação: suprimamos do curso causal o ato culposo de X. O que teria ocorrido com a vítima? Seria ela poupada do acidente? Não se sabe. Seria assim possível identificar uma incerteza contrafatual nesse problema, o que nos aproximaria do modelo da perda de uma chance. Contudo, uma análise mais detalhada revela que essa incerteza contrafatual não passa de um mero reflexo da ignorância acerca da origem do dano. Não se sabe o que ocorreria com a vítima porque não se sabe quem disparou o projétil que a atingiu. A solução da segunda dúvida resolverá inevitavelmente a primeira.

[99] V. os comentários de J. PENNEAU a Civ. 1ª, 8 jan. 1985, *D. 1986*, p. 390.

[100] G. VINEY e P. JOURDAIN, *Traité de Droit civil: Les conditions de la responsabilité*, op. cit., n° 372, p. 234.

PERDA DE UMA CHANCE: A DESCONSTRUÇÃO DO PROBLEMA 45

Tendo em vista que nenhuma dessas hipóteses foi demonstrada, é impossível afirmar se o réu contribuiu para a superveniência do resultado negativo. No exemplo do deslize do funcionário do zoológico, há 50% de chances de que esse fato tenha contribuído para a fuga do animal, e 50% de chances de que ele não o tenha.

38. O terceiro critério é apenas uma consequência do anterior. Nos casos de pluralidade de riscos, se a incerteza fatual for superada e ficar constatado que o fato do réu efetivamente participou do encadeamento causal, então o fato será inevitavelmente condição necessária à produção do resultado negativo[101]. Assim, se comprovado que a bala que atingiu a vítima foi disparada pelo fuzil de X, isso implicará que tal fato foi condição *sine qua non* para os ferimentos da vítima. Temos assim que os casos de pluralidade de riscos dão margem a duas hipóteses: ou o fato imputável ao réu participou do desenvolvimento causal, constituindo uma condição necessária à superveniência do resultado negativo; ou ele não teve qualquer participação no evento; *tertium non datur.* Já nos casos de perda de uma chance, o fato do réu sempre tomou parte no processo de formação do resultado aleatório negativo, conquanto ele jamais constitua uma *condição necessária* à realização deste. Não restam dúvidas de que a privação de chances aumentou as probabilidades de superveniência do resultado aleatório negativo, mas mesmo que tal fato fosse suprimido do curso causal, o resultado negativo não necessariamente desapareceria.

O problema da pluralidade de riscos se apresenta assim como um dilema clássico da possível concomitância entre a conduta do réu e o prejuízo da vítima: sabe-se que o ato tem potencial para provocar o prejuízo sofrido. Mas é possível que, no caso concreto, o ato e o prejuízo em questão sejam apenas concomitantes, não havendo qualquer relação de causa e efeito entre eles. O problema é recorrente na jurisprudência: um maçarico encontrado nas proximidades de um hangar consumido por um incêndio não é necessariamente a causa do fogo[102]; a queda de um pedestre pode ter sido espontânea, não guardando qualquer liame com o carro que passava por aquela rua em alta velocidade[103]. Entre esses fatos e esses prejuízos, não há outra relação além da simples coincidência[104].

---

[101] A incerteza contrafatual teria então desaparecido e a situação se aproximaria do modelo tradicional de responsabilidade por risco criado: o réu criou um risco, que se realizou. Dessa forma, ele estaria obrigado a reparar o resultado negativo.

[102] Civ. 2ª, 15 nov. 1989, *Bull. Civ. II*, n° 206.

[103] Req., 24 nov. 1930, *Gaz. Pal. 1930*, II, p. 953.

[104] P. Jourdain, "De l'incertitude affectant la relation causale", *RTD Civ. 1990*, p. 486; R. Savatier, *Traité de la responsabilité civile en Droit français*, t. II, op. cit., n° 459, p. 5.

39. Identificamos assim todos os elementos de fato, inerentes aos casos de perda de chance, e os distinguimos dos casos de criação de um risco. Iremos agora analisar como esse problema se manifesta sob o prisma do Direito. Por qual razão a hipótese de perda de chance exige uma técnica especial para resolvê-la? Veremos que esses elementos de fato colocam em xeque duas condições da responsabilidade civil: o nexo de causalidade e a certeza do prejuízo. Assim como o fato imputável ao réu impediu que a chance fosse posta a teste, em seu turno, a incerteza contrafatual impedirá que a regra da reparação seja posta em prática.

UM PARADOXO JURÍDICO

40. Toda reparação pressupõe um desvio entre a situação real e a situação prescrita; entre as circunstâncias em que se encontra a vítima e as circunstâncias nas quais ela deveria se encontrar, caso o dano não tivesse ocorrido. Em uma frase diversas vezes repetida pela jurisprudência francesa[105], René Savatier afirma que "a função da responsabilidade é a de restabelecer, tanto quanto possível, o equilíbrio destruído pelo dano, recolocando a vítima, à custa do responsável, na situação em que ela estaria sem o ato imputado a este"[106]. A diferença entre a realidade decorrente do dano e a situação hipotética que existiria na ausência deste exerce uma função central no sistema da responsabilidade civil[107]. Ela é ao mesmo tempo a condição da indenização e medida desta[108].

Eis por que a incerteza contrafatual, inerente aos casos de privação de chances, embaraça o funcionamento da responsabilidade. Se em princípio a álea seria resolvida, em benefício ou em desfavor da vítima, depois da conduta do réu esse resultado foi relegado ao domínio da incerteza. Não se pode afirmar que a vítima teria obtido a vantagem, bem como não se pode afirmar o contrário, o que torna inviável qualquer comparação entre

---

[105] Civ. 2ª, 18 jan. 1973, *Bull. Civ. II*, n° 27, p. 20; Civ. 3ª, 9 jan. 1991, *AJDI 1992*, p. 28; Civ. 2ª, 5 jul. 2001, *Bull. Civ. II*, n° 135, p. 91; Civ. 3ª, 22 out. 2002, *RD Imm.* 2003, p. 91, nota P. MALINVAUD; Civ. 2ª, 23 jan. 2003, *Bull. Civ. II*, n° 20, p. 16.

[106] *Traité de la responsabilité civile en Droit français*, t. II, op. cit., n° 601; v. também P. le TOURNEAU, *Droit de la responsabilité et des contrats*, op. cit., n° 1309 e s., p. 366-367.

[107] Uma fórmula semelhante é empregada no art. 1370 do *avant-projet* Catala: "Art. 1370. Salvo disposições ou convenções em sentido contrário, a alocação de perdas e danos deve buscar recolocar a vítima tanto quanto possível na situação onde ela se encontraria se o fato danoso não tivesse ocorrido. Não deve haver nem perdas, nem ganhos".

[108] Em princípio, a resposta seria simples: a vítima não teria direito a qualquer indenização. Trata-se de uma solução muitas vezes adotada pelos tribunais. Contudo, tal resposta se mostra insatisfatória. A questão será analisada quando do estudo das técnicas empregadas pela jurisprudência. V. *infra*, n° 73;

realidade e contrarrealidade. Em suma, a conduta do réu não permite que saibamos qual *a situação em que a vítima estaria*, sendo, portanto, imune à regra da reparação.

Ora, o juiz se encontra, assim, diante de um paradoxo: ele está legalmente compelido a determinar quais são as consequências concretas da conduta do réu, embora seja precisamente essa conduta que o impeça de traçar qualquer prognóstico[109]. A verdade é que a privação de chances expõe as insuficiências da norma jurídica. Forjada para regular os setores em que a realidade é dominada pela ação humana, a regra jurídica se mostra incapaz de regular o que está além desse controle. Ao criar uma incerteza, a conduta do réu subverte os fundamentos da norma e escapa ao seu campo de aplicação.

41. É necessário ressaltar que a aplicação da regra jurídica exige a prévia abstração dos elementos da realidade, engendrando inevitavelmente sua simplificação. Partindo de seu léxico predeterminado, o Direito é forçado a qualificar juridicamente todos os fatos que lhe são trazidos à análise, o que não pode ser empreendido sem certa dose de artificialismo. Após o jantar, o atendente pergunta à senhora à mesa se ela aceitaria um café. Para o Direito, trata-se de uma oferta. Um ônibus para em frente ao ponto, abrindo suas portas. Trata-se de uma oferta. Passando por coincidência no local, o motorista do veículo interrompe sua viagem para socorrer a vítima – inconsciente – de um acidente acorrido há poucos instantes[110]. Novamente, trata-se de uma oferta. Entre a pobreza dos conceitos jurídicos e a exuberância da realidade, a desproporção é tal que, na passagem desta àquela, algo será necessariamente perdido ou mal traduzido.

A incerteza contrafatual é um exemplo curioso desses problemas de tradução. A situação já foi descrita anteriormente: um processo aleatório é

---

[109] Em um julgado proferido em 19 de maio de 1931, a Corte de Apelação de Angers condenou civilmente um advogado que havia deixado transcorrer o prazo para a propositura de uma ação. O advogado argumentava, em sua defesa, que o resultado dessa ação era incerto. A Corte rejeitou essa tese, afirmando que fora precisamente "em razão do ato culposo do responsável" que "a existência e medida dessa vantagem não podem ser verificadas", CA Angers 1ª Câm., 19 maio 1931, *Gaz. Pal. 1931*, II, p. 218, *S. 1931*, II, p. 190.

[110] Com o intuito de favorecer os atos de benevolência, a Corte de Cassação considera que, em tais casos, um contrato foi celebrado entre benfeitor e beneficiário: Civ. 1ª, dez. 1969, *JCP 1970*, II, 16445, nota J.-L. Aubert: um motoqueiro, envolvido em um acidente, encontrava-se inconsciente, quando um indivíduo tentou apagar o fogo que atingia sua moto. Nesse momento, o tanque do veículo explodiu, ferindo o benfeitor. Para permitir que este recebesse indenização do motoqueiro, a Corte de Cassação considerou que havia um contrato de assistência ligando os dois indivíduos.

PERDA DE UMA CHANCE: A DESCONSTRUÇÃO DO PROBLEMA **49**

falseado pelo réu, gerando uma incerteza acerca do que teria ocorrido sem esse fato. Contudo, ao ser traduzida na linguagem jurídica, essa incerteza se bipartirá, atingindo dois conceitos distintos: a certeza do prejuízo (Seção 1) e a constatação de um nexo causal (Seção 2). A incerteza contrafatual revela os contornos dessas duas condições. Ela denuncia seus limites e expõe as incontornáveis relações entre elas (Seção 3).

Seção 1 – O óbice à certeza do prejuízo

42. A certeza é atualmente o elemento mais importante do prejuízo reparável, a doutrina o afirma com frequência[111]. E as razões dessa pro-eminência são facilmente compreensíveis: a responsabilidade é um instrumento para a reparação de prejuízos sofridos. Ora, a reparação de um prejuízo incerto poderia levar ao enriquecimento ilegítimo do demandante, em detrimento do indivíduo condenado a indenizá-lo. A exigência da certeza do prejuízo é uma garantia contra a reparação excessiva, evitando que a função da responsabilidade civil seja corrompida.

A definição da certeza do prejuízo não é, porém, tarefa anódina. Sem recorrer a tautologias, é extremamente difícil desmembrar ou explicar um conceito tão elementar quanto a "certeza". Por essa razão, os manuais acabam oferecendo definições por vezes evasivas, por vezes pouco sofisticadas, e a certeza se vê privada de um verdadeiro conceito de direito para tornar-se uma questão meramente processual: a certeza, afirma-se, seria a prova do prejuízo, a qual incumbe ao demandante. Nada mais[112].

43. Em nosso ver, reduzida ao campo das provas, a incerteza seria incapaz de explicar todos os dilemas – de direito material – a que deu causa. A reparação dos prejuízos futuros; a responsabilidade dos notários;

---

[111] X. PRADEL, *Le préjudice dans le Droit civil de la responsabilité*, op. cit., n° 174, p. 213; L. REISS, *Le juge et le préjudice: étude comparée des Droits français et anglais*. Marselha: Puam, 2003, n° 80, p. 84; P. le TOURNEAU, *Droit de la responsabilité et des contrats*, op. cit., n° 1410, p. 385.

[112] V., por exemplo, a definição de R. SAVATIER: "o verdadeiro dano incerto é aquele cuja existência não foi constatada. [...] É evidente que o demandante deve então provar a existência do dano a ser reparado". *Traité de la responsabilité civile en Droit français*, t. II, op. cit., n° 522, p. 88. No mesmo sentido, G. VINEY e P. JOURDAIN: "dizer que o dano deve ser 'certo' não implica afirmar qualquer caráter particular do prejuízo, mas simplesmente que ele deve existir e que sua prova deve ser feita pelo demandante". *Traité de Droit civil: Les conditions de la responsabilité*, op. cit., n° 275, p. 82.

o (conhecido e controverso) caso *Perruche*[113], a perda de uma chance[114]. Esses conflitos envolvem diretamente o conceito de certeza do prejuízo e são o maior testemunho de que não estamos tratando de um simples problema de ausência de provas. No mais, relegado às questões probatórias, o conceito de certeza torna-se inútil. De um lado, porque bastaria afirmar que o ônus da prova do prejuízo pertence ao demandante; nenhuma outra construção jurídica seria necessária. Além disso, a certeza deixaria de ser um elemento específico do prejuízo para tornar-se uma constante de qualquer condição da responsabilidade civil. A conduta (culposa ou não, a depender do caso) do réu e o nexo de causalidade também devem ser provados pelo autor. Devemos então concluir que o ato culposo precisa ser "certo" para que haja dever de reparar[115]?

---

[113] Talvez o mais polêmico precedente de toda história do Direito francês. A sra. Perruche, grávida, havia se submetido a exames médicos, com o fim de verificar se estava acometida por rubéola. Fosse diagnosticada a doença, a sra. Perruche pretendia realizar um aborto voluntário, prática legal no Direito francês. É que a referida doença pode atingir o feto, provocando deficiências graves na criança por nascer. Ocorre que, em razão de um erro na realização dos exames, a rubéola, apesar de presente, não foi identificada. Alguns meses depois, nasceu Nicolas Perruche, portador da Síndrome de Gregg. Em razão desse fato, a mãe e o filho ajuizaram ação contra o médico e contra o laboratório, cada um requerendo indenização pelos prejuízos decorrentes do erro de diagnóstico. A grande controvérsia girava em torno da demanda formulada pelo menor: seria possível afirmar que o nascimento constitui um prejuízo para ele? Teria ele o 'direito de não nascer'? A Corte de Cassação considerou que os prejuízos em questão deveriam ser reparados: "Considerando, contudo, que os erros cometidos pelo médico e pelo laboratório na execução dos contratos celebrados com a sra. Perruche impediram-na de exercer sua escolha de interrupção da gravidez, a fim de evitar o nascimento de uma criança portadora de deficiência, essa criança poderá requerer a reparação do prejuízo resultante da deficiência e causado pelo erro identificado". Ass. Plen., 17 nov. 2000, *D. 2001*, p. 332, nota D. MAZEAUD, nota P. JOURDAIN; *JCP 2000*, II, 10438, nota F. CHABAS; *RTD Civ. 2001*, p. 226, nota R. LIBCHABER. A decisão provocou grande polêmica na doutrina e a comoção da opinião pública, inclusive internacional. Como reação ao julgado, o parlamento francês aprovou, em 4 de março de 2002, uma lei batizada de "antiPerruche", que em seu artigo 1° prevê que "a ninguém é dado alegar um prejuízo apenas pelo fato de ter nascido". V. também o julgado da Primeira Câmara Civil que deu origem à controvérsia: Civ. 1ª, 26 mar. 1996, *RTD Civ. 1996*, p. 623, nota P. JOURDAIN.

[114] Para um estudo completo desses quatro problemas acerca da certeza, ver: G. VINEY e P. JOURDAIN, *idem*, n° 249-1 e s., p. 17-27, n° 275 e s., 82-116.

[115] Alguns autores, contudo, fazem referência a um suposto caráter certo do nexo causal. V. notadamente Y. LAMBERT-FAIVRE, "De la poursuite à la contribution, quelques arcanes de la causalité", *D. 1992*, p. 311; H. MAZEAUD, L. MAZEAUD e A. TUNC, *Traité théorique et pratique de la responsabilité civile délictuelle et contractuelle*, t. II. 5ª ed. Paris: Montchretien, 1958, n° 1673, p. 656.

Sem dúvida, quando um tribunal afirma que um suposto prejuízo é incerto, isso significa que não há, no caso, provas de sua existência. Mas isso ocorre porque a certeza é um elemento do prejuízo, uma parte integrante da noção, de tal forma que um prejuízo incerto jamais poderá ser provado. Contudo, a afirmação de que a certeza do prejuízo decorre da sua prova se mostra contrária à boa lógica. A existência de um objeto tem primazia sobre sua comprovação. O prejuízo precisa antes ser certo, e só então é que essa certeza poderá ser provada no curso de um processo. A noção deve assim ser explicada pela inversão das questões: quando um prejuízo é certo? Como essa certeza pode ser provada? Depois de consolidar a noção (§ 1), poderemos analisar sua abrangência (§ 2).

§ 1 – A noção de certeza

44. "Elemento", explica A. Junqueira, "é tudo aquilo de que algo mais complexo se compõe (pense-se nos elementos simples, ou puros, da química)" conquanto "requisitos (de *requirere*, requerer, exigir) são condições, exigências, que se devem satisfazer para preencher certos fins"[116]. Na medida em que compõe a própria estrutura do prejuízo, a certeza é um elemento deste, e não um requisito. Não se trata de mera qualidade, mas de parte integrante, que se presta a determinar o que é um prejuízo em sentido jurídico. Tradicionalmente, o prejuízo é definido como uma lesão a um interesse da vítima[117]. Por reportar-se diretamente a essa noção, a certeza de prejuízo pode ser analisada como um elemento, como um fator de existência da lesão a um interesse da vítima.

Essa lesão a um interesse é certa quando o fato do réu provoca a redução de uma utilidade que favorecia a vítima. Esse é o caso quando a vítima perdeu valores monetários, ou teve um de seus bens deteriorado. Há igualmente uma lesão certa nos casos de violação imaterial a seus sentimentos ou a seus direitos da personalidade. Nessas hipóteses, a perda basta para que esteja configurada a lesão a um interesse da vítima: o demandante possuía um bem, material ou imaterial, e este desapareceu ou deteriorou-se com o incidente. Aqui, a certeza da lesão é constatada a partir da depreciação do *status quo ante*. Há um prejuízo certo, pois a situação anterior da vítima foi degradada pela conduta.

---

[116] A. Junqueira de Azevedo, *Negócio jurídico: existência, validade e eficácia*. 4ª ed. São Paulo: Saraiva, 2002, p. 29-30.

[117] G. Viney e P. Jourdain, op. cit., nº 249, p. 15; X. Pradel, *Le préjudice dans le Droit civil de la responsabilité*, op. cit., nº 20, p. 19; Y. Chartier, *La réparation du préjudice dans la responsabilité civile,* op. cit., nº 1, p. 1.

52 RESPONSABILIDADE CIVIL PELA PERDA DE UMA CHANCE

45. Definir a certeza como uma decadência em relação ao *status quo ante* seria, contudo, uma conclusão prematura. Em primeiro lugar, nem toda deterioração implica lesão a um interesse de um indivíduo. Le Tourneau nos fornece um exemplo interessante: um caminhão em alta velocidade derrapa na pista, atingindo um edifício... em vias de demolição[118]. Temos aí uma perda, mas nem por isso uma lesão a um interesse do proprietário do prédio. Outro exemplo: o para-choque de um carro foi amassado após uma pequena colisão em um semáforo, a qual não trouxe maiores consequências. Algumas horas depois, e sem que houvesse tempo para o retoque na lataria, o veículo se incendeia, em razão de um problema elétrico que não guarda qualquer relação com o incidente anterior. Ora, nenhum proprietário honesto poderia sustentar ter interesse na integridade do veículo doravante inexistente. Tal como o carro, a lesão ao interesse foi consumida pelas chamas[119].

O que se nota nesses dois casos é que a perda provocada pela conduta do réu foi neutralizada por outra perda, pela qual ele não é responsável. Não há lesão ao interesse do proprietário do veículo ou do imóvel, visto que, para eles, a situação resultante do fato danoso não é diferente da situação que seria produzida na ausência desse fato[120].

46. No mais, é possível que a vítima seja atingida em um de seus interesses, sem que haja uma depreciação equivalente de seu *status quo ante*. É assim quando o demandante se queixa de que a conduta do réu o teria impedido de auferir lucros, ou de obter outra vantagem qualquer – os chamados lucros cessantes. A Corte de Cassação em diversas ocasiões reconheceu[121] que as perdas de rendimentos sofridas pelos dependentes da vítima de um acidente fatal são reparáveis ainda que, depois do acidente (e muitas vezes em razão dele), esses dependentes tenham iniciado uma

---

[118] P. le TOURNEAU, *Droit de la responsabilité et des contrats*, op. cit., n° 1305, p. 364.

[119] Outro exemplo desse tipo de situação, diversas vezes enfrentado pela jurisprudência: acometida por uma incapacidade de trabalho decorrente de um acidente, a vítima vem a falecer prematuramente antes mesmo da data do julgamento, mas por razões completamente estranhas a esse acidente. Por certo, o responsável será obrigado a indenizar as perdas de rendimentos da vítima até o momento de sua morte; mas não além dessa data. Civ. 2ª, 21 fev. 1990, *RTD Civ. 1990*, p. 501, nota P. JOURDAIN; Y. CHARTIER, *La réparation du préjudice dans la responsabilité civile*, op. cit., n° 461, p. 573.

[120] Para uma curta informação sobre o Direito suíço, v. a intervenção de H. SCHÖNLE em O. GUILLOD (dir.), *Développements récents du Droit de la responsabilité civile*. Zurique: Schulthess, 1991, p. 163-165.

[121] Crim., 3 mar. 1993, *RTD Civ. 1995*, p. 128, nota P. JOURDAIN; Civ. 2ª, 2 nov. 1994, *RTD Civ. 1995*, p. 128, nota P. JOURDAIN; Crim., 13 dez. 1995, *Bull. Crim. 1995*, n° 377, p. 1101.

profissão, evitando que sua situação econômica fosse rebaixada[122]. Por certo, agora assalariada, a viúva não teve seu sustento reduzido, mas com a ajuda de seu marido ela se encontraria em uma situação ainda mais confortável[123].

Nessas hipóteses, não há degradação em relação ao *status quo ante*. A lesão torna-se abstrata, desvencilhando-se das amarras primitivas do dano físico, para se aproximar de uma concepção econômica de perda. É o chamado custo de oportunidade: a não obtenção de uma vantagem também é uma lesão certa.

47. A partir dessas observações é possível concluir que a lesão a um interesse é certa todas as vezes em que a vítima se encontraria em uma situação mais vantajosa sem a conduta imputável ao réu[124]. Pouco importa se há ou não uma depreciação em relação ao passado da vítima, bastando simplesmente que a situação decorrente do evento danoso lhe seja desfavorável, se comparada à situação hipotética na qual essa vítima se encontraria[125]. Essa diferença entre a situação hipotética e a realidade é condição necessária, mas também suficiente, à constatação de uma lesão certa a um interesse da vítima. O elemento certeza existe se, e somente se, esse desvio é constatado.

A certeza do prejuízo decorre, assim, do desnível entre estes dois parâmetros: o primeiro, a situação real, na qual se encontra o demandante após o dano. O segundo, a situação hipotética, na qual se encontraria a vítima sem esse dano. Em outras palavras, a incerteza é obtida a partir do confronte das situações fatual e contrafatual.

---

[122] G. Viney e P. Jourdain, *Traité de Droit civil: Les conditions de la responsabilité*, op. cit., n° 246, p.13-14.

[123] No mesmo sentido, a Câmara Criminal já afirmou que a injeção de capital efetuada por um acionista, durante um plano de reestruturação da sociedade, não extinguiu os prejuízos sofridos por esta em razão da conduta ilícita de seus diretores. Por isso, eles continuam obrigados a indenizá-la. Crim., 28 jan. 2004, *RTD Civ. 2004*, p. 298, nota P. Jourdain; *D. 2004*, p. 1447, nota H. Matsopoulou.

[124] "Ao exigir que o prejuízo seja certo, quer-se afirmar simplesmente que ele não deve ser hipotético, eventual. É necessário que o juiz tenha a convicção de que o demandante estaria em uma situação melhor se o réu não tivesse praticado o fato que lhe é imputado." H. Mazeaud, L. Mazeaud e A. Tunc, *Traité théorique et pratique de la responsabilité civile*, t. I, op. cit., n° 216, p. 268.

[125] É frequente a afirmação de que a responsabilidade visa a restabelecer o *status quo ante*. A assertiva não poderia ser mais equivocada. A reparação deve recolocar a vítima *na situação em que ela se encontraria* sem o acidente, e não *na situação em que ela se encontrava* antes deste. Reduzida ao reequilíbrio da situação anterior ao acidente, a reparação não incluiria diversas espécies de prejuízos, por exemplo, os lucros cessantes ou a privação do uso de um bem.

Pode-se observar que a concepção de certeza como um desvio resulta do próprio funcionamento da norma jurídica. A culpa também é, por vezes, definida como um desvio, mais especificamente, como um desvio de conduta[126]. Nos dois casos, o desvio decorre diretamente da interpretação da realidade a partir dos parâmetros de valor impostos pela norma. A norma (dever-ser) serve de critério de interpretação da realidade (ser), concedendo a esta um valor jurídico. No caso da culpa, essa comparação entre ser e dever-ser valora o ato do réu, determinando se esse ato é ou não contrário à conduta imposta. Se o réu não se comportou como impõe o conteúdo da norma, sua conduta será considerada culposa. Já no caso do prejuízo, a comparação entre realidade e norma outorga um valor ao resultado dessa ação, notadamente se esse resultado é ou não contrário a um interesse da vítima juridicamente protegido. Se o resultado for contrário a um interesse protegido pela norma, então esse resultado constitui para ela um prejuízo. Temos então dois desvalores: o desvalor da conduta (culpa) e o desvalor do resultado (prejuízo).

§ 2 – A abrangência da certeza

48. O conceito de certeza como desvio entre a situação fatual e a hipótese contrafatual vai ao encontro de nosso postulado inicial, segundo o qual o objetivo da responsabilidade civil é restabelecer a vítima na situação na qual ela se encontraria sem o ato imputável ao réu. Definida como um desnível, a certeza se presta a determinar o desequilíbrio provocado, permitindo que a reparação se ajuste exatamente a essa medida.

Essa definição de certeza justifica diversas soluções consagradas pelo Direito positivo. Podemos, por exemplo, compreender por que as perdas futuras e hipotéticas – ou seja, os riscos não concretizados[127] – não podem ser reparadas. Nesses casos, o parâmetro contrafatual já é conhecido, pois sabemos que, sem o fato imputável ao réu, a vítima jamais teria sofrido qualquer prejuízo. Contudo, a incerteza persiste no que tange ao parâmetro fatual. O desenvolvimento da álea ainda está indefinido, não sendo possível constatar um suposto desnível entre esses dois parâmetros. Como não há certeza do prejuízo, logo, é descabida qualquer reparação.

---

[126] Segundo os irmãos MAZEAUD, "a culpa é um erro de conduta, que não teria sido cometido por uma pessoa cautelosa, colocada nas mesmas circunstâncias 'externas' que o réu", H. MAZEAUD, J. MAZEAUD, L. MAZEAUD e F. CHABAS, *Leçons de Droit civil: Obligations: théorie générale*, op. cit., n° 453 p. 466.

[127] V. *supra,* n° 30 e s.

PERDA DE UMA CHANCE: A DESCONSTRUÇÃO DO PROBLEMA 55

Em sentido contrário, também é possível compreender por que uma perda futura, mas certa, gera imediatamente o dever de reparação. O desnível entre os parâmetros real e contrafatual está consolidado, e o prejuízo – não obstante futuro – é certo.

49. O que realmente interessa ao presente trabalho é que a noção de certeza como desnível nos ajuda a entender o insuperável antagonismo existente entre a certeza do prejuízo e as hipóteses de perda de chance. Tal como nos casos de criação de um risco, não é possível constatar um desnível entre a situação real e a situação contrafatual nas hipóteses de perda de chance. Mas as razões para essa impossibilidade são distintas. Nos casos de perda de chance, o parâmetro fatual não nos oferece qualquer mistério, pois sabemos que a vítima não obteve nem obterá o resultado desejado – o paciente não se curou, o jurisdicionado perdeu a causa, o candidato não foi selecionado. É o parâmetro contrafatual que se mostra problemático: sem a conduta do réu, as vítimas teriam alcançado o resultado desejado? Não podemos afirmá-lo, e nunca o poderemos. *A fortiori*, a perda do resultado aleatório desejado jamais constituirá um prejuízo certo sob o ponto de vista jurídico[128].

O recurso à noção de certeza também explica por que a vítima, que foi privada de apenas parte de suas chances de obter um resultado desejado, não terá qualquer direito à reparação caso esse resultado positivo venha de todo modo a se concretizar. Tomemos o exemplo do médico que priva seu paciente de chances de cura, ao cometer um erro de diagnóstico. O dilema acerca da responsabilização civil do médico perderá sua razão de ser se esse paciente vier a se recuperar, a despeito das chances perdidas. Saberemos então que a situação na qual ele se encontra após a falha médica não é pior do que aquela na qual ele se encontraria na ausência de tal falha. Logo, o paciente não terá direito à reparação, visto não haver lesão certa (desnível) a um de seus interesses.

Essa é, aliás, a razão pela qual a técnica de reparação de chances só poderá ser empregada após o término do processo aleatório, tornando definitiva a perda do resultado desejado. Se a vítima ainda tem chances obter a vantagem, então é possível que a realidade venha a negar de

---

[128] *Contra*: J. Boré, que considera que a não obtenção do resultado desejado é um prejuízo certo, "L'Indemnisation pour les chances perdues: une forme d'appréciation quantitative de la causalité d'un fait dommageable", *JCP 1974*, I, 2620, n° 13 e s. Alguns autores afirmam que essa perda constitui um prejuízo certo nos casos de perda de chance médica, mas não nos demais casos de perda de chance: R. Savatier, *Une faute peut-elle engendrer la responsabilité d'un dommage sans l'avoir causé?*, op. cit., n° II, p. 124; J. Penneau, *La responsabilité du médecin*, op. cit., p. 31-34, e *La responsabilité médicale*. Paris: Sirey, 1977, n° 106, p. 117-118.

56 RESPONSABILIDADE CIVIL PELA PERDA DE UMA CHANCE

forma categórica esse desnível, hipótese em que nenhum prejuízo certo estará configurado.

Mas a certeza do prejuízo não é o único elemento atingido pelo caráter aleatório do interesse lesado. O nexo de causalidade também é posto à prova diante do acaso.

Seção 2 – O óbice ao nexo de causalidade

50. Não seria necessário dispensar muitas linhas à noção de causalidade. Ao contrário do que ocorre com a certeza do prejuízo, a causalidade foi profundamente investigada pela doutrina francesa[129], influenciada especialmente pelas célebres teorias desenvolvidas na Alemanha no final do século XIX. Nosso estudo sobre a incompatibilidade entre situações de perda de chance e causalidade não requer mais do que algumas menções aos fundamentos da causalidade jurídica.

Classicamente, causalidade jurídica se divide em duas teses – ou, ainda, teorias – opostas[130]: a teoria da equivalência de condições e a teoria da causalidade adequada[131]. É verdade que a jurisprudência francesa, hostil aos debates acadêmicos, jamais tomou partido nessa discussão, aproveitando-se de sua neutralidade por razões pragmáticas. Segundo suas necessidades práticas, os juízes por vezes se aproximam de uma noção, por vezes da outra[132]. Sensíveis a esse fenômeno, alguns juristas de

---

[129] G. MARTY, "La relation de cause à effet comme condition de la responsabilité civile", *RTD Civ. 1939*, p. 685; F. CHABAS, *L'Influence de la pluralité de causes sur le Droit de la réparation*, op. cit., n° 96 e s., p. 82-96; P. ESMEIN, "Le nez de Cléopâtre ou les affres de la causalité", *D. 1964*, p. 205; Y. LAMBERT-FAIVRE, "De la poursuite à la contribution, quelques arcanes de la causalité, op. cit.; P. SARGOS, "La causalité en matière de responsabilité ou le 'Droit Schtroumpf'", *D. 2008*, p. 1935; L. GRYNBAUM, "Le lien de causalité en matière de santé: un élément de la vérité judiciaire", *D. 2008*, p. 1928.

[130] Para uma aproximação dessas duas teorias, v. G. VINEY e P. JOURDAIN, *Traité de Droit civil: Les conditions de la responsabilité*, op. cit., n° 341 e s., p. 190-194.

[131] Na realidade, há outras teorias causais, além da teoria da causalidade adequada e da teoria da equivalência de condições. Os autores normalmente classificam as diferentes concepções em dois grupos: teorias seletivas (entre as quais encontra a teoria da causalidade adequada) e teoria não seletiva (teoria da equivalência de condições). V. M. BACACHE-GIBEILI, *Droit civil, t. V: La responsabilité civile extracontractuelle*, op. cit., n° 371 e s., p. 414-418; G. VINEY e P. JOURDAIN, *Traité de Droit civil: Les conditions de la responsabilité*, op. cit., n° 349, p. 188-189.

[132] Algumas decisões afirmam a existência de um nexo causal, partindo apenas da constatação de que o réu produzira uma condição necessária ao dano, aproximando-se assim da teoria da equivalência de condições. V.: Civ. 2ª, 27 mar. 2003, *Bull. Civ. II*, n° 76, p. 66; Civ. 1ª, 3 nov. 2004, *Bull. Civ. I*, n° 243, p. 203. Outras decisões

PERDA DE UMA CHANCE: A DESCONSTRUÇÃO DO PROBLEMA   **57**

renome chegaram a afirmar que a causalidade não se submete a qualquer imposição teórica. "É pelo sentimento que os juízes decidem", escreveu P. Esmein a respeito da causalidade na responsabilidade civil[133].

Uma análise dos fundamentos dessas duas teorias, porém, é reveladora não de seu alcance prático, mas das exigências racionais às quais esse conceito responde. O que queremos expressar quando afirmamos que um fato qualquer "é a causa do prejuízo sofrido pela vítima"?

51. A mais antiga – e a mais simples – resposta a essa questão é a teoria da equivalência de condições, tornada célebre graças aos trabalhos de Von Buri[134]. O ponto de partida dessa concepção é que não haveria qualquer critério válido para definir, entre os antecedentes necessários de um prejuízo, qual mereceria o epíteto de causa jurídica. Disso conclui-se que todo antecedente necessário à realização de um prejuízo, ou seja, todo fato sem o qual esse prejuízo não ocorreria, deve ser considerado uma causa jurídica deste. Segundo Buri, "a soma total das forças que exerceram influência na produção de um fenômeno deve ser considerada causa deste fenômeno. Mas podemos, com a mesma razão, considerar cada uma dessas condições isoladas como causa desse fenômeno. Por consequência, cada condição dá vida à massa que, sem aquela, restaria inerte ante as outras condições; cada condição torna todas as outras causais"[135].

52. É precisamente por selecionar os antecedentes necessários que a teoria da causalidade adequada[136] se distingue da teoria da equivalência de

---

negam a existência de um nexo de causalidade, apesar da relação de necessidade entre conduta e prejuízo, aproximando-se assim da teoria da causalidade adequada. V.: Civ. 1ª, 6 out. 1998, *RTD Civ. 1999*, p. 113, nota P. Jourdain; Civ. 3ª, 19 fev. 2003, *RTD Civ. 2003*, p. 508, nota P. Jourdain.

[133] *Le nez de Cléopâtre ou les affres de la causalité*, op. cit., p. 205, *comp.* H. Mazeaud, L. Mazeaud e A. Tunc, *Traité théorique et pratique de la responsabilité civile*, t. II, op. cit., n° 1421 e s., p. 411-413.

[134] *Über kausalität und deren verantwortung*, Leipzig 1873, *apud* F. Chabas, *L'Influence de la pluralité de causes sur le Droit de la réparation*, op. cit., n° 97, p. 83.

[135] *Idem*, n° 98, p. 84. Exposta dessa forma, a teoria pode parecer inconsistente. Se a verdadeira causa de um resultado é a massa de antecedentes, isso implica que cada um dos antecedentes, considerado individualmente, não constitui uma causa desse resultado. Mas é possível contornar essa crítica a partir dos objetivos da causalidade jurídica. Para a responsabilidade, a análise causal tem uma função pragmática: determinar se a conduta do réu está ligada a um prejuízo sofrido pela vítima. Assim, apenas o fato do réu interessa à responsabilidade, pouco importando se esse prejuízo, na realidade, tenha sido provocado pela conjunção de uma série de incontáveis antecedentes. Nesse sentido, podemos considerar que esse fato será uma causa jurídica do prejuízo se ele fizer parte do conjunto de antecedentes necessário à produção do prejuízo.

[136] A causalidade adequada foi desenvolvida por diversos juristas – Thon, Traeger, Rümelin, e especialmente, Von Kries – e comporta nuanças relevantes. "Sob o estandarte

condições. Segundo essa outra concepção, certos antecedentes necessários exerceriam um papel preponderante na concretização de um prejuízo, enquanto a participação de outros antecedentes não passaria de mera contingência. Os primeiros devem ser considerados causa jurídica desse prejuízo; mas não os segundos. Caberia então ao Direito a tarefa de separar uns e outros, a partir da noção de previsibilidade objetiva do resultado: são causas no sentido jurídico somente os antecedentes necessários que, normalmente, segundo o curso ordinário das coisas e a experiência comum da vida, tornam possível a superveniência daquele prejuízo.

A causalidade adequada reduz assim a gama de causas jurídicas, recusando tal título às cadeias causais inabituais. O juiz não deve considerar como causa os antecedentes necessários que, sob outras condições, não seriam capazes de provocar o mesmo resultado. "O sistema se funda, portanto, em uma reconstituição ao mesmo tempo experimental e ideal do acidente cujas causas são analisadas. O juiz mentalmente adicionará as diversas condições que originaram o dano. Aquelas que são indispensáveis à realização de um novo e idêntico resultado serão adequadas"[137].

Nenhum critério de seleção, ou triagem fundada em uma probabilidade objetiva; eis a diferença entre as duas teorias. Conquanto a primeira tenha sido criticada por sua demasiada amplitude – com efeito, a ideia de que todo antecedente necessário de um fato possa ser uma causa jurídica deste nos conduziria a uma causalidade universal: ao produzir o carro, o fabricante não teria também produzido uma condição necessária ao acidente de trânsito? – a segunda foi acusada de mascarar o arbítrio do juiz sob o manto de um critério pretensamente objetivo – dar açúcar a uma criança não provoca, normalmente, qualquer dano a esta... salvo se ela for diabética. Devemos então considerar que o réu deu açúcar a uma criança diabética (causa adequada ao prejuízo), ou devemos considerar simplesmente que ele deu açúcar a uma criança (a causa não é adequada)? Retornamos assim ao critério do "bom senso" do magistrado[138].

---

da causalidade adequada se dissimulam assim sistemas bastante distintos", observa F. CHABAS, *ibidem,* n° 112, p. 90.

[137] F. CHABAS, *ibidem,* n° 104, p. 86.

[138] Na medida em que pretende selecionar os antecedentes a partir de uma probabilidade pretensamente "objetiva", a teoria da causalidade adequada se vê presa em uma armadilha insuperável. Como veremos na segunda parte deste trabalho, a probabilidade de ocorrência de um evento é jamais objetiva, dependendo sempre da quantidade de informação de que dispomos acerca desse evento. Por exemplo, podemos afirmar que o ato de emprestar um carro a alguém, sem saber se essa pessoa tem habilitação para dirigir, é uma conduta adequada à realização de um acidente de trânsito. Contudo, se soubermos que o indivíduo em questão tinha carteira de habilitação, então o emprés-

PERDA DE UMA CHANCE: A DESCONSTRUÇÃO DO PROBLEMA

53. Deixemos de lado o debate sobre as diferenças entre as duas teorias para nos concentrarmos em seus denominadores comuns. Note-se que as duas partem de um postulado idêntico: *somente os antecedentes necessários podem ser considerados causas jurídicas de um prejuízo*[139]. A teoria da equivalência de condições os tem pura e simplesmente como causas jurídicas, enquanto a teoria da causalidade adequada empreende uma seleção entre esses antecedentes. Qual seria a razão dessa exigência comum?

Um fato é um antecedente necessário (ou uma condição necessária) a um resultado toda vez que a existência desse resultado pressupõe a existência daquele fato. O antecedente necessário é uma noção capital à teoria jurídico-causal – e mesmo para a teoria causal em geral – por uma razão intuitiva: ele encarna a relação de dependência, que constitui o núcleo do raciocínio causal. Para que A seja a causa de B, é preciso, antes de tudo, que esse último tenha uma relação de dependência em relação ao primeiro.

Essa relação de necessidade pode ser expressa em sua forma negativa – também conhecida como forma *condicional-contrafatual*: um fato é

---

timo do veículo, apesar ser uma causa necessária do acidente, deixa de ser uma causa adequada deste. Enfim, a conduta recupera sua qualidade de causa adequada caso esse mesmo condutor – devidamente habilitado – estivesse alcoolizado. Qual são os elementos que devemos considerar? O proprietário emprestou seu veículo, emprestou seu veículo a um indivíduo habilitado, ou emprestou seu veículo a um indivíduo habilitado, mas sem condições de dirigir? Trata-se de um nó górdio, que recebeu da doutrina uma infinidade de respostas. Se afirmarmos que todos os dados da realidade devem ser considerados, então a teoria da causalidade adequada passa a se confundir com a teoria da equivalência de condições. Com efeito, qualquer antecedente necessário de um resultado será capaz de provocar novamente esse resultado em uma segunda, terceira ou enésima situação exatamente idêntica à primeira – reunido aos demais elementos, todo antecedente necessário torna-se também um antecedente adequado. Por outro lado, se afirmarmos que somente os dados conhecidos pelo agente no momento de sua ação devem ser considerados, então a pretensa ideia de probabilidade "objetiva" se esvai, dando lugar a uma probabilidade subjetiva, fundada no juízo que foi ou que deveria ter sido feito pelo agente. Fica claro que, nessa hipótese, a noção de causalidade se aproxima da noção de culpabilidade. V. F. Chabas, *ibidem*, n° 104 e s., p. 87-96.

[139] A doutrina brasileira por vezes fornece explicações incompletas acerca da teoria da causalidade adequada, omitindo o fato de que essa teoria parte dos antecedentes necessários. Ou seja, a causalidade adequada simplesmente restringe a teoria da equivalência de condições; não há qualquer causa adequada que não seja também uma causa necessária. M. Bacache-Gibeili, *La responsabilité civile extracontractuelle*, op. cit., n° 367, p. 409; J. Flour, J.-L. Aubert e E. Savaux, *Les obligations*, vol. 2. *Le fait juridique*. 12ª ed. Paris: Sirey, 2007, n° 158, p.158; F. Chabas, *L'Influence de la pluralité de causes sur le Droit de la réparation*, op. cit., n° 102, p. 86; *contra:* Fabre-Magnan, *Droit des obligations*, vol. 2. *Responsabilité civile et quasi-contrats*, op. cit., n° 48, p. 130 -131.

60   RESPONSABILIDADE CIVIL PELA PERDA DE UMA CHANCE

uma causa necessária a um resultado se, sem esse fato, o resultado não se produziria. É a célebre *conditio sine qua non*, tão estudada pela filosofia e pela lógica: *sublata causa, tollitur effectus* – se a causa é suprimida, o efeito também o será[140]. Retomando o modelo, se a existência de B depende da existência de A, podemos afirmar que B não pode existir sem A. Ora, se, em um teste ideal, concluímos que B existiria mesmo se A não existisse, então B se situa fora do campo de influência necessária de A. A existência de B é determinada por outros fatores, entre os quais não se encontra A.

54. Na prática, ou mais precisamente na prática jurídica, a necessidade causal exige que o juiz realize uma reconstrução hipotética do encadeamento causal, suprimindo dessa cadeia a conduta imputável ao réu. Se nessa reconstrução ideal o prejuízo não se concretiza, isso implica que o fato do réu é condição necessária a esse prejuízo. Inversamente, se o prejuízo se mantém mesmo na ausência do fato do réu, então esse fato não é uma condição necessária à produção do prejuízo, e *a fortiori* o fato não será considerado uma de suas causas jurídicas, pouco importa qual das duas teorias é adotada[141].

A relação de necessidade é assim o elemento mínimo à constatação de um nexo de causalidade jurídica[142]. Mesmo a Corte de Cassação, que se esquiva o tanto quanto possível dos postulados teóricos sobre a causalidade, em diversas oportunidades declarou que não há liame causal

---

[140] J. FLOUR, J.-L. AUBERT e E. SAVAUX, *Idem*, n° 157, p.158

[141] No Direito inglês, essa reconstrução hipotética da realidade, na qual se elimina o ato do réu, é chamada de *but-for test*. B. MARKENSINIS, S. DEAKIN e A. JOHNSTON, *Tort Law*. 5ª ed. Oxford: Oxford University Press, 2003, p. 185.

[142] M. FABRE-MAGNAN afirma que, em um primeiro passo, a Corte de Cassação identifica as causas necessárias de um prejuízo para, na sequência, realizar uma seleção dessas condições. *Droit des obligations*, vol. 2. *Responsabilité civile et quasi-contrats*, op. cit., n° 49, p. 133. *Comp.*: G. VINEY e P. JOURDAIN, *Traité de Droit civil: Les conditions de la responsabilité*, op. cit., n° 352, p. 197-198; B. MARKENSINIS, S. DEAKIN e A. JOHNSTON: "tornou-se comum no Direito da responsabilidade civil inglês analisar o problema da causalidade em dois estágios. O primeiro, por vezes chamado de 'causalidade real', 'causa de fato' ou '*but for test*', está relacionado essencialmente com o fato de a conduta do réu ter ou não ter sido uma causa necessária para a ocorrência do dano [...]. Se, eventualmente, o demandante for capaz de demonstrar com base nas probabilidades que ele não teria sofrido o dano em questão, o réu poderá ainda se defender provando a ausência daquilo que se denomina 'causa legal'. Uma causa necessária que não passar por esses outros testes (legalmente relevantes) de causalidade próxima pode ser chamado de 'mera condição'. O que significa, em outras palavras, um fator 'sem o qual' a perda não teria ocorrido, constituindo, contudo, um fator que, por uma razão ou outra, o Direito não considera causa para efeitos de responsabilidade". *Idem,* loc. cit.

PERDA DE UMA CHANCE: A DESCONSTRUÇÃO DO PROBLEMA **61**

entre o prejuízo sofrido pelo demandante e o fato imputável ao réu se esse não é necessário a aquele[143].

55. É por essa razão que nos casos de perda de chance nunca haverá um liame causal entre a conduta do réu e a perda do resultado aleatório desejado (ou a superveniência do resultado aleatório negativo). A incerteza contrafatual impede que o fato do réu satisfaça o critério da necessidade: se retirarmos esse fato da cadeia causal, o resultado final negativo nem por isso desaparece. Não podemos, por exemplo, afirmar que, sem o ato culposo do advogado, o resultado negativo – a improcedência da ação – deixaria de existir. Da mesma forma, a derrota no concurso não desaparece do curso causal pelo simples fato de considerarmos hipoteticamente que ele participou das provas. O ato imputável ao réu não é, em nenhum dos casos, condição necessária à produção do resultado final negativo.

Essa insuperável incompatibilidade entre os casos de perda de chance e a noção de causalidade jurídica passou despercebida pelos juristas franceses durante muito tempo[144]. É curioso notar que os autores mais antigos, como os Mazeaud, Lalou ou Ripert[145], relegam o conceito de perda de uma chance às suas notas dedicadas ao prejuízo – em especial, à questão da reparação do prejuízo futuro e certo[146] –, e que muitos juristas consideram, ainda nos dias de hoje, que a perda de chances não

---

[143] Civ. 2ª, 11 jun. 1980, *Bull. Civ. II*, n° 141; Civ. 2ª, 7 fev. 1990, *RTD Civ. 1990*, p. 486, nota P. JOURDAIN; Civ. 1ª, 27 maio 2003, *Bull. Civ.* 02 77 67 18 56 *I*, n° 129, p. 100. *Comp.:* G. VINEY e P. JOURDAIN. *Traité de Droit civil: Les conditions de la responsabilité*, n° 353, p. 197-198.

[144] Apesar disso, algumas decisões – bastante antigas – já ressaltavam o problema da ausência de nexo causal nos casos de perda de uma chance: por exemplo, em 1932 a Câmara de Recursos da Corte de Cassação abordou explicitamente um caso de perda de chances como um problema referente ao "prejuízo e à relação de causalidade entre ato culposo e prejuízo", Req., 26 maio 1932, *S. 1932*, I, p. 387. V. também Trib. Com. la Seine, 3 jul. 1913, *Gaz. Pal.* 1913, 2, p. 406.

[145] H. MAZEAUD, J. MAZEAUD, L. MAZEAUD e F. CHABAS, *Leçons de Droit civil: Obligations: théorie générale*, op. cit., n° 412, p. 416; M. PLANIOL, G. RIPERT e P. ESMEIN, *Traité pratique de Droit civil français*, t. VI, 1ª parte, *Obligations*, op. cit., n° 542-2, p.747-748; H. LALOU e P. AZARD, *Traité pratique de la responsabilité civile*, op. cit. n° 146, p. 93-95.

[146] Ver, contudo, R. SAVATIER, que, em seu tratado sobre a responsabilidade civil, examina a questão da perda de uma chance como um problema relativo à constatação de um nexo de causalidade. *Traité de la responsabilité civile en Droit français*, op. cit., t. II, n° 461, p. 11-12. Curiosamente, o eminente jurista foi o primeiro a denunciar, alguns anos mais tarde, o emprego da técnica de reparação de chances "em casos em que há incerteza sobre se o dano foi causado pelo ato culposo praticado", nota a Civ. 1ª, 14 dez. 1965, *JCP 1966*, II, 14753; e "Une faute peut-elle engendrer la responsabilité d'un dommage sans l'avoir causé?", op. cit.

62 RESPONSABILIDADE CIVIL PELA PERDA DE UMA CHANCE

teria qualquer relação com os problemas causalidade[147]. A utilização da técnica da reparação de chances para a resolução de litígios envolvendo dificuldades causais, surgidas, em especial, na seara da responsabilidade médica, seria obra da jurisprudência mais recente, e não passaria de um mero abuso do conceito tradicional[148].

56. No Brasil, a corrente foi bem sintetizada por R. Peteffi da Silva. O jurista, apesar de defender a utilização da técnica em ambas as hipóteses, sustenta que a reparação de perda de chances teria duas naturezas distintas: em certos casos, a técnica seria empregada como prejuízo autônomo; em outros, como forma de alargamento do nexo causal.

De um lado, haveria os casos em que o responsável privou a vítima de todas as suas chances de obter o resultado aleatório desejado. Em tais hipóteses, a conduta do réu *necessariamente* interrompeu o processo aleatório, restando, pois, configurado um nexo de casualidade tradicional entre esta conduta e o prejuízo sofrido pela vítima[149]. A reparação de chances teria aqui natureza de prejuízo autônomo. Já o segundo grupo seria composto pelos casos em que a conduta do réu privou a vítima de apenas parte de suas chances de obter o resultado desejado, nos quais o processo aleatório continua a se desenrolar mesmo após a intervenção

---

[147] Ver, contudo, M. BACACHE-GIBEILI, *Les obligations: La responsabilité civile extracontractuelle*, op. cit., n° 389 e s., p. 432-436, que reconhece que a técnica da reparação de chances é uma solução aos problemas de ausência de prova da causalidade, sem, entretanto, afirmar (como muitos o fazem) tratar-se de uma desnaturação dessa técnica. V. também G. VINEY e P. JOURDAIN: "Se aceitarmos indenizar a perda de chances de obter um ganho ou de evitar uma perda, nos parece necessário admitir o uso dessa noção quando há uma incerteza entre a conduta geradora de responsabilidade e a realização do dano. A perda de uma chance postula tal incerteza, pois não saberemos jamais se a perda sofrida seria evitada, nem se a vantagem esperada seria obtida". *Traité de Droit civil: Les conditions de la responsabilité*, op. cit., n° 369-1 e s., p. 227-236.

[148] Inversamente, no Direito inglês o estudo da perda de chances é inserido, o mais das vezes, sob o ângulo da causalidade jurídica. No célebre julgado *Chaplin v. Hicks* ([1911] 2 KB, 786) – considerado por muitos o mais antigo julgado inglês sobre a *loss of a chance* – o debate dos *Lords* se polarizou sobre o caráter distante (*remoteness*) do prejuízo, uma questão que se reporta ao conceito de causalidade. V.: H. REECE, "Losses of Chances in the Law", *The Modern Law Review,* 1996, vol. 59, n° 2, p. 188; B. MARKENSINIS, S. DEAKIN e A. JOHNSTON, *Tort Law*, op. cit., p. 198. *Comp.*: a tese de L. MEDINA ALCOZ, *La teoría de la pérdida de oportunidad: estudio doctrinal y jurisprudencial de Derecho de daños público y privado*. Madrid: Thomson-Civitas, 2007, p. 413-444.

[149] R. Peteffi da SILVA, *Responsabilidade civil pela perda de uma chance*, op. cit., n° 2.2.2, p. 84: "o ato culposo está em relação de causalidade necessária com a interrupção do processo".

PERDA DE UMA CHANCE: A DESCONSTRUÇÃO DO PROBLEMA   63

do réu, chegando até o seu fim[150]. Os litígios envolvendo a responsabilidade médica, em especial aqueles em que o erro de tratamento priva o paciente de parte de suas chances de cura, estariam abarcados nesse segundo grupo. Contrariamente ao grupo precedente, não haveria nesses casos um nexo causal entre a conduta do réu e prejuízo da vítima, ante a ausência de relação necessária entre ambos. Aplicada a esse tipo de conflito, a técnica da reparação de chance serviria como forma de alargar a concepção clássica de causalidade jurídica, possibilitando o reconhecimento de um nexo de causalidade parcial[151].

Em nosso ver, essa corrente que enxerga a existência de dois conceitos de perda da chance, seja para refutar a utilização do conceito em casos de dificuldade causal, seja para aceitar essa utilização, não se sustenta. De rigor, todo e qualquer caso de perda de chances envolve uma mesma dificuldade causal, e a existência de um conceito único de reparação de chances pode ser compreendida se recorrermos a duas noções lógicas: a noção de causa necessária[152] e a noção de causa suficiente[153].

---

[150] *Idem,* n° 2.3.1, p. 102-107. V. também J. Boré, "L'Indemnisation pour les chances perdues: une forme d'appréciation quantitative de la causalité d'un fait dommageable", op. cit., n° 16 e s.

[151] *Ibidem,* p. 230. Para fazer justiça à concepção do autor – que, aliás, realizou um dos melhores trabalhos já publicados sobre o tema – é necessário ressaltar que a classificação por ele tecida erige-se sobre a ideia de autonomia do prejuízo-chance. Para Peteffi, a perda de chance é um prejuízo autônomo à perda da vantagem final apenas nos casos em que a conduta do réu interrompeu o processo aleatório – ou seja, nos casos em que essa conduta priva a vítima de todas as chances de obter a vantagem final. Contudo, essa autonomia entre os dois prejuízos não existiria nos casos em que restam chances à vítima, mesmo após o ato imputável ao réu: "esse 'prejuízo distinto do benefício esperado' parece ser difícil de imaginar nos casos em que o processo aleatório chegou até o seu final, já que se apresenta dependente da definitiva perda da vantagem esperada pela vítima", p. 107. Em razão da inexistência de um prejuízo autônomo, o emprego da reparação de chances seria, nesse segundo grupo, uma forma de adoção da teoria da causalidade parcial. Peteffi extrai sua conclusão dos debates travados no sistema da Common Law. Em nosso ver, a perda de uma chance *nunca* constitui um prejuízo autônomo em relação à perda do resultado aleatório desejado. Seja nos casos em que o processo aleatório foi totalmente interrompido, seja nos casos em que não o foi, as chances sempre têm sua existência e mensuração dependentes do resultado final desejado. A reparação de chances sempre dependerá da definitiva perda da vantagem esperada pela vítima, em qualquer dos dois grupos. V. *infra,* n° 127 e s.

[152] A é uma causa necessária de B, se a presença de B pressupõe a existência de A. Contudo, a presença de A não implica necessariamente que B existirá.

[153] A é uma causa suficiente de B, se a presença de A implica a existência de B. Contudo, a presença de B não pressupõe necessariamente a existência de A.

64 RESPONSABILIDADE CIVIL PELA PERDA DE UMA CHANCE

Tomando como exemplo a classificação de Peteffi, a única diferença entre os dois grupos mencionados é que, no primeiro, a conduta do réu é causa suficiente da perda da vantagem aleatória desejada. Tendo-se em vista que essa conduta elimina todas as chances de obtenção do resultado, desse simples fato podemos deduzir que o resultado em questão não se concretizará. Essa mesma relação de suficiência não existe nas hipóteses do segundo grupo.

Ocorre que a relação de causalidade suficiente não interessa ao campo do Direito. A causalidade jurídica, como visto, fundamenta-se na relação de necessidade[154]. Ora, em ambos os grupos, o ato imputado ao réu não é uma causa necessária à perda da vantagem desejada e, por essa razão, o nexo de causalidade jurídica nunca estará configurado. Se retirarmos esse ato do curso causal, a perda da vantagem final não desaparecerá, ao menos não necessariamente. E tal assertiva é igualmente válida nos casos em que o fato reprovado priva a vítima de todas as suas chances.

Em outras palavras, pouco importa se o fato imputável ao réu interrompeu ou não o processo aleatório, ou ainda, se em decorrência desse fato, a vítima perdeu todas as suas chances ou apenas parte delas. Ante a ausência de relação necessária entre fato e a perda da vantagem aleatória desejada, o problema da causalidade se impõe do mesmo modo a todas as hipóteses.

57. Podemos assim compreender por que, na França, o problema da ausência de causalidade foi por tanto tempo relegado às sombras: na maioria dos casos de perda de chance, a conduta do réu é uma causa suficiente à perda do resultado aleatório desejado, mesmo não sendo uma causa necessária a essa perda. Confundindo necessidade e suficiência, os juristas franceses identificavam um liame jurídico onde não há[155].

---

[154] Como visto, na teoria de equivalência de condições, toda causa necessária ao prejuízo é considerada causa jurídica. Já a teoria da causalidade adequada parte do universo das causas necessárias e se propõe a realizar uma triagem entre elas, considerando causa jurídica apenas os antecedentes necessários que, segundo o curso ordinário das coisas e a experiência comum da vida, normalmente produziriam aquele prejuízo. V. *supra*, nº 51 e s.

[155] Peteffi não comete o equívoco e demonstra com precisão que nunca há causalidade necessária entre a perda final e a ato imputado ao réu: "a conduta do réu, nos casos de perda de uma chance, nunca se caracteriza como uma condição *sine qua non*". *Ibidem*, p. 102. Para o autor, a interrupção do processo aleatório teria o condão de alterar a natureza do instituto, constituindo o critério definitivo para distinguir os casos em que a perda de uma chance é uma espécie de prejuízo (para uns, os "verdadeiros" casos de perda de chance), dos casos em que a perda de uma chance, supostamente, representaria a assimilação da teoria da causalidade parcial (para outros, os "falsos" casos de perda de chance). Cf. R. SAVATIER, "Une faute

PERDA DE UMA CHANCE: A DESCONSTRUÇÃO DO PROBLEMA 65

Não foi por mera coincidência que as relações entre perda de chance e causalidade só despertaram a atenção dos juristas franceses a partir da década de 1960[156]. A descoberta foi suscitada por um fato preciso: a aplicação da técnica da reparação de chances aos casos de responsabilidade médica, um campo até então inexplorado pelos tribunais[157]. Trata-se justamente dos primeiros acórdãos de reparação de chances nos quais a conduta do réu não é condição suficiente à perda da vantagem desejada.

Em conclusão, a incerteza contrafatual atinge duas condições da responsabilidade civil: de um lado, ela impede a constatação de um prejuízo certo; de outro, ela se opõe à ideia de causalidade jurídica. Esse duplo óbice tem uma razão de ser: o dilema da incerteza contrafatual testemunha as relações e limites, muitas vezes ignoradas, entre as noções de causa e prejuízo.

---

peut-elle engendrer la responsabilité d'un dommage sans l'avoir causé?, op. cit. Ocorre que, ao elevar esse elemento ao patamar de *summa divisio* dos casos de perda de chance, essa corrente termina por cominar consequências jurídicas distintas a casos essencialmente semelhantes. Uma discriminação em nosso ver injustificada. Pelo critério em questão, haveríamos de distinguir se o candidato foi impedido de se apresentar a uma etapa eliminatória ou meramente classificatória do concurso de que participava. Na primeira hipótese, a reparação da chance perdida teria natureza de prejuízo autônomo, porquanto eliminadas "todas as chances" do candidato. Na segunda, de teoria causal, na medida em que lhe restavam chances, ainda que remotas. E até mesmo nos litígios envolvendo a perda de prazos recursais, considerados casos de "perda total" de chances por excelência, a definição da natureza jurídica da reparação de chances exigiria uma análise casuística. O epíteto "prejuízo autônomo" se amoldaria bem à maioria das demandas declaratórias, em que a decisão judicial basta à satisfação do interessado, mas não às demandas condenatórias, tendo em vista que a parte vencida ainda pode se defender durante a execução ou o cumprimento da sentença. E outras questões poderiam ser levantadas: há algum argumento passível de reconhecimento de ofício pelo juiz, que poderia servir ao jurisdicionando mesmo depois da rejeição do recurso extemporâneo? Nos litígios de natureza penal, a questão levantada no recurso poderá ser veiculada por meio de habeas corpus? Ora, é evidente que esses elementos incidentais não têm, ou não deveriam ter, o condão de alterar a natureza jurídica do instituto da reparação de chances.

[156] V., em especial, as críticas de R. SAVATIER, "Une faute peut-elle engendrer la responsabilité d'un dommage sans l'avoir cause?", op. cit.; J. PENNEAU, *La responsabilité médicale*, op. cit., n° 103 e s., p. 114-123, e as notas de A. TUNC a CA Grenoble, 24 out. 1961, *RTD Civ. 1963,* p. 334; J. BORÉ, "L'Indemnisation pour les chances perdues: une forme d'appréciation quantitative de la causalité d'un fait dommageable", op. cit.

[157] CA Grenoble, 24 out. 1961, precitado; Civ. 1ª, 14 dez. 1965, *JCP 1966*, II, 14753, nota R. SAVATIER; *D. 1966*, p. 453; Civ. 1ª, 8 jan. 1985, *D. 1986*, p. 390, nota J. PENNEAU.

Seção 3 – Nexo de causalidade e certeza do prejuízo: relações e limites

58. Conduta, prejuízo, nexo causal: três condições da responsabilidade civil, bem conhecidas dos juristas de tradição romano-germânica. Na qualidade de objeto técnico, o Direito se vê obrigado a padronizar sua terminologia, a tal ponto que o caráter circunstancial do vocabulário empregado é por vezes obscurecido pela força da repetição. Por que três? O Direito inglês prevê quatro[158]. O Código Civil francês não prevê nada – ninguém seria capaz de provar a infalibilidade dos três requisitos partindo dos lacônicos artigos 1382 e 1383[159]. A divisão não passa de um simples legado que nos foi deixado pela história.

A autonomia desses conceitos é por vezes posta em xeque pela doutrina. Em sua tese, F. Chabas denuncia as relações entre a teoria da causalidade adequada e a noção de culpa[160]. Na Alemanha, a teoria da relatividade aquiliana (em Direito civil)[161] ou da imputação objetiva (em Direito penal)[162] aproximam as noções de ato antijurídico e consequências danosas.

De igual modo, não seria absurdo afirmar a existência de liames entre a noção de causalidade e a noção de prejuízo. Dois fatores de aproximação nos parecem evidentes: um lógico (um liame propriamente dito); e outro funcional (uma semelhança, e não propriamente um liame). Esses fatores podem nos fornecer pistas para a compreensão do duplo óbice provocado pela incerteza contrafatual.

59. O primeiro decorre do papel exercido pelo nexo causal no campo da responsabilidade. Notemos que, contrariamente à física ou à filosofia,

---

[158] Fazemos referência ao *tort of negligence:* "Dever, quebra, causalidade e dano [*duty, breach, causation and damage*] são os elementos que juntos tornam procedente qualquer ação de indenização". B. MARKENSINIS, S. DEAKIN e A. JOHNSTON, *Tort Law*, op. cit., p. 74.

[159] *Comp*: o *avant-projet* Catala, a despeito de adotar uma redação muito semelhante ao atual art. 1382 Código Civil francês ("Art. 1340. Todo fato ilícito ou anormal que tenha causado um dano a outrem obriga quem o praticou a repará-lo"), reserva disposições especiais a cada uma dessas três condições.

[160] F. CHABAS, *L'Influence de la pluralite de causes sur le Droit de la réparation*, op. cit., n° 113 e s., p. 91-96.

[161] Para uma apresentação dessa teoria, v. D. M. PHILIPPE, "La théorie de la relativité aquilienne", in *Mélanges Roger O. Dalcq*. Paris: Lancier, 1994, p. 467-485: "a condição da responsabilidade é que o dano se situe dentro do âmbito dos interesses protegidos pela lei, e que, por consequência, o dano tenha se originado de um interesse jurídico, que a promulgação da norma visa proteger". M. KNOPFLE, citado par D. M. PHILIPPE.

[162] G. JAKOBS, "Imputation in Criminal Law and the Conditions for Norm Validity", *Buffalo Criminal Law Review*, vol. 7, trad. C. Gómez-Jara Díaz, p. 492-511.

o Direito não pretende identificar *a* causa ou *a* consequência de um evento. A causalidade jurídica tem uma função pragmática, buscando apenas confirmar ou infirmar uma relação entre dois eventos precisos e previamente estabelecidos: um fato e um prejuízo[163]. O nexo causal é, assim, necessariamente, o terceiro elemento a ser considerado, seguindo--se a ordem lógica na norma de reparação.

Assim, causalidade e prejuízo estão unidos por um nexo de dependência, desta em relação a aquele. Para que possamos analisar a causalidade jurídica, é necessário pressupor um prejuízo a fazer às vezes de efeito, e uma conduta, a representar a causa. Logo, é impossível afirmar a existência de um nexo causal se não houver um prejuízo previamente determinado.

Partindo desta observação podemos entender a razão da inexistência de um nexo causal nos casos de perda de chance. Como poderíamos identificar um nexo entre a conduta e o prejuízo, se esse último foi declarado incerto? O óbice à causalidade nada mais seria do que a consequência lógica do óbice à certeza do prejuízo.

60. Mas outra correlação entre a certeza do prejuízo e a noção de causalidade torna mais clara as razões do duplo dilema provocado pelos casos de perda de chance. Trata-se do raciocínio contrafutual que, como expusemos, é empregado pelo juiz quando da análise destas duas condições.

Para examinar o nexo de causalidade entre a conduta do réu e o prejuízo da vítima, o juiz deve realizar uma reconstrução hipotética da realidade. Ele verifica se, sem tal fato, o prejuízo desaparece. É a partir desta verificação que ele poderá determinar se há ou não uma relação de dependência entre esses dois elementos.

Para examinar a certeza do prejuízo, o juiz deve estabelecer qual seria a situação da vítima, sem a ocorrência do fato imputável ao réu. Com efeito, só haverá lesão a um interesse da vítima nos casos em que essa situação alternativa seja vantajosa para ela.

Em suma, a verificação da certeza do prejuízo e a verificação do nexo de causalidade obrigam o juiz a empreender uma operação intelectual semelhante[164]. Por certo, a especulação contrafatual, ou seja, a especulação

---

[163] G. Viney e P. Jourdain, *Traité de Droit civil: Les conditions de la responsabilité*, op. cit., n° 333, p. 181.

[164] Ressalve-se que, a despeito desta similitude, os conceitos de prejuízo e causalidade não são idênticos. Além o raciocínio contrafatual, cada uma dessas duas condições comporta outros elementos que garantem sua individualidade – por exemplo, a causalidade pode ser rompida pela força maior ou pela conduta da própria vítima; a lesão

sobre o que teria ocorrido sem o fato imputável ao réu, exerce uma função distinta e persegue um objetivo distinto em cada um desses conceitos. Mas por trás das aparências se esconde um mesmo raciocínio[165].

É por essa razão que a incerteza contrafatual, inerente aos casos de perda de chance, atinge num só golpe a certeza do prejuízo e o nexo causal. Nesta, a incerteza impede a constatação de uma relação de necessidade; naquela, ela impede a constatação de uma lesão certa a um interesse da vítima.

61. Ora, não seria paradoxal condicionar o direito de reparação à prova da certeza, nos casos em que a vítima se queixa da privação de uma chance? Essa exigência não se mostra inadaptada a esse tipo de litígio?

Note-se que a conduta do réu lesou um interesse da vítima. Ninguém seria capaz de negar, por exemplo, que o jurisdicionado tinha um interesse em seu recurso, a despeito da álea que o acometia. Ele não teria desperdiçado seu dinheiro – e sua paciência – se esse instrumento jurídico não lhe oferecesse qualquer vantagem. Como explicar as horas de estudo do candidato, senão como demonstração de seu interesse na possível, mas nem por isso desdenhável, oportunidade de aprovação no concurso? O réu, sem dúvida, atingiu essas legítimas aspirações.

A responsabilidade civil, contudo, se mostra impotente perante esse tipo de lesão. Visto que suas condições de aplicação não estão reunidas, a vítima não teria, ao menos em princípio, direito à reparação.

62. É verdade que o raciocínio contrafatual é empregado nos dois casos como um modo de identificar quais foram os interesses lesados pela conduta do réu. Não haveria prejuízo para além desses critérios: se a conduta atingiu de fato algum interesse do demandante, o teste contrafatual não representaria qualquer óbice ao pedido de reparação. Os elementos apresentados por ele satisfariam os requisitos exigidos.

Aplicado aos casos de perda de chance, porém, o critério contrafatual induz à subversão de seus próprios objetivos. Ele impede que

---

certa a um interesse ilegítimo não é reparável, etc. – de maneira que a constatação de uma não implica necessariamente a constatação da outra.

[165] Alguns juristas identificam essa convergência entre certeza e causalidade. Analisando a certeza do prejuízo, R. Savatier não esconde o fato de que "o mais das vezes, ao considerarmos incerto um prejuízo, estamos na verdade nos referindo a um dano incontestável, a respeito do qual apenas a causalidade é duvidosa". *Traité de la responsabilité civile en Droit français*, t. II, op. cit. n° 522, p. 88. Ou ainda, H. Lalou e P. Azard: "No fundo, a questão do prejuízo eventual remete-nos, na maioria dos casos, ao problema de descobrir se há uma relação de causa e efeito entre o quase delito e o prejuízo sofrido". *Traité pratique de la responsabilité civile*, op. cit., n° 147, p. 95.

uma indubitável lesão provocada pelo réu seja abrangida pela norma de reparação. Em outros termos, a norma da reparação parte do princípio de que toda lesão produz um desnível equivalente entre a realidade e a hipótese contrafatual. Contudo, essa pressuposição não é válida aos casos de perda de chance. Em tais casos, há um interesse lesado, sem que haja equivalente desnível. Trata-se de uma consequência da natureza aleatória do interesse em questão.

63. O dilema da perda de uma chance não concerne verdadeiramente à ausência de condições para a reparação, mas sim às deficiências da norma reparadora. Fundada na ideia de recolocar a vítima na situação em que ela se encontraria, a regra se mostra inaplicável às lesões sobre interesses aleatórios. É o acaso que perturba o Direito, tornando-o incompatível com os limites do conhecimento humano.

Em razão dessa deficiência da norma, qualquer interesse sobre uma oportunidade estaria em princípio excluído do âmbito de proteção do Direito Civil. Uma solução injusta e imperfeita, que a técnica da reparação de chances busca superar.

SEGUNDA PARTE
PERDA DE UMA CHANCE:
A CONSTRUÇÃO DA TÉCNICA

SEÇÃO PRELIMINAR: A ÁLEA

64. Vimos que os tribunais se veem diante um dilema muito delicado nos casos de perda de chances. Não é possível determinar qual seria a situação hipotética na qual se encontraria a vítima, o que torna inaplicável a regra da reparação civil.

Ora, a resposta imediata a esse dilema seria a negação do direito à reparação à vítima. Poderíamos afirmar – tal como a jurisprudência o faz algumas vezes[1] – que a lesão a um interesse aleatório não é reparável, por não estarem configuradas as condições da responsabilidade. Sedutora por sua simplicidade e por sua exatidão, a negação não é, contudo, a única solução dada pelos juízes aos casos de lesão a interesses aleatórios. No sentido diametralmente oposto, os tribunais também empregaram duas técnicas que se prestam a garantir a reparação das vítimas: a técnica da presunção da situação contrafatual e a técnica da reparação de chances.

As diferenças entre esses métodos serão estudadas no título subsequente. Por ora, é necessário encontrar os motivos dessa convergência do Direito em prol da reparação dos interesses aleatórios. Por qual razão esses interesses mereceriam a proteção da responsabilidade civil se, em princípio, não satisfazem seus requisitos?

65. Outrora ligada ao sobrenatural, a álea foi, ao longo dos séculos, dominada pela atividade humana. A filosofia e a matemática exerceram um papel importante nesse desencantamento do acaso. Desde as cartas trocadas entre Pascal e Fermat sobre o dilema do Cavaleiro de Méré[2],

---

[1] V. por exemplo: Civ. 2ª, 12 maio 1966, *D. 1967*, p. 3; Civ. 2ª, 10 out. 1973, *Bull. Civ. II*, n° 254, p. 203.

[2] É na correspondência trocada entre Pascal e Fermat que surgiu o primeiro esboço do que hoje denominamos *esperança matemática* – conceito que seria curiosamente utilizado por Pascal para justificar racionalmente a crença na existência de Deus! Trata-se da demonstração conhecida como *aposta pascalina*: "Tendes duas coisas a perder: a verdade e do bem; e duas coisas a empenhar: vossa razão e vossa vontade, vosso conhecimento e vossa beatitude; e vossa natureza tem que fugir de duas coisas:

74 RESPONSABILIDADE CIVIL PELA PERDA DE UMA CHANCE

passando pela demonstração da "lei dos grandes números" de Jacques Bernouilli, pensadores de renome se preocuparam com a álea e propuseram teorias para compreendê-la. Não por coincidência, os estudos sobre a probabilidade emergem no chamado Século das Luzes e se estendem até os dias presentes. Nada escapa ao pensamento humano e à racionalização dos fenômenos da natureza; nem mesmo as falhas de nossa percepção.

66. Mais reconhecido por seus trabalhos de economia, John Maynard Keynes foi um dos pensadores que dedicou seus esforços à construção do conceito de probabilidade. Em seu *Treatise on Probability*, publicado em 1921, Keynes analisa a questão partindo das relações entre probabilidade, conhecimento e lógica. Esse trabalho é ainda hoje um dos mais completos sobre os fundamentos do raciocínio probabilístico, bem como um dos mais esclarecedores sobre o caráter racional da álea.

Na visão de Keynes, a probabilidade é um grau de crença racional (*degree of rational belief*) sobre dada proposição. O ponto máximo na escala de crença racional é a certeza. Ela pode ser obtida seja diretamente, com conhecimento do fenômeno, seja indiretamente, por meio do conhecimento dos elementos que determinam esse fenômeno. Porém, nos casos em que a certeza não pode ser atingida, seria racionalmente justificável estabelecer outros julgamentos – a saber, julgamentos de probabilidade – sobre a proposição em questão, partindo-se das relações lógicas existentes entre essa proposição desconhecida e as informações de que dispomos[3]. "Entre dois conjuntos de proposições há, portanto, uma relação em razão da qual, se soubermos o primeiro, poderemos depositar sobre o outro algum grau de crença racional. Essa relação é o objeto de estudos da lógica da probabilidade"[4].

A probabilidade seria uma relação racional entre um conjunto de proposições conhecidas, chamadas de *evidências*, e outro conjunto de proposições desconhecidas, chamadas de *conclusões*, sobre as quais depositamos um grau de crença maior ou menor, a depender dos argumentos lógicos fornecidos pelo primeiro conjunto[5]. Na medida em que depende das informações conhecidas, a probabilidade se mostra subjetiva, ou seja,

---

o erro e a miséria. Vossa razão não se sentirá mais atingida por terdes escolhido uma coisa de preferência a outra, já que é preciso necessariamente escolher. Eis um ponto liquidado. Mas, vossa beatitude? Pesemos o ganho e a perda escolhendo a cruz, que é Deus. Consideremos os dois casos: se ganhardes, ganhareis tudo; se perderdes, não perdereis nada. Apostai, pois, que ele existe, sem hesitar", *Pensamentos*. Trad. S. Milliet. São Paulo: Abril Cultural, 1973, n° 233, p. 99 (Col. Os Pensadores).

[3] J. M. KEYNES, *A Treatise on Probability*, op. cit., em especial os capítulos 1 e 2.

[4] *Idem*, p. 6.

[5] *Idem*, p. 5.

PERDA DE UMA CHANCE: A CONSTRUÇÃO DA TÉCNICA **75**

a probabilidade de um fenômeno se altera de acordo com as informações disponíveis e, *a fortiori*, se altera de indivíduo para indivíduo, em razão da assimetria de informações que os acomete[6].

67. Pode-se então compreender por que razão o juízo de probabilidade, a despeito de ser subjetivo e inconclusivo, merece a proteção da ordem jurídica.

Subjetivo, o juízo de probabilidade é, ainda assim, um juízo racional ou, segundo a expressão de Keynes, uma crença racional. O raciocínio probabilístico não é fruto de nossos sentimentos ou caprichos, mas das relações lógicas entre os fatos conhecidos e os eventos conjecturados[7]. Um indivíduo que observa o céu e analisa as nuvens poderá chegar à conclusão racional de que, provavelmente, choverá no dia seguinte. Essa proposição é um juízo de probabilidade, visto que há uma conexão lógica entre os fatos conhecidos – as nuvens – e o evento previsto – a chuva. Por outro lado, aquele que observa o céu e analisa as estrelas poderá igualmente afirmar que o dia de amanhã será propício ao trabalho ou às relações amorosas, mas tal afirmação não terá a mesma natureza da precedente. Não se trata de uma probabilidade, mas de um ato de adivinhação, fundado em uma convicção pessoal.

Inconclusivo, o juízo de probabilidade é, ainda assim, proveitoso a quem dele se vale. Na medida em que se fundamenta nas relações lógicas entre os fatos conhecidos e o fato desconhecido, a probabilidade concede-nos um controle – mesmo que limitado – sobre o acaso. De modo mais preciso, a probabilidade nos permite tecer julgamentos racionais sobre a incerteza, outorgando previsibilidade à ação humana.

68. O caráter racional das expectativas aleatórias não permaneceu restrito aos estudos acadêmicos. Também a prática social viria a consagrá-lo, em especial no âmbito das trocas.

Nada é mais revelador acerca do caráter racional das expectativas aleatórias do que sua importância peculiar nos negócios – um campo que naturalmente se erige sobre as expectativas racionais dos agentes

---

[6] "Neste sentido, a probabilidade pode ser chamada de subjetiva. Mas no sentido que importa à lógica, a probabilidade não é subjetiva. Ela não é, por assim dizer, influenciada pelo capricho humano. Uma proposição não é provável porque pensamos que ela assim o seja. Quando consideramos um conjunto de fatos conhecidos, o que é provável ou improvável em tais circunstâncias será determinado objetivamente, independentemente de nossa opinião. A Teoria da Probabilidade é lógica, portanto, pois está relacionada com o grau de crença que pode ser racionalmente depositada sob certas circunstâncias, e não simplesmente com as crenças concretas dos indivíduos, que podem ou não ser racionais". *Idem,* p. 4.

[7] *Ibidem.*

envolvidos. Tão logo um evento aleatório seja antecipado, ela passará a representar um objeto de trocas. É o mesmo princípio que explica por que um indivíduo adquire uma apólice de seguros, exige um fiador em um contrato de aluguel ou investe em um empreendimento arrojado. Na qualidade de objeto dominado, a álea exerce influência sobre as decisões econômicas individuais.

Em suma, a proteção jurídica das expectativas aleatórias é justificável, pois esse tipo de interesse constitui, nos dias de hoje, um interesse legítimo e racional daquele que o detém.

69. É por essa razão que o Direito privado prevê um sistema de proteção dos interesses aleatórios[8], partindo de dois vetores do Direito das obrigações: o contrato e a responsabilidade civil. Na seara contratual, essa proteção foi encampada com maior facilidade. De um lado porque, salvo o disposto no art. 1965 do Código Civil francês[9], não há qualquer oposição à distribuição contratual das expectativas aleatórias. As regras ordinárias das convenções são capazes de abarcá-las, de modo que as partes podem, livremente, inserir nos contratos cláusulas que amparem seus interesses aleatórios[10]. Bastante conhecidos da prática societária, os pactos de preferência e as opções de compra constituem dois bons exemplos em que a técnica contratual é empregada como forma de garantir o interesse dos acionistas sobre as incertezas, mais precisamente sobre as incertezas relativas à flutuação do preço das ações.

No mais, a proteção contratual dos interesses aleatórios encontra seus fundamentos disseminados em diversos dispositivos do Código – as regras relativas aos seguros, às transações, às garantias... A prática contratual pôde assim assimilar o acaso, partindo dessa estrutura rudimentar já preestabelecida na lei.

Totalmente diversa é a situação da responsabilidade civil. Os redatores do Código Civil francês não trataram da responsabilidade com o mesmo zelo e espírito de sistematização que dispensaram aos contratos, consagrando àquela apenas cinco (lacônicos) artigos. E não é de se espantar que nenhum deles se preocupe especificamente com a proteção dos interesses aleatórios.

Mas se esse descaso do Código privou em princípio a expectativa aleatória de uma proteção legal específica no campo da responsabilidade

---

[8] A. BÉNABENT, *La chance et le Droit*, op. cit., n° 70 e s., p. 59-60.
[9] O art. 1965 do Código Civil francês afirma a inexigibilidade das dívidas de jogo: "Art. 1965: A lei não confere qualquer ação para a dívida de jogo ou para o pagamento de uma aposta". Equivale ao art. 814 do Código Civil brasileiro de 2002.
[10] *Idem*, n° 50 e s., p. 46-57.

PERDA DE UMA CHANCE: A CONSTRUÇÃO DA TÉCNICA   **77**

civil[11], concedeu em contrapartida uma grande liberdade à jurisprudência para que suprisse essa lacuna. Foi graças a essa liberdade que os juízes puderam desenvolver uma técnica destinada, especialmente, à proteção dos interesses aleatórios: a técnica da reparação de chances.

70. A técnica da reparação de chances não é, contudo, a única que foi aplicada aos casos de perda de chances. Antes de assimilar a incerteza como forma de prejuízo, a jurisprudência já havia considerado duas outras formas de lidar com as lesões aos interesses aleatórios – soluções essas que continuam a ser empregadas mesmo nos dias de hoje. Por essa razão, será necessário analisarmos em um primeiro momento *a evolução da técnica* (Título 1). Estudaremos os julgados mais antigos, que levaram à criação da técnica de reparação de chances. Para encontrar o ponto inicial do movimento jurisprudencial, nossa análise partirá das decisões proferidas no final do século XIX e chegará aos anos 1950, quando a questão foi finalmente consolidada nos tribunais.

Uma vez reconstituída a evolução da técnica, poderemos então questionar sua legitimidade. Sem dúvida, a reparação de chances é um método capaz de contornar a incerteza contrafatual, garantindo a proteção às expectativas aleatórias. Essa técnica não seria, porém, contrária às regras mais fundamentais da responsabilidade civil? As dificuldades enfrentadas pelos tribunais podem nos sensibilizar, mas jamais justificariam uma distorção do sistema. Como já expusemos, a técnica da reparação de chances se erige sobre um importante postulado, segundo o qual a privação de uma oportunidade pode ser assimilada pela noção de prejuízo. É precisamente essa hipótese que será confirmada na segunda parte de nosso estudo, por meio da análise do *fundamento da técnica* (Título II).

---

[11] O art. 1346 do *avant-projet* Catala concede à reparação de chances um fundamento legal expresso: "Art. 1346. A perda de uma chance constitui um prejuízo reparável distinto da vantagem que seria obtida através desta chance se ele tivesse se concretizado".

A EVOLUÇÃO DA TÉCNICA

71. Examinando as obras clássicas de Direito civil, tais como o conhecido tratado dos irmãos Mazeaud[12] ou o de Planiol e Ripert[13], o leitor poderia se impressionar com a vetustez da técnica de reparação de chances. Os trechos dedicados ao tema são ricos em referências jurisprudenciais, entre as quais se encontram facilmente decisões ou acórdãos proferidos no início do século XX, ou mesmo antes[14]. Porém, essa impressão não resiste ao estudo mais atento dessas passagens. Na maioria dos casos, os autores fazem menção a litígios nos quais *seria possível* reparar as chances perdidas, o que não significa que os juízes tenham efetivamente feito uso da técnica nas decisões citadas[15]. Parece-nos que o objetivo dos juristas não era propriamente o de oferecer precedentes jurisprudenciais aos seus leitores, mas sim demarcar a abrangência do conceito e seu potencial de aplicação.

Na realidade, a análise dos julgados mais antigos revela que até os anos 1930 não é possível encontrar qualquer referência jurisprudencial,

---

[12] H. Mazeaud, L. Mazeaud e A. Tunc, *Traité théorique et pratique de la responsabilité civile*, t. I, op. cit., n° 219, p. 273-279.

[13] M. Planiol, G. Ripert e P Esmein, *Traité pratique de Droit civil français*, t. VI, 1ª parte, *Obligations*, op. cit., n° 542-2, p. 747-748.

[14] V. também C. Aubry, C. Ra, e P. Esmein, *Droit civil français*, t. VI. 6ª ed. Paris: Juris-Classeurs, 1951, p. 422-423.

[15] Nesse sentido, vale notar o tom crítico empregado pelos Mazeaud ao descrever a jurisprudência de sua época. Depois de citar vários julgados envolvendo a perda de chances nos quais os tribunais haviam denegado a reparação à vítima, os autores concluem, sem poupar ironia: "as pessoas precedentemente mencionadas conseguiriam ver sua chance realizada? Não se sabe e jamais se saberá. Devemos então considerar que, em todas essas hipóteses, o dano a ser reparado é puramente hipotético e que, por consequencia, o tribunal não pode levá-lo em conta? Seria uma conclusão precipitada", *Traité théorique et pratique de la responsabilité civile*, t. I, op. cit., n° 219, p. 276-278 e nota 7. V. também H. Lalou e P. Azard, *Traité pratique de la responsabilité civile*, op. cit. n° 146, p. 93-95.

nem expressa nem tácita, à reparação de chances. Ao revés, pode-se até mesmo afirmar que a jurisprudência francesa se mostrava avessa à ideia, negando formalmente que a perda de uma chance pudesse ser considerada um prejuízo reparável. Por exemplo, em um julgado de 24 de março de 1896, citado no *Traité théorique et pratique*[16], a Corte de Apelação de Limoges rejeitou a demanda de reparação das chances formulada pelo proprietário de um vitorioso cavalo de corrida perante uma companhia de transportes, que impedira o animal de participar de uma competição ao se atrasar na entrega da montaria para as provas realizadas em La Rochelle. Apesar de ter aprovado a indenização de diversas espécies de prejuízo concedidas pelos juízes de primeira instância, a Corte de Apelação rejeitou a reparação relativa à "perda de chances de obter o prêmio", seguindo os fundamentos já adotados pelos primeiros juízes: "No que tange à obtenção do prêmio pelo cavalo Pezzaro, pouco importam os prêmios alcançados por esse cavalo no ano de 1895, este Tribunal não tem certeza de que ele obteria equivalente sucesso na competição de La Rochelle; que, por esse viés, não há prejuízo certo"[17]. Essa mesma solução foi adotada em outros julgados semelhantes, relativos a acidentes envolvendo cavalos de corrida[18].

Nessa época, a reparação de chances não era nem mesmo aplicada no campo da responsabilidade civil dos profissionais de justiça – *huissiers, avoués*[19] e advogados – onde ela encontraria, anos mais tarde, uma posição de destaque. Com efeito, em razão da incerteza inerente à sua atividade jurisdicional, as demandas dirigidas contra esses profissionais são acometidas de uma álea irredutível. Considerando que não é possível prever o resultado de um processo judicial, pela mesma razão não é possível afirmar com segurança quais são as consequências da conduta culposa do profissional de justiça sobre esse resultado. Novamente, é a incerteza contrafatual que impede a reparação. Contudo, em vez de valer-se da

---

[16] Op. cit., n° 219, p. 274, nota 2.

[17] CA Limoges, 24 mar. 1896, *D. 1898,* 2, p. 259 e os fundamentos da decisão de 1° grau (Trib. Civ. Limoges, 11 jan. 1896) expostos no documento

[18] Ver outros julgados citados no mesmo trecho: CA Rouen, 8 ago. 1903, *D. 1904,* 2, p. 175; Trib. Com. la Seine, 3 jul. 1913, *Gaz. Pal. 1913,* 2, p. 406. Para uma transcrição, v. *infra*, n° 75.

[19] Os *avoués* eram advogados que atuavam na segunda instância. É de lembrar que, na França, a capacidade postulatória perante as Cortes de Apelação não era concedida a todos os advogados. Era necessário um título especial, negociável, e específico para cada corte de apelação. Esse sistema foi suprimido com a reforma de 25 de janeiro de 2011, que previu a fusão das profissões de *avoué* e *avocat* em 1° de janeiro de 2012. Contudo, o sistema subsiste ainda no que tange à Corte de Cassação e ao Conselho de Estado, perante os quais a capacidade postulatória é restrita aos *avocats aux Conseils*.

PERDA DE UMA CHANCE: A CONSTRUÇÃO DA TÉCNICA

reparação de chances como forma de solucionar o impasse, a Corte de Cassação impunha às jurisdições inferiores – desde um julgado proferido em 1889 – o dever de "examinar qual teria sido o mérito"[20] do processo embaraçado. Em outras palavras, para decidir se o pedido de reparação formulado contra o profissional de justiça faltoso era ou não procedente, os juízes estavam obrigados a determinar, a partir de presunções de fato, qual seria o resultado hipotético do processo caso esse profissional não tivesse incorrido em culpa. Essa posição rígida, confirmada por três julgados posteriores proferidos pela Corte de Cassação[21], e seguida à risca pelas jurisdições inferiores[22], só seria revertida em 1934[23].

72. Partindo das diferentes posições adotadas pelos tribunais, podemos extrair as três técnicas já empregadas nos casos de perda de chances. Confrontados com um pedido de reparação envolvendo a lesão a um interesse aleatório, os juízes podem simplesmente negar a existência de um direito à indenização (Seção 1); ou então tentar neutralizar a incerteza contrafatual com a ajuda das presunções de fato (Seção 2). Por fim, os juízes podem também admitir a incerteza inerente ao interesse lesado, condenando o réu a reparar somente as chances perdidas em razão de sua conduta. A incerteza será então projetada no momento de avaliação da reparação devida (Seção 3).

Se, sob um ponto de vista estritamente cronológico, a reparação de chances constitui a técnica mais moderna entre as três, tal constatação não significa que as outras duas soluções tenham caído em desuso. É bem verdade que a reparação de chances foi um método criado em razão das deficiências de seus antecessores, constituindo assim uma inegável evolução da técnica decisória – e, até por isso, somente poderemos compreender os motivos que levaram à sua adoção a partir da análise dos inconvenientes oriundos das soluções precedentes. Todavia, os três métodos continuam sendo aplicados aos casos de perda de chances, ainda nos dias de hoje. A escolha em favor de uma técnica (e em detrimento das demais) é deixada ao critério dos juízes, que podem aplicar a técnica que se mostre mais adaptada às peculiaridades do caso em espécie.

Estudaremos de maneira mais aprofundada as características de cada uma dessas técnicas, bem como sua evolução na jurisprudência.

---

[20] Req., 17 jul. 1889, *S. 1891*, I, p. 399.

[21] Civ., 26 nov. 1890, *D. 1891*, I, p. 18; Req., 30 jun. 1902, *S. 1907*, I, p. 434, *D. 1903*, I, p. 569, *Gaz. Pal. 1902*, II, p. 279; Civ., 27 mar. 1911, *D. 1914*, I, p. 225, nota H. LALOU; *S. 1914*, I, p. 137.

[22] CA Riom, 30 dez. 1890, *D. 1892*, II, p. 227; CA Riom, 8 mar; 1897, *S. 1897*, II, p. 97; CA Nancy 1ª Câm., 6 fev. 1909, *Gaz. Pal. 1909*, II, p. 440.

[23] Civ., 22 out. 1934, *Gaz. Pal. 1934*, II, p. 821.

Seção 1 – Primeira solução: a álea inerente ao interesse lesado impede sua reparação

73. Trata-se da solução mais óbvia e, sob uma primeira vista, daquela que melhor corresponderia a uma aplicação estrita das regras da reparação. Salvo derrogações específicas[24], cabe ao autor provar a certeza do prejuízo alegado, bem como cabe a ele provar a existência de um nexo causal ligando esse prejuízo ao ato imputável ao réu. Se ele não conseguir debelar tais ônus, então nenhuma reparação lhe será devida.

É a partir dessas regras relativas ao ônus da prova que podemos compreender a rigidez da solução empregada em alguns julgados mais antigos. Os juízes por vezes refutaram as ambições dos demandantes nos casos em que seu interesse era apenas aleatório, argumentando, para tanto, que o prejuízo alegado era incerto ou que o nexo de causalidade não estava configurado[25].

74. Foi precisamente em razão da incerteza acerca do casamento que a Corte de Apelação de Paris denegou o pedido de uma noiva, que havia intentado uma ação de reparação contra o responsável pela morte de seu pretendente[26]. O mesmo argumento foi empregado pelo Tribunal Civil de Meaux para declarar improcedente a demanda formulada pelo pai de uma criança falecida em um acidente, que buscava a indenização referente à assistência alimentar que seu filho lhe providenciaria no futuro[27]. Ainda no mesmo sentido, a vítima, impossibilitada de explorar sua invenção patenteada, viu seu pedido ser declarado improcedente pelo Tribunal Civil de Oran, que considerou "incerto e eventual" o prejuízo alegado[28]. A Corte de Cassação, por sua vez, entendeu pela improcedência da demanda de um diretor de teatro que requeria, em razão do acidente sofrido por um

---

[24] Para uma lista de presunções de causalidade, v. G. Viney e P. Jourdain, *Traité de Droit civil: Les conditions de la responsabilité*, op. cit., n° 363 e s., p. 213-223.

[25] Ver *supra,* n° 40 e s.

[26] CA Paris 5ª câm., 24 maio 1938, *D.H. 1938*, p. 392. "Sem ignorar que, segundo o conjunto probatório produzido, o noivado da srta. Gaillard com o sr. Mole deveria, muito provavelmente, resultar em casamento, não seria válido contudo afirmá-lo com toda certeza e considerar verdadeiro que, sem o acidente fatal que atingiu o sr. Mole, o casamento teria sido celebrado em breve; que, por não demonstrar que o acidente lhe tenha provocado um prejuízo atual e certo, seu pedido de reparação não deve ser acolhido".

[27] Trib. Civ. Meaux, 29 jan. 1920, *D. 1920*, I, p. 137, nota H. Lalou. "Considerando que Langelot, o pai, afirma ainda que, já idoso e em estado de saúde precário, ele poderia esperar que, num futuro mais ou menos remoto, seu filho lhe providenciaria a assistência alimentar legalmente prevista; mas considerando que, nesse ponto, trata-se de um prejuízo puramente eventual e por consequência incerto, que não pode servir de fundamento a uma ação de perdas e danos".

[28] Trib. Civ. Oran, 22 out. 1932, *S. 1933*, II, p. 239.

importante membro de sua *troupe*, a indenização referente às perdas de receitas de seu espetáculo[29].

75. Mas, como mencionado anteriormente, a solução foi especialmente empregada na passagem do século XIX ao XX, nas demandas reparatórias tratando de cavalos de corrida impedidos de se apresentar em uma competição, quer em razão do atraso imputável ao transportador do animal, quer em razão de qualquer outro incidente vitimando o cavalo antes da realização da corrida.

Os tribunais consideravam que o óbice à participação do cavalo no evento não gerava, em si, direito de indenização em favor de seu dono. Na visão dos magistrados, a álea, própria ao esporte, era um obstáculo insuperável à reparação. E essa posição se fundava em dois argumentos.

O primeiro deles é que não haveria nexo causal entre a perda do prêmio e a conduta imputável ao transportador. Foi o que afirmou o Tribunal de Comércio de Seine, em um julgamento proferido em 3 de julho de 1913:

> Considerando que, se a exclusão das éguas das competições em que estavam inscritas foi consequência do acidente que as matou; que, se entre esse acidente e a não participação dos referidos cavalos nas corridas de Rilleux-Sathonay e de Aix-les-Bains há um nexo direto e necessário de causa e efeito, essa relação direta não está mais configurada se consideradas a alegada conduta culposa e a vitória nas referidas corridas, que nada é, com efeito, mais aleatório que a vitória em uma corrida, e que não é de forma alguma certo que caso elas pudessem ter participado das competições nas quais estavam inscritas, as éguas de Croizet teriam ganhado o prêmio[30].

Outro fundamento por vezes levantado pelos magistrados era a incerteza acerca do prejuízo. É o que decidiu a Corte de Apelação de Rouen, em 8 de agosto de 1903:

---

[29] Civ. 2ª Seç., 14 nov. 1958, *Gaz. Pal. 1959*, I, p. 31. "Considerando que consta no julgado recorrido que o tenor Dassary fora contratado por Camerlo [autor da demanda], diretor da Ópera de Lyon, para atuar em um papel em uma série de apresentações da opereta *Chanson Gitane* cuja 1ª representação deveria ocorrer em 19 de novembro de 1953; que em 9 de outubro de 1953, Dassary foi vitimado em um acidente automobilístico pelo qual Dameyer foi declarado responsável; [...] que as receitas obtidas pela representação dessa obra foram muito inferiores em 1953 se comparadas a 1952; que Camerlo atribui essa diferença à ausência de Dassary, que teve de ser substituído por um artista de menor renome [...]; Considerando que a partir dessas constatações e enunciações hipotéticas, a Corte de Apelação não poderia ter concluído pela prova de um prejuízo certo; por esse motivo – cassa-se a decisão". Por certo, o tribunal que deveria decidir após a cassação poderia, apesar da decisão da Corte de Cassação, concluir que o acidente privara o demandante de uma chance de obter receitas mais altas.

[30] Trib. Com. la Seine, 3 jul. 1913, *Gaz. Pal. 1913*, II, p. 406.

84 RESPONSABILIDADE CIVIL PELA PERDA DE UMA CHANCE

Convém afastar o primeiro fato, relativo ao prêmio da corrida: 1.000 francos o qual [o proprietário do animal] dava como um ganho certo, visto que esse fato não é pertinente em razão da impossibilidade de afirmá-lo[31].

76. Se do ponto de vista das condições da responsabilidade civil essas decisões parecem irreprocháveis, a recusa sistemática de toda e qualquer indenização nos casos de lesão a interesses aleatório, em razão da ausência de certeza do prejuízo ou de um nexo casual, levaria sem dúvida a resultados embaraçosos. Devemos então negar à vítima um direito a reparação em todas essas hipóteses? Trata-se de um raciocínio precipitado[32].

Em primeiro lugar, recusar a reparação equivale a negar que o ato do réu tenha atingindo um interesse legítimo da vítima. Eis então o primeiro inconveniente dessa solução: ela ignora o interesse aleatório, assimilando-o ao interesse inexistente. Por certo, o interesse em questão versa sobre uma possibilidade. Contudo, trata-se de uma aspiração inegável e legítima da vítima, aspiração essa que foi ofendida pelo ato imputável ao réu. O Direito pode negá-lo?[33] Essa posição pode ter sido outrora tolerável, mas, em razão do postulado da reparação integral dos prejuízos, a tendência atual da responsabilidade civil é de conceder proteção às diversas espécies de expectativas legítimas das vítimas, inclusivas as expectativas aleatórias. Ora, a negação sistemática da reparação dos interesses relativos a oportunidades é contrária a essa tendência moderna. Pode-se inclusive duvidar que os juízes do final do século XIX fossem realmente insensíveis a esse problema. Note-se que, conquanto negassem a reparação da vantagem aleatória desejada, os tribunais quase sempre encontravam outros fundamentos (por vezes pouco convincentes[34]) para conceder uma indenização ao demandante[35].

---

[31] CA Rouen, 8 ago. 1903, *D. 1904*, II, p. 175.

[32] H. MAZEAUD, L. MAZEAUD e A. TUNC, *Traité théorique et pratique de la responsabilité civile delictuelle et contractuelle*, t. I, op. cit., n° 219, p. 276; H. MAZEAUD, J. MAZEAUD, L. MAZEAUD e F. CHABAS, *Léçons de Droit civil: Obligations: théorie générale*, op. cit., n° 412, p. 416.

[33] Trata-se de um interesse válido? A questão será estudada, v. *infra*, n° 119.

[34] Em um acórdão particularmente revelador dessa preocupação, os juízes, depois de negarem que a perda do prêmio constituísse um prejuízo certo ao proprietário do cavalo que não pôde participar de uma corrida, concederam-lhe uma indenização afirmando que a ausência do animal na competição "pode ter provocado no público desconfianças desagradáveis, seja sobre o estado de saúde do cavalo, seja sobre sua aptidão a competir, levando-o a crer que seu proprietário não ousou enfrentar a competição" (!) CA Limoges, 24 mar. 1896, *D. 1898*, II, p. 259. O pretexto para a reparação não poderia ser mais nítido.

[35] CA Rouen, 8 ago. 1903, *D. 1904,* II, p. 175; Trib. Com. la Seine, 3 jul. 1913, *Gaz. Pal. 1913*, II, p. 406; Trib. Civ. Meaux, 29 jan. 1920, *D. 1920*, I, p. 137, nota H. LALOU; Trib. Civ. Oran, 22 out. 1932, *S. 1933*, II, p. 239.

PERDA DE UMA CHANCE: A CONSTRUÇÃO DA TÉCNICA

77. No mais, não nos parece que as regras comuns relativas ao ônus da prova possam ser aplicadas, sem desnaturação, aos casos de lesão a um interesse aleatório. Poderíamos seriamente condicionar o acolhimento do pedido formulado pelo dono do cavalo à prova, a ser produzida por ele, de que esse animal venceria a competição? Ora, é precisamente o ato imputado ao réu que o impediu de conhecer esse resultado! Seria ilógico admitir que a dúvida possa beneficiar aquele que indevidamente a criou, fazendo que um indivíduo se valha das repercussões de sua conduta ilícita como forma evitar sua responsabilidade por ela[36].

A aplicação inflexível das regras de ônus da prova deixaria todos os interesses aleatórios fora do âmbito de proteção da responsabilidade civil. Se esse resultado é em si lamentável, o problema torna-se ainda mais sério quando a referida técnica é aplicada aos casos de responsabilidade de profissionais cuja função é proporcionar oportunidades (e nada mais) aos seus clientes, tais como advogados, médicos ou exploradores de jogos de azar. Se os tribunais viessem a admitir, nesses campos, que a incerteza do interesse da vítima é um entrave a qualquer pedido de reparação, tal posicionamento terminaria por criar uma verdadeira imunidade civil em favor desses profissionais.

Por fim – e este é, em nosso ver, o argumento de maior relevância – a tese segundo a qual a perda da vantagem aleatória não constituiu um prejuízo certo, ou de que inexiste nexo entre esse prejuízo e o ato do réu, não elimina toda possibilidade de reparação. O argumento em questão não é definitivo, pois, de um lado, os juízes podem superar os obstáculos levantados por meio das presunções de fato. De outro lado, eles podem também contemplar a vítima com a reparação de outro prejuízo, qual seja, a chance perdida, que representa em si um prejuízo certo e que está em relação de causalidade com o ato imputado ao réu[37].

---

[36] A Corte de Apelação de Angers empregou precisamente esse argumento naquele que seria o primeiro caso de reparação de chances em matéria de responsabilidade dos profissionais de justiça: "Considerando que o dr. X [*avoué* contra o qual se pleiteava reparação] sustenta que a indenização por evicção requerida por Langlais [seu antigo cliente] era apenas eventual, e que por isso ele não teria causado qualquer prejuízo ao seu cliente com a perda do prazo para a propositura da ação; considerando que esse argumento não pode ser acolhido; que não se pode admitir que o autor de um ato culposo sustente, para se exonerar de qualquer responsabilidade, que a vantagem a ser obtida por meio da ação que ele deixou prescrever era incerta, quando foi precisamente em razão do ato culposo desse responsável que a existência e a medida dessa vantagem não podem ser verificadas". CA Angers 1ª Câm., 19 maio 1931, *Gaz. Pal. 1931*, II, p. 218, *S.* 1931, II, p. 190.

[37] Civ. 2ª, 4 maio 1972, *D. 1972*, p. 596, nota P. le Tourneau; RTD Civ. 1972, p. 793, nota G. Durry.

86 RESPONSABILIDADE CIVIL PELA PERDA DE UMA CHANCE

78. É por tal razão que essa primeira técnica decisória, que consiste em negar a reparação em função da álea inerente ao interesse do demandante, perdeu sua importância na jurisprudência, cedendo espaço paulatinamente aos outros dois métodos. A simplicidade e o pragmatismo dessa primeira técnica não são capazes de compensar suas imperfeições.

Isso significa que a referida solução foi completamente abandonada pela jurisprudência? Uma análise mais detida do Direito positivo revela que não[38]. Podemos encontrar alguns julgados recentes em que os tribunais se valem da incerteza do prejuízo[39] ou da ausência de nexo causal[40] para denegar pedidos visando à reparação de interesses aleatórios.

É mais comum, porém, que os juízes de nossos tempos rejeitem esse tipo de demanda por meio do critério da "chance real e séria". Com efeito, tanto a jurisprudência[41] quanto a doutrina[42] são concordantes no sentido de que somente as chances "reais e sérias" são passíveis de reparação. Esse critério permite que os juízes exerçam um controle sobre a importância do interesse aleatório lesado, impondo um parâmetro mínimo, aquém do qual a chance perdida não enseja direito à indenização[43].

Em nosso ver, o requisito da seriedade concedeu nova importância à recusa em reparar os interesses aleatórios. Por certo, a mera aleatoriedade do interesse não justifica mais a rejeição do pedido de reparação[44]. Mas o interesse em questão poderá ser descartado pelos tribunais caso eles não

---

[38] G. Viney e P. Jourdain, *Traité de Droit civil: Les conditions de la responsabilité*, op. cit., n° 282, p. 97-98

[39] Civ. 2ª, 7 fev. 1996, *Bull. Civ. II*, n° 36, p. 23; Crim., 19 mar. 1997, *Bull. Crim.*, n° 109, p. 365.

[40] Com., 10 jun. 1969, *Bull. Civ. IV*, n° 249; Civ. 2ª, 9 mar. 1977, *Bull. Civ. II*, n° 708.

[41] Crim., 15 jun. 1982, *Bull. Crim.*, n° 159; Crim., 11 mar. 1986, *Bull. Crim.*, n° 103, p. 265; Crim., 6 jun. 1990, *RTD Civ. 1991*, p. 121, *RTD Civ. 1992,* p. 109, nota P. Jourdain; Crim., 4 dez. 1996, *Bull. Crim.*, n° 445. p. 1301; Civ. 1ª, 4 abr. 2001, *JCP 2001*, II, 10640 nota C. Noblot; Civ. 1ª, 9 nov. 2004, *não publicado*, pourvoir n° 02-19.286; Civ. 3ª, 1 dez. 2004, *RD Imm. 2005*, p. 43, nota C. Morel; Civ. 1ª, 7 fev. 2006, *não publicado*, pourvoir, n° 05-13.958.

[42] C. Ruellan, "La perte de chance em Droit privé", op. cit., n° 15, p. 736; I. Vacarie, "La perte d'une chance", op. cit. p. 924; P. le Tourneau, *Droit de la responsabilité et des contrats*, op. cit., n° 1418, p. 388; Y. Chartier, *La réparation du préjudice dans la responsabilité civile*, op. cit., n° 36, p. 50; G. Viney e P. Jourdain, *Traité de Droit civil: Les conditions de la responsabilité*, op. cit., n° 283, p. 98-102.

[43] Para uma análise mais profunda desse critério, v. *infra*, n°120.

[44] V. alguns julgados em que a Corte de Cassação reprovou a decisão tomada pelos juízes de segunda instância, que haviam simplesmente rejeitado o pedido de reparação em razão da álea. A Corte cassou os referidos julgados, afirmando que eles não haviam levado em consideração o fato de que a chance perdida poderia, ao menos tese, constituir um prejuízo reparável. Crim., 18 jan. 1956, *JCP 1956*, II, 9285, nota

PERDA DE UMA CHANCE: A CONSTRUÇÃO DA TÉCNICA

o considerem suficientemente relevante. Em outras palavras, a técnica da negação da reparação deixou de ser encarada como solução independente para tornar-se um contrapeso à técnica da reparação de chances.

79. Vimos, portanto, que a técnica da negação *de plano* de toda e qualquer reparação apresenta sérios inconvenientes. Não se pode ignorar que há lesão a um interesse da vítima nos casos de perda de chance. Um interesse aleatório, não se negue, mas que constitui, ainda assim, um interesse relevante. Para superar as consequências nefastas desse primeiro método, os juízes por vezes se entregam às conjecturas. Por meio de presunções, eles procuram eliminar as incertezas que impediriam, em princípio, a aplicação da regra reparatória.

Seção 2 – Segunda solução: o deslocamento do objeto da prova

80. Esse segundo método é o único que goza de fundamentação legal expressa, tendo previsão nos arts. 1349 e 1353[45] do Código Civil francês. Trata-se do emprego das presunções de fato.

Desde logo, é necessário distinguir esse tipo de presunção, a presunção de fato – conhecida também como presunção simples, do homem ou do juiz – de outra, a presunção legal ou de direito, também prevista no mesmo Código. Ambas representam técnicas empregadas para contornar as incertezas, por meio das quais a existência de um fato desconhecido é afirmada a partir de outro fato ou conjunto de fatos cuja existência não é duvidosa. Porém, conquanto as presunções de direito estejam estabelecidas expressamente na lei[46] (por vezes, por questões de política legislativa), obrigando o juiz a empregá-las[47], as presunções de fato decorrem, ao contrário, da própria prudência do magistrado e de seu poder de apreciação dos fatos que lhe são trazidos à análise. É evidentemente esta última espécie que interessa ao presente trabalho.

J. CAREL; Civ., 2ª Seç., 17 fev. 1961, *Gaz. Pal. 1961*, I, p. 400; Crim., 6 jun. 1990, *RTD Civ. 1991*, p. 121, *RTD Civ. 1992*, p. 109, nota P. JOURDAIN.

[45] "Art. 1349. As presunções são as consequências que a lei ou o magistrado tira de um fato conhecido a um fato desconhecido"; "Art. 1353. As presunções que não são previstas na lei são relegadas às luzes e à prudência do magistrado, que somente deve admitir presunções graves, precisas e concordantes, e apenas nos casos nos quais a lei admita provas testemunhais, a não ser quando o ato é impugnado em razão do dolo ou da fraude".

[46] Ver, por exemplo, a presunção legal de boa-fé prevista no art. 2268 do Código Civil francês.

[47] J. GHESTIN, G. GOUBEAUX e M. FABRE-MAGNAN, *Traité de Droit civil* (dir. J. GHESTIN). *Introduction générale*. 4ª ed. Paris: LGDJ, 1994, n° 717, p. 699.

88 RESPONSABILIDADE CIVIL PELA PERDA DE UMA CHANCE

81. A técnica das presunções de fato "consiste em um *raciocínio probatório*, por meio da constatação de um nexo lógico entre o fato inacessível à prova (objeto inicial de prova 'desconhecido') e o fato acessível (objeto deslocado de prova, 'conhecido')"[48]. O juiz pode, assim, afirmar a existência de um fato controverso partindo de elementos indiretos, que indicam a probabilidade desse fato[49]. Por exemplo, o magistrado pode constatar que um veículo estava em alta velocidade em razão das extensas marcas de frenagem por ele deixadas no asfalto. A partir desse elemento conhecido – as marcas no asfalto – ele concluirá pelo elemento desconhecido – a velocidade do carro – graças ao nexo de probabilidade existente entre este e aquele. É por isso que a presunção de fato é por vezes definida como uma técnica de deslocamento do objeto da prova.

A presunção de fato é um instrumento concedido ao magistrado para que ele possa superar os limites de sua cognição. Trata-se de uma exigência dogmática: o juiz deve inexoravelmente decidir o litígio, e suas dúvidas não lhe servem de pretexto para não cumprir essa missão. Ao se apoiar nas probabilidades das provas indiretas, o magistrado poderá presumir os fatos desconhecidos, afastando legalmente suas incertezas[50].

Trata-se de uma técnica amplamente utilizada na prática jurídica, cujo campo de aplicação não se limita aos casos de lesão a interesses aleatórios. Nada obstante, as presunções de fato são particularmente eficazes para resolver a incerteza contrafatual que existe nesse tipo de caso (§ 1), e é por essa razão que, até a década de 1930, ela era considerada pela jurisprudência a única técnica aplicável aos casos de perda de chance jurisdicional (§ 2).

§ 1 – A presunção de fato aplicada aos casos de perda de chance

82. A aplicação da técnica de presunção aos casos de perda de chance é intuitiva. Por meios indiretos o juiz pode determinar se, na ausência do fato imputável ao réu, a vítima teria ou não alcançado a vantagem aleatória procurada. Tomemos um exemplo já mencionado: a partir de seu excelente histórico escolar, o estudante que foi injustamente impedido

---

[48] F. Terré, *Introduction générale au Droit*. 5ª ed. Paris: Dalloz, 2000, n° 492, p. 520 (Col. Précis Droit Privé); G. M. Hironaka, *Responsabilidade pressuposta*, op. cit., p. 253-258.

[49] J. Flour, J.-L. Aubert, E. Savaux e Y. Flour, *Les obligations*, vol. 3. *Le rapport de l'obligation*. 5ª ed. Paris: Sirey, 2007, n° 60, p. 40.

[50] J.-L. Aubert, *Introduction au Droit*. 10ª ed. Paris: Armand Colin, 2004, n° 73, p. 59.

PERDA DE UMA CHANCE: A CONSTRUÇÃO DA TÉCNICA   **89**

de realizar um exame poderia demonstrar que sua aprovação no teste em questão era bastante verossímil. Se esses argumentos convencerem o juiz, seu pedido de reparação será acolhido. O magistrado presumirá que a situação contrafatual seria a aprovação e que tal situação não se produziu em razão do fato imputável ao réu. Por outro lado, a conclusão inversa é igualmente possível. Constatando que o candidato não estava se preparando para o exame, o juiz pode concluir que sua reprovação era inevitável, não havendo assim qualquer motivo para conceder-lhe o direito à reparação[51].

A presunção serve como um artifício para resolver o acaso inerente às hipóteses de perda de chance. A despeito de sua percepção limitada sobre a realidade, o juiz pode, com a ajuda das presunções, determinar qual seria o resultado da álea em jogo, eliminando a incerteza contrafatual.

83. Sem dúvida, o método em questão é bastante conveniente. Ele ataca diretamente o cerne do problema – a incerteza contrafatual –, neutralizando de uma só vez as dificuldades relativas à certeza do prejuízo e à constatação de um nexo causal. Ou o juiz presume que, sem o fato do réu, o demandante obteria a vantagem aleatória desejada, constatando, por consequência, que a não realização desse resultado é um prejuízo certo sofrido pela vítima e causado pelo réu; ou o juiz presume o contrário, o que implica que o ato em questão não deu ensejo a qualquer prejuízo. A incerteza contrafatual é assim desfeita – ao menos no plano jurídico – com o auxílio de uma técnica legalmente consagrada. A regra da reparação torna a ser aplicável ao litígio em questão.

A técnica da presunção de fato mostra-se bem adaptada a esse tipo de problema[52]. O método é normalmente aplicado nos casos em que a prova direta de um fato é de difícil, quer de impossível, realização[53]. É nesse tipo de situação que se concede ao litigante o benefício da prova indireta. O objeto da prova é então deslocado, de forma que esse ônus será considerado debelado se o litigante produzir meras provas indiretas de suas alegações. Ora, o demandante que se queixa da lesão a um interesse aleatório encontra-se, precisamente, diante de um dilema dessa

---

[51] Para uma observação sobre a aplicação dessa técnica no Direito suíço, v. o comentário de Philippe Schweizer em O. Guillod (dir.). *Développements récents du Droit de la responsabilité civile*. Zurique: Schulthess, 1991, p. 154 e s.

[52] Para uma defesa do emprego das presunções nos casos de perda de chance na área médica, v. R. Savatier, *Une faute peut-elle engendrer la responsabilité d'un dommage sans l'avoir causé?*, op. cit.; J. Penneau, *La responsabilité médicale*, op. cit., n° 10 e s., p. 114-123, e *La responsabilité du médecin*, op. cit., p. 31-36.

[53] F. Terré, *Introduction générale au Droit*, op. cit., n° 494, p. 521.

90 RESPONSABILIDADE CIVIL PELA PERDA DE UMA CHANCE

espécie. Em razão do fato imputável ao réu, ele jamais poderá fornecer uma prova cabal de que teria obtido a vantagem aleatória desejada. Não poderíamos então conceder-lhe o benefício da prova por presunções, permitindo que ele demonstre o fato controverso por meio das probabilidades? Nada mais justo.

Na medida em que se fundamentam sobre juízos de probabilidade[54], as presunções se ajustam perfeitamente aos casos de perda de chance. Nesses tipos de situação, os únicos elementos que podem auxiliar o juiz são as probabilidades de ganho das quais gozava a vítima antes da lesão sofrida.

84. A técnica das presunções não se presta, porém, ao papel de panaceia das incertezas. Note-se que a adoção de presunções só é possível quando há elementos suficientemente precisos e concordantes, que demonstrem a verossimilhança do fato presumido. Ora, tal convergência nem sempre pode ser obtida a partir dos elementos do litígio, impedindo assim que o juiz se valha das presunções para resolver a álea. Nesses casos, o magistrado se vê impossibilitado de afirmar que a vítima teria obtido a vantagem desejada, mas também não pode asseverar o contrário. Toda decisão categórica de sua parte pareceria demasiadamente arbitrária.

A situação contrafatual somente poderá ser presumida quando as probabilidades de realização do evento favorável forem excepcionalmente grandes, a tal ponto que poderíamos, sem recorrer a adivinhações, considerar a vantagem como certa; ou, na hipótese inversa, quando as chances da vítima eram tão pequenas, podendo assim ser ignoradas. Nos dois casos, os elementos fornecidos indicam que o acaso se resolveria em um sentido específico, que poderá ser seguido pelo juiz quando da resolução do conflito.

85. Um litígio peculiar, apreciado pelo Corte de Apelação de Paris em 15 de março de 1937[55], é um excelente exemplo desse tipo de situação. Conta o julgado que os consortes Peyègne, autores da ação, praticavam já havia algum tempo, atividades de especulação mobiliária na bolsa de Paris. Em sua ação, os autores acusavam um banco francês de tê-los impedido de continuar a especular, em razão das recentes perdas experimentadas pelo casal, a despeito das garantias suplementares oferecidas por eles, suficientes para cobrir os prejuízos até então contabilizados. Qual fora a época dessa liquidação culposa promovida pelo banco? O outubro negro de 1929! Considerando a tendência catastrófica da bolsa naqueles dias, os juízes puderam presumir que, mesmo que o banco não tivesse

---

[54] J. GHESTIN, G. GOUBEAUX e M. FABRE-MAGNAN, *Traité de Droit civil: Introduction générale*, op. cit., n° 717, p. 701.

[55] CA Paris 3ª Câm., 15 mar. 1937, *Gaz. Pal. 1937*, I, p. 956.

PERDA DE UMA CHANCE: A CONSTRUÇÃO DA TÉCNICA   91

agido de forma negligente, "a liquidação das atividades seria de qualquer modo imposta [ao casal], e não se pode considerar que ela [a liquidação hipotética] seria mais favorável aos consortes Peyègne". A demanda foi assim rejeitada, ante a ausência de um prejuízo certo.

Alguns julgados recentemente proferidos no campo da responsabilidade médica adotam o mesmo raciocínio, especialmente quando há uma forte ligação entre o erro cometido pelo profissional e o prejuízo sofrido pelo paciente[56]. Em tais casos, os juízes podem concluir que a vítima teria se curado não fosse pela culpa médica. Em sentido oposto, mas partindo dos mesmos pressupostos, a Corte de Cassação por vezes presume a inexistência de prejuízos nos casos em que os médicos são processados por terem faltado com seu dever de informação, deixando de advertir seus pacientes sobre os riscos inerentes à operação a que seriam submetidos. Com base no estado de saúde do paciente ou no caráter indispensável da intervenção realizada, os juízes consideram que vítima teria de todo modo consentido com o tratamento, ainda que devidamente informada sobre os riscos em questão[57].

86. Na maioria dos casos de perda de chance, porém, esses elementos concordantes não podem ser encontrados, tornando a álea inatacável por meio de presunções. Tomemos o caso envolvendo o sr. Chaufettau, escritor que culposamente foi privado das chances de concorrer a um prêmio literário[58]. Por certo, a existência de seis outros concorrentes nos inclina à conclusão de que a derrota era mais provável que a vitória. Mas nenhum outro indício permitiria ir além dessa constatação. Os juízes jamais podem afirmar que ele não ganharia o prêmio, pois tal constatação seria vista como arbitrária.

O emprego de presunções mostra-se um método demasiadamente artificial como solução às incertezas contrafatuais. O principal problema dessa técnica é que ela incentiva os juízes a desfazer o acaso, o que somente pode ser empreendido quando estes lançam mão de sua fantasia e autoritarismo. O magistrado está realmente em posição de afirmar qual seria a opinião do júri literário? Pode ele descartar a vitória do cavalo, sem que a competição tenha ocorrido? Poderia o juiz afirmar que o paciente estaria curado, quando a própria ciência médica jamais ousaria

---

[56] Civ. 1ª, 1º jun. 1976, *JCP 1976*, II, 18482, nota R. Savatier; Civ. 1ª, 20 fev. 1979, *JCP 1979*, IV, p. 145; Civ. 1ª, 13 nov. 2008, *JCP 2008*, II, 10030, nota P. Sargos.

[57] Civ. 1ª, 7 out. 1998, *RTD Civ. 1999*, p. 83, nota J. Mestre; Civ. 1ª, 13 nov. 2002, *RTD Civ. 2003*, p. 98, nota P. Jourdain; Civ. 1ª, 4 fev. 2003, *D. 2004*, p. 600, nota J. Penneau; Civ. 1ª, 6 dez. 2007, *Gaz. Pal. 2008*, n° 283, p. 34 nota A. Duballet.

[58] Trib. Civ. la Seine 1ª Câm., 16 dez. 1963, *Gaz. Pal. 1954*, 1, p. 80.

fazê-lo? Pela via das presunções o juiz, em vez de admitir sua incerteza, elimina-a do plano jurídico, ofertando sua resposta à questão quimérica: "qual seria o resultado da chance perdida?". Trata-se de uma missão evidentemente sobre-humana, que não seria enfrentada com naturalidade senão pelas mentes mais arrogantes[59].

Em suma, a técnica da presunção da situação contrafatual pode efetivamente resolver alguns casos de perda de chances. Mas não todos. O mais das vezes, não há indícios suficientemente fortes e concordantes para que o juiz admita uma presunção, nem no sentido da suposta obtenção da vantagem nem no sentido contrário. O acaso não poderá ser neutralizado por esse método.

87. Qual seria então o critério, ou, mais precisamente, o "valor mínimo" de probabilidades que permitiria ao juiz empregar validamente a técnica das presunções de fato? Na verdade, nenhum valor mínimo pode ser previamente estabelecido.

Não há, com efeito, uma diferença de natureza entre os casos de perda de uma chance que comportam a técnica de presunções e os casos que não a comportam. Trata-se apenas de uma questão de prudência do magistrado acerca da verossimilhança da situação presumida: para poder presumir a situação contrafatual, os juízes devem se pautar em elementos suficientemente precisos e concordantes, de modo que essa presunção se mostre uma solução natural. As presunções não devem servir de subterfúgio ao arbítrio do magistrado, fruto de seus sentimentos pessoais sobre qual seria o desenrolar do acaso.

Para presumir, o juiz deve, então, debelar um forte ônus argumentativo, demonstrando que o resultado presumido emana espontaneamente dos indícios presentes no litígio. Do contrário, qualquer tentativa de deslindar a álea seria artificial e autoritária.

Em razão de suas limitações, a técnica da presunção da situação contrafatual não pode ser aplicada a todo e qualquer caso de perda de chance. A abrangência da técnica é, assim, restrita a alguns casos. Con-

---

[59] G.M. Hironaka critica, justamente, a falibilidade do instituto das presunções: "quando o juiz ou as partes trabalham com presunções comuns para extrair de um fato conhecido outro desconhecido, mas provável, as possibilidades de erro se multiplicam. Na medida em que, agora, o julgador deve não só conhecer e apreender os fatos sensíveis e as provas carreadas, valorá-los e emitir juízos acerca desses fatos; deve também, e principalmente, proceder a uma atividade intelectiva mais aprofundada para determinar se, logicamente, podem esses fatos provados e conhecidos, ainda que de forma perfunctória, encontrar o elo com aqueles outros fatos que quer ou deve saber, mas dos quais não dispõe mais do que poucos elementos, às vezes nenhum". *Responsabilidade pressuposta*, op. cit., p. 257.

PERDA DE UMA CHANCE: A CONSTRUÇÃO DA TÉCNICA

tudo, há um campo no qual, durante algum tempo, a Corte de Cassação impôs a técnica das presunções às jurisdições inferiores. Afirmava a alta Corte que esse seria o único método capaz de resolver validamente os dilemas da perda de chance. Trata-se do campo da responsabilidade dos profissionais de justiça.

§ 2 – A presunção de fato aplicada aos casos de perda de chance jurisdicional

88. A hipótese é clássica: em razão da perda de um prazo processual ou de outro erro praticado pelo advogado ou pelo *huissier*[60] durante o curso do processo, a apelação, ou então o recurso extraordinário, não pode ser conhecido pelo juízo *ad quem*. Insatisfeito, o cliente propõe uma nova ação, dessa vez contra seu antigo patrono, responsável pelo erro. Temos então um caso de perda de chances: o cliente sofreu lesão a um interesse aleatório, qual seja, o interesse sobre o resultado do processo, deixando o juiz perante uma incerteza contrafatual – qual teria sido o resultado desse processo? Mais uma vez, essa incerteza deve ser superada.

A análise dos julgados proferidos durante o século XIX revela que a jurisprudência contornava esse problema empregando o método das presunções[61]. Ao julgar a ação movida pelo cliente contra o profissional de justiça, os juízes examinavam o mérito do processo injustamente interrompido por este. Se eles estimassem que o cliente teria obtido ganho de causa naquele processo, então o profissional de justiça estaria obrigado a reparar a perda da ação – o valor da condenação incorrida pelo cliente, ou o valor da prestação que esse cliente procurava obter pela via jurisdicional. Por outro lado, nenhuma indenização seria devida pelo advogado ou pelo *huissier*[62] se, de acordo com a opinião dos magistrados,

---

[60] Para uma definição de *huissier*, v. nota 12, nº 17, *supra*. Ressaltamos novamente que o *huissier* é o equivalente francês de nosso "oficial de justiça". Porém, ao contrário deste, o *huissier* não é um funcionário público, mais sim um profissional liberal privado, contratado diretamente pela parte interessada – tal como um advogado, por exemplo. Por isso, seu cliente é considerado responsável pelas falhas cometidas pelo *huissier* que agiu em seu nome.

[61] Sobre esse método, o julgado mais antigo a que tivemos acesso foi proferido em 1875 pela Corte de Apelação de Grenoble – CA Grenoble, 25 jun. 1875, *D. 1876*, II, p. 147. Há, porém, citações convergentes a um julgado mais antigo, da Corte de Apelação de Caen, do ano de 1864: CA Caen, 16 mar. 1864, *S. 1865*, II, 213.

[62] Em alguns julgados, os juízes condenaram o advogado ou o *huissier* a devolver ao cliente apenas os honorários e despesas processuais incorridos por esse com o ato declarado nulo: CA Bordeaux, 18 jun. 1886, *D. 1888*, II, p. 189; CA Riom, 30 dez.

94 RESPONSABILIDADE CIVIL PELA PERDA DE UMA CHANCE

os pedidos pretendidos pelo cliente no primeiro processo não tivessem sido acolhidos em sede de recurso[63].

89. Esse método de presunções, amplamente adotado pelas cortes de apelação[64], foi consagrado em um acórdão proferido em 17 de julho de 1889 pela *Chambre de requêtes* da Corte de Cassação. No caso, a Caixa Comercial de Limoges requeria que o *huissier* Rives, seu antigo mandatário, fosse condenado a repará-la, em razão da falha cometida por ele quando da realização de uma intimação. O erro do *huissier* havia tornado nula uma apelação interposta pela empresa – apelação essa que buscava reverter uma condenação proferida em primeiro grau contra a Caixa, em uma ação envolvendo essa empresa e um antigo funcionário, o sr. Sigé. A Corte de Cassação rejeitou a demanda da Caixa contra o *huissier* Rives, considerando que a decisão favorável a Sigé seria, de todo modo, confirmada em segunda instância[65]:

> Considerando que a Caixa Comercial formulou, perante a Corte de Apelação, um pedido contra o *huissier* Rives, requerendo a sua condenação caso a apelação viesse a ser declarada nula; que essa sociedade não pode reverter a decisão proferida pela Corte de Apelação em sua ação; e que a decisão a sobre a responsabilidade do *huissier* depende necessariamente do resultado que seria obtido na apelação; que a Corte de Apelação não poderia fazer outra coisa senão examinar qual teria sido o mérito desta apelação; que esse exame foi realizado conforme o art. 7 da lei de 20 de

---

1890, *D. 1892,* II, p. 227; CA Paris 1ª Câm., 11 jan. 1895, *D. 1895*, II, p. 489; CA Nancy 1ª Câm., 6 fev. 1909, *Gaz. Pal. 1909*, II, p. 440.

[63] No Brasil, esse método que condiciona a responsabilidade do advogado à reconstituição hipotética do julgamento foi defendido por S. NOVAIS DIAS: "Faz-se como que uma encenação do julgamento que não houve, ou melhor, de como teria sido o julgamento, se tivesse havido recurso". *Responsabilidade civil do advogado: perda de uma chance.* São Paulo: LTr, 1999, p. 75.

[64] CA Grenoble, 25 jun. 1875, *D. 1876*, II, p. 147; CA Besançon, 23 fev. 1880, *D. 1880,* II, 225; CA Limoges, 10 fev. 1888, *D. 1889*, II, 261; CA Bordeaux, 18 jun. 1886, *D. 1888*, II, p. 189; CA Bourges, 15 abr. 1889, *D. 1891*, II, p. 43

[65] V. o acórdão da Corte de Apelação de Limoges, que estava sendo questionado perante a Corte de Cassação: CA Limoges, 10 fev. 1888, *D. 1889*, II, p. 261: "Sobre os argumentos de Loze [diretor da Caixa Comercial], que requeria que Rives o indenizasse de qualquer condenação que fosse imputada a ele, principal e acessórios: – Considerando que, para resolver esta questão, é necessário inquirir se, por meio de uma apelação válida, o julgamento teria ou não sido reformado, pois, em caso a afirmativo Rives deve a indenização requerida e em caso negativo ele não a deve; – Considerando que a fundamentação empregada pelos primeiros juízes [que tinham condenado a Caixa Comercial na ação proposta por Sigé] é válida e que sua adoção é de rigor". Em suma, considerando que a sentença não seria reformada, a Corte de Apelação constatou que não havia qualquer prejuízo experimentado pela Caixa.

abril 1810, visto que, em seu acórdão, a Corte de Apelação, depois de ter reconhecido que a sentença proferida pelo Tribunal Civil de Limoges [primeira instância] estava legalmente fundamentada, deu à sua decisão uma justificação minuciosa; que concluiu-se, a partir da motivos apresentados e devidamente justificados, que o prejuízo de 9.000 francos sofrido por Sigé, que movia ação de reparação contra a Caixa, foi provocado por culpa grave inteiramente imputável a essa sociedade; disto resulta que ao declarar que não haveria nenhuma razão para reformar a sentença de primeira instância, o acórdão ora atacado não violou quaisquer regras legais, nem mesmos os arts. 1382 e 1383 do Código Civil. [...] Rejeita-se o recurso[66].

Curiosamente, muitos autores consideram que esse é o primeiro acórdão em que a Corte de Cassação teria adotado a técnica da reparação de chances[67]. Em nosso ver, tal conclusão é absurda: no caso em questão, a reparação de chances jamais foi aventada por qualquer dos envolvidos; nem pelas partes nem pelos juízes. De um lado, a Caixa exigia que o *huissier* a indenizasse "de todo o valor da condenação". Demandava, portanto, a reparação da própria vantagem aleatória não obtida, e não a reparação das chances de obtê-la. De outro lado, tanto a Corte de Cassação quanto a Corte de Apelação de Limoges buscaram determinar se Rives era ou não responsável pela condenação pronunciada contra a Caixa, estabelecendo qual teria sido o resultado da apelação, caso o *huissier* não tivesse incorrido em erro. Ou seja, os juízes empregaram o método das presunções, e não o da reparação de chances. Se Rives fosse declarado responsável, ele teria então de reembolsar os 9 mil francos pagos pela Caixa a Sigé. Vê-se, pois, que não era a reparação de chances que estava em jogo, mas a reparação da própria vantagem aleatória desejada.

Em segundo lugar, é de se ressaltar que, no caso em tela, *nenhuma* indenização foi concedida à vítima, nem mesmo em razão da chance perdida. É que no acórdão relatado, a Corte de Cassação apenas confirmou a decisão proferida pela Corte de Limoges[68], que, por sua vez, presumiu que a apelação da Caixa teria sido de todo modo rejeitada. Em suma, a demanda da Caixa contra o profissional faltoso foi inteiramente denegada pelo judiciário francês: considerou-se que a apelação estava fadada ao fracasso e que por isso o erro do *huissier* não teria causado

---

[66] Req., 17 jul. 1889, *S. 1891*, I, p. 399.

[67] J. Boré, "L'Indemnisation pour les chances perdues: une forme d'appréciation quantitative de la causalité d'un fait dommageable", op. cit., n° 3; Y. Chartier, *La réparation du préjudice dans la responsabilité civile*, op. cit., n° 23, p. 33; G. Viney e P. Jourdain, *Traité de Droit civil: les conditions de la responsabilité*, op. cit., n° 280, p. 92.

[68] Ver os termos dessa decisão na nota 65, *supra*.

96 RESPONSABILIDADE CIVIL PELA PERDA DE UMA CHANCE

prejuízos de qualquer espécie ao seu cliente. Não há, portanto, qualquer razão para declarar esse acórdão como o *leading case* francês acerca da reparação de chances[69].

Menos de um ano mais tarde, a Câmara Civil consolidaria esse posicionamento, declarando que todo caso de perda de chance jurisdicional deveria ser necessariamente resolvido pela via das presunções[70]. No caso em questão, o dr. Gayda, advogado [*avoué*[71]], havia se esquecido de incluir entre os pedidos formulados por sua cliente, a sra. Coste, a cobrança de um crédito acessório equivalente a 558,43 francos. Os juízes de segundo grau declararam que o profissional estava obrigado a indenizar esse valor à sra. Coste "sem que seja necessário examinar se o pedido formulado pela sra. Coste seria ou não acolhido", visto que "é inegável que, em razão da conduta culposa do dr. Gayda, a sra. Coste foi privada do direito de exigir seu crédito". A Corte de Cassação, porém, reformou essa decisão, considerando que "seria necessário, para justificar a condenação [do dr. Gayda] às perdas e danos, que o tribunal verificasse se o pedido que fora omitido por culpa do advogado [*avoué*] poderia resultar em uma demanda jurisdicional útil, e que o tribunal afirmasse a utilidade dessa demanda. [...] Por esses motivos, cassa-se o acórdão".

Em outras palavras, a Corte de Cassação impunha a presunção da situação contrafatual como a única solução aplicável aos casos de lesão a interesses aleatórios legados a demandas jurisdicionais[72]. Para resolver

---

[69] Em nosso ver, esse equívoco cometido pela doutrina francesa, que considera o acórdão de 1889 como o primeiro julgado sobre a perda de chance, decorre de dois fatores: em primeiro lugar, da redação lacônica e pouco clara dada ao julgado. O teor da decisão da Corte de Cassação só pode ser compreendido a partir da leitura do acórdão de segunda instância, que foi então confirmado pela alta Corte (CA Limoges, 10 fev. 1888, *D. 1889*, II, p. 261). Em segundo lugar, em razão da irreponsável prática da citação indireta (por vezes, nem mesmo explicitada com a menção *apud*), que permite que esse tipo de equívoco seja perpetuado.

[70] Civ., 26 nov. 1890, *D. 1891,* I, p. 18.

[71] Para uma definição de *avoué*, v. nota 19, n° 71, *supra*. Trata-se, como vimos, de um patrono do jurisdicionado, cuja função é representá-lo perante os tribunais de apelação.

[72] Além dos julgados de 1889 e de 1890, a Corte confirmaria esse entendimento em dois outros acórdãos: Req., 30 jun. 1902, *S. 1907*, I, p. 434, *D. 1903*, I, p. 569, *Gaz. Pal. 1902*, II, p. 279; Civ., 27 mar. 1911, *D. 1914*, I, p. 225, nota H. LALOU; *S. 1914*, I, p. 137. O julgado de 1902 continha a seguinte redação: "Considerando que, depois de declarar nula, em razão da negligência do *huissier* C..., a apelação que ele havia interposto a pedido do sr. Poulain, a Corte de Rennes pôde legalmente rejeitar a ação de reparação proposta diretamente perante ela contra o referido oficial de justiça, argumentando que ela teria rejeitado o recurso se não o tivesse anulado em razão de seu defeito formal, e que, por consequência, a nulidade em questão não causou ao apelante qualquer tipo de prejuízo; que de um lado, com efeito, a negligência

o dilema, os juízes de primeiro e segundo graus estavam obrigados a determinar qual seria o resultado do processo atingido pelo erro do profissional de justiça.

90. Como poderíamos explicar esse dever sistemático de adotar presunções se, como vimos há pouco, uma presunção somente pode ser aplicada nos poucos casos em que os indícios são suficientemente precisos e concordantes para tanto? Haveria realmente, em todos os casos de perda de chance jurisdicional, indícios fortes, a ponto de justificar o emprego de presunções?

O caráter subjetivo da álea pode nos ajudar a compreender esse paradoxo.

Tal como demonstramos, a álea não é um objeto que existe em si. A álea jamais representa o atributo de um fenômeno, mas uma situação (a ausência de conhecimentos) que atinge o indivíduo que observa esse fenômeno. Um evento somente será aleatório na medida em que alguns dos elementos desse fenômeno estão além dos conhecimentos do indivíduo em questão. É possível, portanto, que um mesmo fato seja aleatório para um indivíduo (que não detém determinada informação), mas seja certo para outro indivíduo (que possui a informação em questão). A álea é, por assim dizer, subjetiva[73].

Retomemos um exemplo para esclarecer melhor esse ponto: três amigos, A, B e C, decidem apostar sobre o resultado de um dado. O objeto é lançado em uma caixa opaca, sem que qualquer dos participantes possa enxergar qual foi a face sorteada. É evidente que esse resultado é aleatório para A, B e C. Acrescentemos um problema: C trapaceia, e olha o resultado do dado sem que os demais participantes o notem. A situação descrita muda completamente de figura. Para A e B o resultado continua a ser aleatório, mas não para C. Para este último, o resultado é certo, visto que ele dispõe de uma informação *a mais* em relação aos seus adversários.

91. Partindo dessa observação, podemos compreender o motivo pelo qual os tribunais podiam adotar, sempre, a técnica de presunções nos casos de perda de chance jurisdicional: um processo judicial é um evento

---

constatada somente ensejaria a responsabilidade do réu caso tivesse provocado um dano; que, de outro, cabia aos juízes de instância inferior apreciar soberanamente a existência ou não existência do prejuízo, e que, como a referida decisão dependia necessariamente do resultado que a apelação poderia produzir, eles estavam assim obrigados a apreciar o mérito desta apelação".

[73] J.M. KEYNES, "O que sabemos e qual probabilidade pode ser imputada às nossas crenças racionais é, portanto, algo subjetivo, no sentido de que é algo relativo ao indivíduo". *A Treatise on Probability*, op. cit., p.18. *Comp.* I. VACARIE, "La perte d'une chance", op. cit, p. 904.

98 RESPONSABILIDADE CIVIL PELA PERDA DE UMA CHANCE

aleatório para todos os indivíduos, salvo... para aqueles que devem decidi-
-lo. A informação faltante – a infelicidade de todo jurisdicionado – é a
opinião do juiz perante suas alegações e aquelas de seu adversário. Ora,
para os juízes do processo em questão esse fato não é duvidoso. Eles
controlam essa incerteza[74].

É por essa razão – e eis aí a peculiaridade de maior relevância no
que tange à jurisprudência da época – que o *huissier* ou o advogado
culposo era sempre julgado diretamente perante o órgão da Corte de
Apelação, que seria, em princípio, competente para apreciar o recurso
comprometido por esse profissional[75]. Conforme a praxe consolidada
a partir da segunda metade do século XIX, os jurisdicionados que se
sentissem prejudicados pela má atuação de seus mandatários deveriam
tão somente peticionar junto à respectiva Corte, requisitando que, caso o
tribunal não recebesse seu recurso, que então decidisse *de plano* sobre a
responsabilidade do profissional em questão. Em suma, por via de uma
simples petição, o cliente aditava seu recurso, acrescentando seu antigo
advogado como parte passiva alternativa na demanda.

Tratava-se de uma óbvia deturpação – não dissimulada[76] – das regras
de processo civil, realizada pela jurisprudência daquele tempo. Visto que

---

[74] Y. CHARTIER, *La réparation du préjudice dans la responsabilité civile*, op. cit., n° 23, p. 33.

[75] Essa faculdade de processar o profissional negligente diretamente perante o juízo de segundo grau está fortemente documentada. Podem-se encontrar com facilidade, nos compêndios jurisprudenciais do final do século XIX, diversos acórdãos proferidos por Cortes de apelação que afirmam expressamente essa possibilidade: CA Grenoble, 25 jun. 1875, *D. 1876*, II, p. 147; CA Besançon, 23 fev. 1880, *D. 1880,* II, 225; CA Limoges, 10 fev. 1888, *D. 1889*, II, 261; CA Bordeaux, 18 jun. 1886, *D. 1888*, II, p. 189; CA Bourges, 15 abr. 1889, *D. 1891*, II, p. 43; CA Riom, 30 dez. 1890, *D. 1892,* II, p. 227; CA Riom, 8 mar. 1897, *S. 1897*, II, p. 97; CA Nancy 1ª Câm., 6 fev. 1909, *Gaz. Pal. 1909*, II, p. 440. Alguns acórdãos afirmam que o profissional negligente fora chamado "em garantia" perante a Corte de apelação, por ocasião do julgamento da nulidade do recurso de seu cliente.

[76] A solução – de legalidade duvidosa – foi assim justificada em uma nota anônima: "Ao demandar desse modo perdas e danos contra *huissier* em razão de sua negligência na execução de seu mandato, o cliente poderia então formular seu pedido diretamente na Corte de apelação, tratando-se de uma irregularidade cometida durante o procedimento perante essa Corte, como, por exemplo, uma nulidade no ato do apelo? A lei nada previu sobre o assunto e, assim, os princípios do direito comum parecem indicar a solução contrária; o *huissier* não poderia ser privado, ainda menos contra a sua vontade, do primeiro grau de jurisdição, e se ele é processado diretamente perante a Corte de apelação, ele terá o direito de requerer o reenvio da questão ao tribunal de primeira instância. Disso resultará, sem dúvida, uma situação um tanto estranha: ela ocorrerá todas as vezes que o tribunal de primeira instância que analisará a demanda de responsabilidade contra o *huissier* for precisamente (e essa será a situação mais

PERDA DE UMA CHANCE: A CONSTRUÇÃO DA TÉCNICA 99

o julgamento ocorreria diretamente na segunda instância jurisdicional, esse método privava, sem qualquer fundamento legal, o advogado, ou o *huissier*, de seu direito ao duplo grau de jurisdição.

Mas foi em razão desse artifício processual que a jurisprudência pôde contornar a álea dos casos de perda de chance jurisdicional. Nenhuma dúvida pesaria sobre o magistrado que julgava o profissional culposo, pois esse mesmo juiz seria competente para julgar o recurso entravado pelo profissional. O resultado desse hipotético apelo poderia então ser presumido, sem que tal presunção parecesse arbitrária.

Em resumo, sob a coberta da responsabilização do profissional de justiça, os magistrados apreciavam na verdade o próprio recurso anterior-mente não conhecido[77]. Ocorria uma simples substituição no polo passivo da demanda, na medida em que o mandatário culpado tomava o lugar do antigo adversário de seu cliente[78].

92. Esse regramento bem consolidado – o julgamento do profissional pela jurisdição que seria normalmente competente para julgar o recurso obstado, somado ao dever dos juízes de decidir qual teria sido o resultado do processo hipotético – foi posto em xeque em 27 de março de 1911[79]. Nessa data, a Corte de Cassação alterou o entendimento que até então adotava: de um lado, ela manteve sua posição sobre o dever, imposto aos juízes de grau inferior, de empregar o método das presunções como forma de resolver os casos de perda de chance jurisdicional. Mais uma vez, os ministros da Corte superior declararam que o profissional – no caso, um *huissier* – somente estaria obrigado a indenizar seu antigo cliente se os

---

frequente) aquele que proferiu a decisão atacada. Esse tribunal somente poderá conde-nar o *hussier* a pagar perdas e danos em favor de seu cliente caso for provado que a negligência do *huissier* causou um prejuízo ao seu cliente; é o que ocorreria todas as vezes em que a decisão dos primeiros juízes teria sido reformada, se o procedimento de apelação tivesse seguido seu curso normal. Os juízes terão então de verificar se sua própria decisão teria sido reformada em sede de apelação, uma questão de certo modo insolúvel. É precisamente por esse motivo que propõe-se geralmente, a despeito da inexistência de qualquer lei sobre esse tema, que a competência para o julgamento desta ação é da própria Corte de Apelação, suprimindo-se em tais casos o primeiro grau de jurisdição". CA Limoges, 10 fev. 1888, *D. 1889*, II, 261. Um ano mais tarde, o julgado comentado seria confirmado pela Corte de Cassação: Req., 17 jul. 1889, *S. 1891*, 1, p. 399.

[77] Y. CHARTIER, *La réparation du préjudice dans la responsabilité civile*, op. cit., n° 23, p. 33-34.

[78] Afirma-se que essa técnica poderia resultar em coisas julgadas contraditórias: a apelação é considerada nula, mas o recurso é apreciado para que seja aquilatada a responsabilidade do profissional negligente. *Idem, loc. cit.*

[79] Civ., 27 mar. 1911, *D. 1914*, I, p. 225, nota H. LALOU, *S. 1914*, I, p. 137.

juízes estimassem que a demanda por ele embaraçada seria reformada em sede de recurso. Porém, a Corte passou a entender que o profissional de justiça não poderia ser processado diretamente perante o tribunal de segunda instância: "Considerando que, nos termos do art. 73 do decreto de 14 de junho de 1813, toda condenação de um *huissier*, seja ao pagamento de uma multa, seja à restituição ou ao pagamento de perdas e danos, em razão de atos relativos à sua função, deve ser proferida pelo tribunal de primeira instância do foro de sua residência, [...] foi então de maneira correta e legal que a decisão ora recorrida, depois de ter permitido a intervenção do *huissier* Montrochet para que pudesse rebater a alegação de nulidade do ato de intimação realizado por ele, e depois de ter declarado a nulidade do referido ato, decidiu que não poderia conhecer do pedido de responsabilização formulado contra o *huissier*". Doravante, o cliente prejudicado deveria propor outra ação, em primeira instância, dirigida contra seu antigo patrono[80].

93. O problema é que esse novo entendimento da Corte de Cassação colocou os juízes de primeiro grau em uma posição desconfortável. Como poderiam eles afirmar, com toda a certeza, qual teria sido a decisão da Corte de Apelação – ou ainda, da Corte de Cassação? Os juízes de primeira instância teriam competência para "reformar virtualmente" uma sentença ou mesmo um acórdão? A cessação de um embaraço processual marcou o início de um embaraço prático.

Além do problema hierarquia entre as instâncias[81], qualquer tipo de decisão desta espécie constituiria um verdadeiro exercício de adivinhação do juiz de primeiro grau. Salvo alguns casos de solução evidente, não se pode ignorar a álea jurisdicional, que acomete todo e qualquer processo. E o que ocorreria se mesmos juízes que proferiram uma decisão, da qual não se pôde recorrer em razão do erro do advogado, forem, ato contínuo, instados a julgar o litígio entre este advogado e seu cliente? Poderíamos realmente constranger estes magistrados a verificar se sua própria decisão seria ou não reformada em sede de apelo?

É por essa razão que o método de presunções foi pouco a pouco deixado de lado, dando lugar a outras técnicas igualmente capazes se solucionar os casos de perda de chance jurisdicional. Nesse sentido, em

---

[80] H. LALOU resumiu assim a decisão: "Um juízo de segunda instância não pode examinar o mérito do litígio se a apelação é declarada nula: trata-se de uma regra que decorre de uma razão bem simples, pois, se a apelação é nula, é porque o juízo de segunda instância não foi devidamente provocado", nota ao acórdão *supra*.

[81] CA Paris 1ª Câm., 10 nov. 1937, *JCP 1937*, II, 460, nota J. LOUP; *Comp:* H. MAZEAUD, J. MAZEAUD, L. MAZEAUD e F. CHABAS, *Obligations: théorie générale*, op. cit., n° 219, p. 278.

3 de março de 1932 a Corte de Apelação de Aix[82] confirmou a sentença proferida em primeiro grau, na qual o Tribunal de Civil de Nice se afastava da tradicional técnica das presunções. No caso, um advogado e um *huissier* haviam deixado transcorrer *in albis* o prazo para a interposição de um recurso. O cliente prejudicado moveu então uma nova ação contra seus dois mandatários. Em sua decisão, os juízes de primeiro grau declaram que "não cabe ao tribunal [de primeiro grau] fazer as vezes de um tribunal superior, apreciando se a Corte teria reformado ou mantido a sentença proferida", e que, por consequência, "o problema deve ser analisado independentemente da decisão de primeira instância e das modificações que poderiam ser feitas em sede de apelação". Por fim, o tribunal condenou os dois réus a reparar "um prejuízo moral" sofrido pelo jurisdicionado em razão da privação de seu direito de apelar[83].

O mesmo dilema foi enfrentado em 19 de outubro de 1938 pela Corte de Apelação de Limoges, em razão de uma ação movida contra um advogado [*avoué*] que havia privado seu cliente do direito de interpor recurso extraordinário contra uma decisão desfavorável. Os juízes de primeiro grau haviam denegado o pedido de reparação, considerando que era "absolutamente impossível encontrar qualquer motivo que ensejasse a propositura de um recurso perante a Corte de Cassação". A Corte de Apelação de Limoges reformou a referida decisão, afirmando que "esse exame e essa apreciação são de competência exclusiva da Corte suprema; que as regras de organização judicial não permitem que uma jurisdição qualquer, Corte ou Tribunal, se pronuncie sobre pontos controversos

---

[82] CA Aix, 3 mar. 1932, *JCP 1932*, I, p. 328 "Considerando que, sob esse ponto de vista, é evidente que os demandantes não produziram qualquer prova que prejuízo experimentado por eles corresponda efetivamente a essa soma [200 mil francos]; que não cabe ao tribunal [de primeiro grau] fazer as vezes de um tribunal superior, apreciando se a Corte teria reformado ou mantido a sentença proferida; [...] Que o problema deve ser analisado independentemente da decisão de primeira instância e das modificações que poderiam ser feitas em sede de apelação; que o prejuízo resulta não das probabilidades de sucesso da apelação, mas do simples fato que, em razão da negligência do *avoué* e do *huissier*, o casal Musso foi privado de duas faculdades legais indiscutíveis, o direito de apelar e o direito de interpor recurso extraordinário perante a Corte de Cassação; Considerando que, no caso, seria correto sancionar a conduta dos réus que causaram aos demandantes um prejuízo moral, evidentemente certo, que o valor desse prejuízo pode ser arbitrado com o auxílio dos elementos do caso, que seria correto fixá-lo no montante de 6 mil francos, que serão suportados em partes iguais por cada um desses réus; Por esses motivos, condena-se".

[83] V., contudo, julgado da Corte de Apelação de Paris, que reformou uma decisão idêntica àquela do Tribunal de Nice: CA Paris 1ª Câm., 13 abr. 1938, *JCP 1938*, II, 663, nota J. LOUP.

102 RESPONSABILIDADE CIVIL PELA PERDA DE UMA CHANCE

que não são de sua competência", concluindo, assim, que o demandante havia "sofrido um prejuízo que ensejaria seu direito à reparação" e que, enfim, "esse prejuízo existe independentemente das chances maiores ou menores [do demandante] de ter seu recurso apreciado pela Corte suprema e de obter a reforma da decisão"[84]. Desconcertada, a Corte de Apelação não nos revela, contudo, qual seria a natureza desse misterioso prejuízo... Um prejuízo moral? Uma lesão a um direito considerada em si um prejuízo?

94. A despeito dessas dificuldades, a técnica da presunção continua a ser empregada aos casos de perda de chance jurisdicional. Muitos julgados posteriores a acórdão de 1911[85] – alguns até relativamente recentes[86] – recorrem às presunções para determinar se a demanda embaraçada teria sido acolhida, eliminando assim a incerteza contrafatual. Mas hoje a técnica está relegada aos litígios em que os juízes de primeira instância possuem indícios suficientemente fortes, a ponto de poderem deduzir qual teria sido o resultado do processo indevidamente interrompido.

Nada obstante, o entendimento firmado em 1911 incentivou os juízes a lançar mão de outras técnicas, capazes de solucionar os problemas causados pela incerteza contrafatual. Comentando o referido julgado, Henri Lalou já se mostrava preocupado com a nova posição da jurisprudência: "a incompetência da Corte de Apelação para julgar a demanda proposta contra o *huissier* implica que o acolhimento ou não do recurso será apreciado por uma jurisdição de primeira instância, talvez até o mesmo tribunal que proferiu a sentença que seria combatida pela apelação interposta". Visionário, o jurista anuncia um método para contornar o problema: "a dificuldade a ser enfrentada pelo tribunal de primeira instância não está ligada diretamente ao provimento da apelação, mas sim à questão de determinar se o *huissier* causou, por sua culpa, um prejuízo ao apelante. Sem dúvida, para apreciar a responsabilidade do *huissier* o tribunal deverá examinar se a apelação tinha chances de ser acolhida"[87].

A técnica da reparação de chance seria desenvolvida pela jurisprudência nos anos que se seguiram.

---

[84] CA Limoges, 19 out. 1938, *JCP 1938*, II, 871, nota J. Loup.

[85] Trib. Civ. la Seine, 1ª Câm., 29 nov. 1928, *JCP 1929*, I, p. 535; CA Nancy, 28 fev. 1934, *S. 1934*, II, p. 237; CA Paris, 1ª Câm., 10 nov. 1937, *JCP 1937*, II, 460, nota J. Loup; *Gaz. Pal. 1937*, II, p. 928; CA Aix, 1ª Câm., 29 mar. 1938, *JCP 1938*, II, 650, nota J. Loup.

[86] Civ. 1ª, 18 out. 1978, *não publicado*, pourvoir n° 77-12.673; Ass. Plen., 3 jun. 1988, *RTD Civ. 1989*, p. 81, nota P. Jourdain; Civ. 1ª, 18 fev. 1997, *Bull. Civ. I*, n° 65, p. 41.

[87] Nota a Civ., 27 mar. 1911, *D. 1914*, 1, p. 225.

Seção 3 – Terceira solução: o deslocamento da reparação

95. A reparação das chances perdidas é um terceiro método capaz de resolver o problema da lesão a interesses aleatórios. Trata-se, como já afirmamos, de uma técnica de deslocamento da reparação: em vez de visar à vantagem aleatória desejada pela vítima – um prejuízo incerto e que não tem ligação causal com o ato do réu –, os juízes concedem a reparação de outro prejuízo, a saber, a chance que a vítima tinha de obter essa vantagem. Note-se que não se trata do mero reconhecimento de uma nova espécie de prejuízo. Há na realidade verdadeira substituição de um prejuízo por outro.

Essa substituição, contudo, não implica mudança quanto ao objeto do interesse protegido. É que estes dois interesses – sobre a vantagem e sobre as chances de obter essa vantagem – versam sobre um mesmo bem, qual seja, sobre a vantagem em questão. O que os diferencia é o grau de crença racional na obtenção dessa vantagem. Quando a reparação versa sobre o resultado aleatório desejado, a condenação será equivalente à obtenção certa daquele resultado; já quando a reparação versa sobre a chance de obter esse resultado, a condenação será equivalente à obtenção provável do mesmo resultado. A despeito do deslocamento operado pela reparação de chances, o objeto do interesse mantém-se o mesmo, havendo apenas a alteração quanto à sua intensidade. Até por isso, esses dois prejuízos jamais poderiam ser reparados ao mesmo tempo, visto que isso implicaria a dupla indenização do demandante.

O artifício permite que os juízes superem o problema da incerteza contrafatual, concedendo proteção jurídica aos interesses aleatórios da vítima. A chance é um elemento que desapareceu em razão do ato imputável ao réu[88], e, assim, essa perda pode fundamentar um pedido de reparação. O deslocamento da reparação contorna o acaso e identifica uma certeza em meio ao litígio, restituindo a norma da responsabilidade ao seu campo de aplicação.

96. Afirma-se correntemente que a técnica da reparação de chances é uma criação da jurisprudência francesa[89]. A afirmação é correta, mas carece de uma precisão: antes mesmo de ser consagrada pelos tribunais,

---

[88] CA Lyon, 1ª Câm., 17 nov. 1958, *Gaz. Pal. 1959*, I, p. 195

[89] J. Boré: "L'Indemnisation pour les chances perdues: une forme d'appréciation quantitative de la causalité d'un fait dommageable", op. cit., n° 3; F. Sallet, *La perte d'une chance dans la jurisprudence administrative relative à la responsabilité de la puissance publique*. Paris: LGDJ, 1994, p. 1; Y. Chartier, *La réparation du préjudice dans la responsabilité civile*, op. cit., n° 22, p. 32.

RESPONSABILIDADE CIVIL PELA PERDA DE UMA CHANCE

a doutrina havia antecipado, ainda que timidamente, o conceito que seria mais tarde adotado pelos juízes.

Com efeito, foi um autor, Henri Lalou, quem primeiro fez referência à reparação de chances. Já esboçada por ele em 1914[90], a ideia foi expressa de maneira mais nítida no *Recueil Dalloz* de 1920, em nota publicada por Lalou sobre um julgado datado de 29 de janeiro daquele ano. Na decisão comentada, o pai de uma criança falecida em um acidente demandava a indenização pelo prejuízo referente à "prestação alimentar" que seu filho lhe forneceria no futuro. O Tribunal Civil de Meaux rejeitou o pedido, afirmando "tratar-se de um prejuízo puramente eventual"[91]. A decisão foi criticada pelo eminente jurista:

> Uma transportadora entrega o cavalo após o fim da corrida da qual ele deveria participar; um *huissier* intima o apelado depois do prazo legal; em uma hasta pública, um *avoué* se esquece de fazer um lance em favor de seu cliente: poderíamos então afirmar que a transportadora, o *huissier* ou o *avoué* não devem perdas e danos porque o prejuízo alegado é eventual ou hipotético, visto que o proprietário do cavalo, os clientes do *huissier* ou do advogado não podem comprovar que, se o cavalo tivesse corrido, ele teria ganhado a corrida, se a apelação tivesse sido conhecida, a reforma seria obtida, e se o lance tivesse sido proposto, seu proponente adjudicaria o bem? Tal raciocínio está correto, mas não é peremptório. A verdade é que, em todas essas hipóteses, houve a privação de uma chance: a chance de ganhar a corrida, de reformar uma sentença e de se tornar adjudicatário; e essa privação é um dano atual. Igualmente, o responsável pelo acidente mortal priva atualmente os ascendentes da vítima direta da chance de obter, em um futuro mais ou menos próximo, a prestação alimentar da vítima[92].

Alguns anos mais tarde, em 1928, a nota seria incorporada à primeira edição da obra *La responsabilité civile*, do mesmo autor, sob o parágrafo de n° 146[93]. Os tribunais não haviam, até então, acolhido a tese da reparação

---

[90]   Em sua nota ao acórdão Civ., 27 mar. 1911, *D. 1914*, 1, p. 225.

[91]   "Considerando que Langelot, o pai, afirma ainda que, já idoso e em estado de saúde precário, ele poderia esperar que, num futuro mais ou menos remoto, seu filho lhe providenciaria a assistência alimentar legalmente prevista; mas considerando que, nesse ponto, trata-se de um prejuízo puramente eventual e por consequência incerto, que não pode servir de fundamento a uma ação de perdas e danos". O tribunal então isentou o réu da reparação desse prejuízo considerado eventual. Trib. Civ. Meaux, 29 jan. 1920, *D. 1920*, 1, p. 137, nota H. Lalou.

[92]   *Idem*, loc. cit.

[93]   *La responsabilité civile: principes élémentaires et applications pratiques.* Paris: Dalloz, 1928 – denominado *Traité pratique de la responsabilité civile* em edições subsequentes.

PERDA DE UMA CHANCE: A CONSTRUÇÃO DA TÉCNICA **105**

de chances[94]. Mas a técnica ganharia notoriedade através de outra obra, de autoria de Henri e Léon Mazeaud. Datado de 1931, o *Traité théorique et pratique* dos irmãos Mazeaud é, sem dúvida, o trabalho mais influente jamais publicado sobre a responsabilidade civil francesa. Ao dedicarem alguns parágrafos à perda de uma chance, os autores despertaram a atenção dos juristas sobre esse tema até então pouco explorado.

97. À jurisprudência francesa coube a função de desenvolver o conceito e de ampliar seu campo de aplicação. A perda de uma chance não foi consagrada de forma categórica por nenhum julgado em especial e, nesse sentido, não é possível apontar um *leading case* francês[95]. Houve, na verdade, a progressiva assimilação do conceito pelos tribunais, a partir da década de 1930.

A Corte de Cassação proferiu seu primeiro acórdão sobre a reparação de chances em 1932[96]. Na decisão, aliás, pouco conhecida ou citada, a Chambre de Requêtes confirmou o entendimento dos juízes de segunda instância, que haviam condenado um notário que, por sua culpa, privara seu cliente da "chance de adquirir a propriedade rural que eles desejavam". A alta corte ressaltou que havia, em tal caso, "um prejuízo" e "um nexo causal entre o ato culposo e o prejuízo":

> Considerando, no que concerne ao prejuízo e ao nexo causal entre o ato culposo e o prejuízo, que os juízes de instância inferior declararam que, em razão das falhas no exercício de sua profissão e de sua conduta dolosa, o notário Grimaldi provocou um duplo prejuízo aos consortes Marnier, que perderam toda a chance de adquirir a propriedade rural que eles desejavam; e que, de outro lado, eles tiveram de arcar com as custas de diversos atos inúteis; considerando que a partir destas constatações e declarações o acórdão ora recorrido pôde concluir que a responsabilidade de Grimaldi estava configurada e apreciou, ato contínuo, soberanamente o montante das perdas e danos que ele deveria pagar aos consortes Marnier, [...] Rejeita-se o recurso[97].

---

[94] V. nossa análise da jurisprudência relativa aos acidentes envolvendo cavalos de corrida e à responsabilidade dos profissionais de justiça, *supra*.

[95] *Comp.* com o papel exercido por *Chaplin v. Hicks* ([1911] 2 KB, 786) na jurisprudência inglesa; ou pelo julgado *Show do Milhão* no Direito brasileiro (STJ, REsp. n° 788.459/BA, Rel. Min. Fernando Gonçalves, j. 08.11.2005).

[96] Trata-se do mais antigo julgado francês que pudemos encontrar no curso de nossa pesquisa. É curioso notar que, se essa informação for procedente, deve-se refutar a ideia tradicional de que a perda de chance é um conceito de origem francesa. É que a primazia caberia à jurisprudência inglesa, que teria então admitido a reparação de chances no julgado *Chaplin v. Higs* de 1911, *supra*.

[97] Req., 26 maio 1932, *S. 1932*, I, p. 387.

106   RESPONSABILIDADE CIVIL PELA PERDA DE UMA CHANCE

Dois anos mais tarde, a mesma Corte proferiria seu primeiro julgado sobre a reparação de chances no campo da responsabilidade dos profissionais de justiça. Na decisão atacada, a Corte de Apelação de Angers havia condenado um advogado [*avoué*] que deixara prescrever a ação de seu cliente[98]. A despeito da incerteza sobre o resultado do processo comprometido, a Corte de Apelação constatou que havia uma perda certa, apta a gerar o dever de indenizar: "há uma certeza, visto que, proposta no prazo previsto em lei, a ação poderia resultar em uma decisão favorável, conquanto, intentada depois do prazo, ela estaria fatalmente fadada ao fracasso". E esse argumento seria aprovado pela Corte de Cassação[99]. É então essa chance perdida que estará sujeita à reparação.

---

[98] "Considerando que o dr. X [*avoué* contra o qual se pleiteava reparação] sustenta que a indenização por evicção requerida por Langlais [seu antigo cliente] era apenas eventual, e que por isso ele não teria causado qualquer prejuízo ao seu cliente com a perda do prazo para a propositura da ação; considerando que esse argumento não pode ser acolhido; que não se pode admitir que o autor de um ato culposo sustente, para se exonerar de qualquer responsabilidade, que a vantagem a ser obtida por meio da ação que ele deixou prescrever era incerta, quando foi precisamente em razão do ato culposo desse responsável que a existência e a medida dessa vantagem não podem ser verificadas; que, em todo caso, há uma certeza, visto que, proposta no prazo previsto em lei, a ação poderia resultar em uma decisão favorável, conquanto, intentada depois do prazo, ela estaria fatalmente fadada ao fracasso; que o dr. X não pode portanto alegar que, em razão de sua negligência, a situação de seu cliente não piorou; [...] Considerando que os juízes de primeira instância constataram corretamente: 1° a negligência imputável ao dr. X na execução de seu mandato *ad litem*; 2° um nexo de causa e efeito entre essa negligência e o dano efetivamente experimentado por Langlais; que, do mesmo modo, eles puderam com exatidão avaliar o referido dano. Por esses motivos, confirma-se o julgamento proferido; declara-se o dr. X desprovido em todos os seus pedidos, objetivos e conclusões, denegando-os". CA Angers 1ª Câm., 19 maio 1931, *Gaz. Pal. 1931*, II, p. 218, *S. 1931*, II, p. 190.

[99] Civ., 22 out. 1934, *Gaz. Pal. 1934*, II, p. 821. Trata-se sem dúvida de uma mudança de entendimento jurisprudencial. O recorrente pleiteava a reforma da decisão de segunda instância, visto que esta teria condenado o *avoué*, sem, contudo, "examinar se a demanda [cuja apreciação fora impedida por culpa do *avoué*] teria obtido um resultado útil se fosse proposta no prazo". A crítica do recorrente fora claramente extraída de um julgado proferido pela mesma câmara da alta Corte, em 1890 (Civ., 26 nov., 1890, *D. 1891*, I, p. 18, em que a referida câmara afirmara: "Considerando que seria necessário, para justificar a condenação em perdas e danos, que o tribunal verificasse se o pedido que fora omitido por culpa do advogado [*avoué*] poderia resultar em uma demanda jurisdicional útil, e que o tribunal afirmasse a utilidade dessa demanda"). Nada obstante, em 1934 a Corte de Cassação entendeu que essa verificação não seria necessária: "Considerando que a existência de um prejuízo pôde ser claramente auferida das constatações do julgado, segundo as quais Langlais foi, em razão da negligência do *avoué*, privado da possibilidade de formular suas pretensões na justiça conquanto, intentada no prazo legal, sua ação, tal como conclui

PERDA DE UMA CHANCE: A CONSTRUÇÃO DA TÉCNICA

98. O método se difundiu entre tribunais franceses. Na medida em que permite que os juízes contornem as condições da responsabilidade, a reparação de chances lhes oferece um grande potencial, e é por essa razão que os magistrados não tiveram qualquer parcimônia em empregá-lo. Dali em diante, a técnica seria aplicada aos mais diversos campos[100], a tal ponto que um julgado de 1952 pôde afirmar ser "cediço na jurisprudência que a perda de uma chance constitui não um prejuízo eventual, mas um prejuízo certo, ensejando o direito à indenização"[101]. Em seu turno, a Corte de Cassação reforçou a importância dessa técnica, tendo até mesmo reformado, em 1956, um julgado em que os magistrados haviam ignorado a possibilidade de reparar as chances perdidas pela vítima[102].

A peculiaridade da reparação de chances é que, de forma sutil, ela se desvencilha da incerteza contrafatual que até então impedia a aplicação da regra reparatória. Não é, porém, muito difícil compreender o mecanismo por trás da técnica. Ao contrário dos métodos anteriores, a reparação de chances não ignora a incerteza, tampouco almeja eliminá-la. A álea é simplesmente reacomodada dentro da estrutura da responsabilidade: em razão do deslocamento da reparação, a incerteza deixa de ameaçar a existência do prejuízo e passa a interferir em sua quantificação[103]. E é por essa razão que podemos afirmar que a reparação de chances perdidas envolve sempre uma certeza e uma probabilidade[104]. A primeira – a certeza – é constatada quando da identificação do prejuízo reparável (§ 1); e a outra – a probabilidade – entra em cena no momento da mensuração do prejuízo (§ 2).

---

o acórdão ora recorrido, poderia levar a um resultado favorável; considerando, por outro lado, que a apreciação do montante do prejuízo é matéria de fato, decidida soberanamente pelos juízes de instância inferior [que não pode ser reapreciada pela Corte de Cassação]; assim, decidindo desta forma, a Corte de Apelação motivou legalmente sua decisão e não violou as normas mencionadas no recurso. [...] Por esses motivos, rejeita-se o recurso".

[100] Trib. Cor. Chalons-sur-Marne, 16 jun. 1934, *Gaz. Pal. 1934*, II, p. 367; Req., 30 abr. 1940, *Gaz. Pal. 1940*, II, p. 37, *D. 1941*, som. p. 4; Trib. Civ. Bordeaux, 16 jan. 1950, *D. 1950*, p. 122.

[101] CA Rouen, 9 jul. 1952, *D. 1953*, p. 13.

[102] Crim., 18 jan. 1956, *JCP 1956*, 9285, nota J. CAREL.

[103] Comentando um caso típico de perda de chances jurisdicionais, envolvendo um advogado que havia deixado transcorrer o prazo para interposição de um recurso, J. AGUIAR DIAS nota que a incerteza não concerne o *an debeatur,* mas o *quantum debeatur. Da responsabilidade civil.* 11ª ed. Rio de Janeiro: Renovar, 2006, p. 426.

[104] Y. CHARTIER, *La réparation du préjudice dans la responsabilité civile*, op. cit., nº 35, p. 50.

§ 1 – A reparação das chances perdidas: uma questão de certeza

99. Em sua tese consagrada ao papel do acaso no Direito, Alain Bénabent dirige severas críticas à reparação de chances. Segundo ele, a técnica seria injustificada, pois "a chance não estava destinada a se manter indefinidamente em seu estado de chance, tampouco a conservar o valor que as probabilidades podiam lhe dar: ela estava destinada a ser usufruída, e seu valor seria ou aumentado pelo sucesso ou anulado pela perda"[105]. Em outras palavras, a reparação de chances perdidas não é uma verdadeira reparação, pois, em todo caso, a vítima não é colocada na situação em que se encontraria caso o ato imputável ao réu não tivesse sido praticado.

A observação é contundente e seria inútil combatê-la. A reparação de chances não reposiciona a vítima no lugar em que deveria se encontrar. Há apenas duas situações contrafatuais possíveis: a obtenção da vantagem desejada ou a não obtenção dessa vantagem. Ora, a vítima que recebe a indenização pelas chances perdidas não é recolocada em nenhuma dessas duas situações.

100. Porém, essa é precisamente a engenhosidade da técnica. Como visto, a incerteza contrafatual, inerente aos casos de lesão a interesses aleatórios, torna inaplicável a regra da reparação. Não é possível afirmar como se encontraria a vítima sem o evento danoso; e por essa razão a responsabilidade se vê impedida de cumprir de forma satisfatória sua função de reparação.

Resignada diante dessa impossibilidade, a técnica da reparação de chances resolve o impasse renunciando ao parâmetro contrafatual desconhecido e substituindo-o por outro, bem conhecido no caso em questão: o parâmetro do passado.

Com efeito, não há qualquer incerteza fatual nos casos de perda de chance[106]. Sabe-se que antes do incidente a vítima detinha uma chance, e que essa chance foi destruída por um fato imputável ao réu. Sabe-se também que não é possível aplicar a regra tradicional da reparação, a qual pretende recuperar a situação contrafatual, visto que a natureza do interesse em questão impede essa conjectura. Ora, diante dessa impossibilidade, não poderíamos então evitar todo tipo de suposição obscura? Por que, ao invés de buscarmos essa situação hipotética desconhecida, não recolocamos a vítima na situação – certa – na qual ela se encontrava antes do evento danoso?

---

[105] A. BÉNABENT, *La chance et le Droit*, op. cit., n° 237, p. 179-180. O autor afirma que a técnica de presunções deve ser empregada para resolver esse tipo de problema.

[106] V. *supra,* n° 26.

PERDA DE UMA CHANCE: A CONSTRUÇÃO DA TÉCNICA

É por essa razão que, no lugar de reparar aquilo que *teria sido* (uma reparação impossível), a reparação de chances se volta ao passado, buscando a reposição do que *foi*. É o *status quo ante* que será reconstruído. A vítima será assim recolocada não mais na situação em que se encontraria sem o acidente, mas na situação em que se encontrava antes deste. Ora, é certo que nesse momento pretérito a vítima possuía uma chance. É essa chance, portanto, que lhe será devolvida sob a forma de reparação.

101. Eis por que a técnica da reparação de chances é capaz de contornar a incerteza contrafatual. Como não há incerteza fatual nos casos de perda de chance, a troca do parâmetro *futuro do pretérito* pelo parâmetro *passado simples* nos oferece uma certeza em meio ao litígio até então dominado pelo desconhecido. O juiz recupera assim o controle sobre a realidade.

Encontrada a certeza, a técnica da reparação recoloca a norma reparadora em seu campo natural de ação. De um lado, a incerteza do prejuízo desaparece: tendo o *status quo ante* como parâmetro de reparação, o juiz pode afirmar que a chance perdida representa um prejuízo certo sofrido pela vítima. De outro lado, ele pode afirmar também que o fato imputável ao demandante é uma causa necessária à realização do prejuízo em questão. É que a perda de chances pressupõe um nexo causal, não mais entre o fato do réu e a perda da vantagem, mais sim entre esse fato e a chance perdida[107] – regra essa que muitas vezes não é mencionada pela doutrina[108]. Ora, sem o fato do réu, a vítima teria chances de obter o resultado desejado, estando, pois, configurada a necessidade causal entre esses dois elementos.

Essas observações reforçam o conceito sobre o qual se erige este trabalho: a perda de uma chance não é uma nova espécie de prejuízo, mas uma técnica de deslocamento da reparação. Essa técnica implica, em primeiro lugar, o deslocamento quanto ao interesse reparado, que deixa de ser a vantagem aleatória desejada para versar sobre a chance perdida. Mas, em segundo lugar, essa técnica implica outro deslocamento; um deslocamento temporal ou cronológico. A reparação não buscará mais recolocar a vítima na situação na qual ela se encontraria sem o evento danoso – um futuro hipotético e incerto –, e se preocupará em devolvê-la à situação na qual ela se encontrava antes desse evento – um passado certo.

102. Por fim, é necessário desfazer equívoco frequentemente incorrido pela doutrina. Afirma-se, por vezes, que a reparação de chances seria

---

[107] Y. CHARTIER, *La réparation du préjudice dans la responsabilité civile*, op. cit., n° 27, p. 38; I. VACARIE, "La perte d'une chance", op. cit, p. 923.

[108] V. especialmente R. Peteffi da SILVA, *Responsabilidade civil pela perda de uma chance*, op. cit., n° 2.3.1., p. 102-107.

apenas uma aplicação do princípio da reparabilidade dos prejuízos futuros. Haveria dois prejuízos nos casos de perda de chance: um prejuízo futuro e hipotético (a perda do resultado desejado) e um prejuízo futuro e certo (a perda da chance de obter esse resultado). Por constituir um prejuízo futuro e certo, este segundo prejuízo seria reparável, mas não o primeiro.

Na verdade, o caráter futuro ou atual do prejuízo não tem qualquer relação com o problema da perda de chances. O mal-entendido decorre de dois erros.

103. O primeiro desses erros é a confusão entre eventos incertos e eventos futuros e, *a fortiori*, entre prejuízos incertos e prejuízos futuros[109]. Afirma-se, desde o julgado *Cognet* de 1932[110], que um prejuízo futuro pode ser certo, logo, reparável. Mas, ainda hoje, poucos juristas reconhecem que um alegado prejuízo atual pode ser incerto[111]. Disso resultaria que o problema da certeza de um prejuízo existira apenas nos casos envolvendo prejuízos futuros, e por essa razão, para muitos autores, o problema da certeza das chances perdidas é forçosamente relativo à reparação de prejuízos futuros.

A conclusão é absolutamente falaciosa. As dicotomias futuro/atual e certo/incerto não guardam qualquer relação entre si. É possível que prejuízos futuros sejam incertos, mas também é possível que prejuízos presentes sejam incertos – basta, para tanto, que não saibamos se a vítima se encontraria em uma situação mais favorável sem o ato imputável

---

[109] Sobre essa confusão, v. *supra*, n° 3.

[110] Req., 1° jun. 1932, *S. 1933*, I, p. 49, nota H. Mazeaud.

[111] Normalmente afirma-se que, conquanto o prejuízo futuro seja por vezes certo, por vezes incerto, o prejuízo atual é sempre certo. V., por exemplo, a nota de H. Mazeaud sobre o acórdão Cognet (Req., 1° jun. 1932, *S. 1933*, I, p. 49): "entre as diferentes características que devem estar presentes em um dano para que dê ensejo à reparação, a mais importante é, sem dúvida, a característica da certeza. Um prejuízo cuja existência seja somente eventual, hipotética, não pode embasar uma condenação. Princípio incontestável. Ora, o prejuízo que se realiza anteriormente à demanda é evidentemente certo; não se trata de uma hipótese nem de possibilidades. Disso surgiu o hábito muito difundido de afirmar-se, quando se analisam as características do prejuízo, que ele deve ser *certo* e *atual*, os dois termos tratados como sinônimos, e de concluir-se por vezes que o prejuízo *futuro* não pode ser reparado. Exemplo típico dos numerosos erros que surgem no campo jurídico em razão do emprego impreciso do vocabulário. Sem dúvida, o prejuízo, quando é atual, que está concretizado no momento da demanda, é certo. Mas disso não decorre necessariamente que o prejuízo futuro seja sempre um prejuízo eventual, hipotético, que jamais seja certo (...). Contudo, o prejuízo futuro, mas certo, enseja a reparação. Não se deve, portanto, declarar que o dano deve ser atual, mas que ele deve ser certo". O jurista denuncia a imprecisão do termo *futuro*, que, contrariamente ao que se pensa, não é necessariamente algo *hipotético*. Contudo, a imprecisão do termo *atual* – que não é necessariamente algo *certo* – passou-lhe despercebida.

PERDA DE UMA CHANCE: A CONSTRUÇÃO DA TÉCNICA

ao réu. Os casos de perda de chance nos remetem, sempre, à questão da certeza do prejuízo, mas não necessariamente à questão do caráter futuro ou presente desse prejuízo.

O segundo fator de confusão concerne à imprecisão do termo "futuro". Utiliza-se essa noção sem que fique claro qual é o marco temporal a que se faz referência. Futuro ou atual em relação a quê?

Essa é a razão pela qual alguns autores afirmam que a perda de chance é um prejuízo "futuro"[112]. Tomam por parâmetro o momento do acidente. Naquele instante, o desejo da vítima estava por se realizar – tratava-se de um anseio sobre o futuro. Futuro muito peculiar, que nunca se tornará presente ou passado! Uma vez ocorrido o acidente, não é mais correto afirmar que a chance constitui um prejuízo futuro. Trata-se, na verdade, de uma hipótese, uma hipótese contrafatual. Como poderíamos, por exemplo, afirmar que a perda da chance de se casar é um prejuízo "futuro" para a noiva do falecido, se a data prevista para o matrimônio já transcorreu?

Quando afirmamos que dado prejuízo é "futuro" o ponto de referência temporal não deve ser o momento do acidente, mais sim o momento em que é proferida a decisão judicial que declara o dever de reparar[113]. Todo prejuízo já concretizado até o instante dessa decisão é um prejuízo "atual", conquanto os prejuízos que surgirão após essa decisão sejam considerados "futuros".

104. Podemos, assim, concluir que a perda de chances será um prejuízo atual ou futuro, a depender do instante em que essa chance seria gozada pela vítima: antes ou depois do momento do julgamento[114], respectivamente.

Tomemos o exemplo do candidato impedido de participar de um concurso. Teria ele sofrido um prejuízo futuro? Note-se que, no momento da decisão judicial, o concurso já estará terminado – há meses, ou mesmo há anos! Ou seja, a chance deveria ter sido gozada no passado, antes da decisão judicial, logo, o prejuízo em questão é "atual" quando da prolação da sentença. Resta saber se esse prejuízo atual constitui também um prejuízo certo.

---

[112] I. VACARIE, "La perte d'une chance", op. cit, p. 906; G. VINEY e P. JOURDAIN, *Traité de Droit civil: les conditions de la responsabilité*, op. cit., n° 279, p. 91; H. MAZEAUD, L. MAZEAUD e A. TUNC, *Traité théorique et pratique de la responsabilité civile délictuelle et contractuelle*, op. cit., n° 219, p. 273.

[113] Ou do momento da celebração do acordo extrajudicial, nos casos em que há transação entre vítima e responsável.

[114] Não há muitos juristas que admitem essa distinção entre "chances perdidas – prejuízo atual" e "chances perdidas – prejuízo futuro". V. L. MEDINA ALCOZ, *La teoría de la pérdida de oportunidad*, op. cit., p. 77-79; P. le TOURNEAU, *Droit de la responsabilité et des contrats*, op. cit., n° 1422 e s., p. 390-396.

Por outro lado, é possível que a chance a ser reparada seja um prejuízo futuro. É precisamente o que ocorre nos casos de perda de chance de evolução na carreira. As chances em questão teriam beneficiado a vítima em um momento cronologicamente posterior à decisão judicial[115], e por essa razão constituem um prejuízo futuro. Mas esse não é um atributo inerente a toda e qualquer chance perdida.

A perda de uma chance não é necessariamente um prejuízo futuro. Futuro ou atual, a questão não guarda qualquer relação com o problema. É a certeza do prejuízo que suscita controvérsias.

105. Vimos que a técnica do deslocamento da reparação permite que os juízes encontrem uma certeza nos casos de perda de chance. Porém, a incerteza em questão não desaparecerá: ela será assimilada pela responsabilidade civil, influenciando diretamente na mensuração dos prejuízos sofridos[116].

§ 2 – A avaliação das chances perdidas: uma questão de probabilidade

106. A esperança matemática foi um dos primeiros conceitos empregados no estudo das probabilidades. A noção encontra suas origens no ano de 1654, nas correspondências trocadas por Blaise Pascal e Pierre de Fermat[117]. Foi o Cavaleiro de Méré quem havia proposto o seguinte dilema a Pascal: por motivos ignorados, dois jogadores são obrigados a interromper um jogo de azar antes do previsto. O vencedor de três partidas teria ganhado 64 fichas como prêmio. Contudo, quando da interrupção prematura, um dos competidores havia vencido duas partidas, e o outro apenas uma. Como deveriam então repartir o prêmio?

Conquanto banal, o problema provocou uma das primeiras reflexões sobre o cálculo das probabilidades, ou ainda – o que interessa ao nosso estudo – sobre a avaliação das chances. Para resolver o problema do

---

[115] P. le Tourneau, *Droit de la responsabilité et des contrats*, op. cit., n° 1427, p. 393-394; R. Peteffi da Silva, *Responsabilidade civil pela perda de uma chance*, op. cit., n° 2.3.2, p.109.

[116] C. Ruellan, *La perte de chance en Droit privé*, op. cit, n° 1 e s., p. 728-731; I. Vacarie, "La perte d'une chance", op. cit, p. 904-907.

[117] *Lettres de Blaise Pascal accompagnées des lettres des ses correspondants*. 6ª ed. Paris: G. Crès, 1922, p. 188-229. Na realidade, as cartas em questão não fazem qualquer menção nem à expressão *esperança matemática* nem à palavra *probabilidade*. Mas a literatura afirma constantemente que essas duas noções surgiram pela primeira vez nessas correspondências.

PERDA DE UMA CHANCE: A CONSTRUÇÃO DA TÉCNICA **113**

Cavaleiro de Méré, Pascal teve de enfrentar uma questão fundamental: quanto vale uma chance?

107. Dois fatores influenciam essa estimação. De um lado, a vantagem ou a desvantagem em jogo. O que se pode ganhar e o que se pode perder com esse golpe do acaso? De outro lado, as probabilidades de ganho e de perda. Quais são as chances de obter o prêmio? Quais são os riscos de revés?

Essas constatações redundam na fórmula da *esperança matemática*. Trata-se de uma média, obtida a partir dos possíveis resultados da variável aleatória, ponderados pela probabilidade de obtê-los. O produto dessa operação representa o valor que pode ser racionalmente esperado[118] – a expectativa racional – que decorre da chance avaliada.

108. O mesmo raciocínio deve ser empregado pelos tribunais quando da estimação do valor de uma chance. A reparação das chances conduz os juízes ao dilema pascaliano. E para resolvê-lo, eles devem seguir os mesmos passos: em um primeiro tempo, os magistrados devem determinar qual seria o ganho obtido ou a perda evitada, se a vítima tivesse auferido a vantagem desejada. A seguir, eles devem estabelecer a porcentagem de chances da qual foi privada a vítima. Esses dois valores serão então multiplicados e o resultado da operação representa o montante devido pelo réu a título de indenização pelas chances perdidas[119]. A fórmula consiste, assim, em uma multiplicação de duas cifras: uma referente ao valor da vantagem aleatória desejada; e a outra referente às probabilidades de obtenção dessa vantagem, probabilidades essas que foram destruídas pelo fato imputável ao réu[120].

Partindo dessa fórmula, pode-se observar que o montante da indenização concedida à vítima em razão da chance perdida será sempre menor do que o montante que seria concedido a ela caso a reparação versasse sobre a vantagem aleatória desejada. Visto que a vítima tinha apenas chances de obter essa vantagem, a probabilidade de que foi privada

---

[118] Mesmo que esse valor seja impossível de ser obtido. Por exemplo, para calcular o resultado esperado de um jogo de dado, devemos somar os possíveis resultados, ponderados pela probabilidade de obtê-los: $1.\frac{1}{6} + 2.\frac{1}{6} + 3.\frac{1}{6} + 4.\frac{1}{6} + 5.\frac{1}{6} + 6.\frac{1}{6}$. A esperança matemática é de 3,5!

[119] Civ. 1ª, 2 abr. 1997, *D. 1997*, p. 101; Civ. 1ª, 8 jul. 1997, *RTD Civ.* 1998, p. 126, nota P. JOURDAIN; Civ. 1ª, 8 jul. 1997, *RDSS 1998*, p. 67, nota L. DUBOUIS; Civ. 1ª, 18 jul. 2000, *D. 2000*, p. 853, nota Y. CHARTIER.

[120] Y. CHARTIER, *La réparation du préjudice dans la responsabilité civile*, op. cit., n° 558, p. 686-688; C. RUELLAN, "La perte de chance en Droit privé", op. cit, n° 46, p. 751; M. FABRE-MAGNAN, *Droit des obligations*, vol. 2. *Responsabilité civile et quasi-contrats*, op. cit., n° 34, p. 104.

será, por definição, menor que 100%. Logo, o produto da multiplicação representará inevitavelmente uma fração da vantagem desejada. Trata-se de uma exigência lógica: a chance de obter uma vantagem jamais poderia ter o mesmo valor que a própria vantagem. Trata-se igualmente de uma exigência jurídica: a Corte de Cassação afirmou em diversas ocasiões que o valor das chances é obrigatoriamente menor do que o valor do resultado desejado[121]. E a doutrina é também unânime nesse ponto[122].

109. Vê-se, portanto, que as probabilidades exercem uma influência direta na liquidação do prejuízo-chance. Considerada um prejuízo em si, a chance absorve a álea que outrora impedia a constatação de uma lesão certa. Contudo, essa álea não desaparecerá. O acaso passa a influir na quantificação da indenização: quanto maiores forem as probabilidades, tanto maior será o valor da chance em questão e, por consequência, a indenização devida à vítima.

110. A probabilidade é comumente vista como um objeto a ser estudado pelas ciências exatas. As porcentagens e outros números vêm imediatamente à nossa mente quando mencionamos o termo "probabilidade". Há 50% de chances de que o resultado de um dado seja maior que três; 1/7 que o primeiro dia do mês seja um domingo; a probabilidade de ganhar na loto é de uma sobre dezenove milhões. Relegada ao campo da matemática, a probabilidade se traveste de dado absoluto. A sobriedade dos números nos faz crer que há fenômenos aleatórios em si e que cada um deles poderia ser expresso, respectivamente, por meio de uma porcentagem única e invariável.

A conclusão é ilusória. Como visto, nenhum fenômeno é provável em si; a probabilidade nada mais é do que uma forma de mensurar nossos conhecimentos imperfeitos sobre o fenômeno em questão. É por essa razão que a probabilidade jamais constituiria um dado absoluto. Ela tende a variar toda vez que novas informações são acrescidas ao nosso saber.

111. Tomemos um exemplo: uma companhia petrolífera realiza um estudo geológico para saber se há petróleo no subsolo de uma região

---

[121] Civ. 1ª, 9 maio 1973, *JCP 1974*, II, 17643; Civ. 1ª, 2 maio 1978, *JCP 1978*, II, 18966, nota R. Savatier; Civ. 1ª, 16 jul. 1998, *JCP 1998*, II, 10143, nota R. Martin; Civ. 1ª, 9 abr. 2002, *Bull. Civ. I*, n° 116, p. 89; Civ. 1ª, 7 dez. 2004, *D. 2005*, p. 403, nota J. Penneau; Civ. 1ª, 14 fev. 2008, *Bull. Civ. I*, n° 51; Civ. 2ª, 9 abr. 2009, *Bull. Civ. II*, n° 98.

[122] H. Mazeaud, J. Mazeaud, L. Mazeaud e F. Chabas, *Leçons de Droit civil: Obligations: théorie générale*, op. cit., p. 429; P. le Tourneau, *Droit de la responsabilité et des contrats*, op. cit., n° 1419, p. 388-390; G. Viney e P. Jourdain, *Traité de Droit civil: les conditions de la responsabilité*, op. cit., n° 284, p. 102.

PERDA DE UMA CHANCE: A CONSTRUÇÃO DA TÉCNICA **115**

qualquer: 20% de chances, conclui a pesquisa. Uma cifra insuficiente para justificar uma perfuração. Quinze anos mais tarde, outro estudo é efetuado, dessa vez com instrumentos e técnicas mais modernas. O resultado é bem diverso: a probabilidade de que haja uma reserva do hidrocarboneto é de 80%.

Notemos que a proposição "há petróleo no subsolo" recebeu duas qualificações numéricas distintas: 20% de ser verdadeira e 80% de chances de ser verdadeira. Qual dessas qualificações corresponde efetivamente à realidade? As duas. Cada uma foi obtida a partir de um conjunto distinto de informações e, em relação a cada um desses conjuntos, as conclusões obtidas foram verdadeiras. Diante de todos os dados extraídos e partindo das regras científicas conhecidas na época, os especialistas da primeira pesquisa puderam afirmar, de forma plenamente racional, que havia 20% de chances de encontrar petróleo no local. E essa porcentagem não foi desmentida pela segunda pesquisa. Simplesmente, esta última se erigiu sobre um conjunto de informações mais vasto que sua predecessora. As relações lógicas entre essas novas informações e a proposição em questão ("há petróleo no subsolo") são diferentes, e implicam um grau mais forte de crença racional nessa proposição.

Digamos que, depois do segundo estudo, a companhia decida investir vultosas somas com a prospecção. A operação, contudo, revela-se desastrosa, na medida em que a perfuração demonstrou que o terreno não continha petróleo algum. No final, a informação obtida diretamente – "não há petróleo no subsolo" – eliminou toda incerteza. Porém, não há qualquer razão para que descreditemos as conclusões obtidas anteriormente[123].

Outro exemplo: se há dois sacos, um contendo 40 fichas pretas e 10 fichas brancas, e o outro contendo 40 fichas brancas e 10 fichas pretas, podemos afirmar que há 50% de chances que uma ficha tirada aleatoriamente de um desses dois sacos seja preta, desde que não saibamos de qual saco a ficha será obtida. Mas, tão logo afirmamos que a ficha saiu

---

[123] "Quando nosso conhecimento ou nossas hipóteses mudam, nossas conclusões terão novas probabilidades, não em si mesmas, mas em relação a essas novas premissas. Novas relações lógicas terão então adquirido importância, notadamente aquelas entre as conclusões que estão sendo investigadas e nossas novas assunções; mas as velhas relações entre as conclusões e as antigas assunções ainda existem e são tão reais quanto as novas. Negar que uma opinião era provável, só porque que, em um momento posterior, certas objeções vieram à tona, seria algo tão absurdo quanto negar, ao se chegar no destino desejado, que esse destino já esteve a três quilômetros de distância; e a opinião continua provável com relação à velha hipótese, tanto quanto o destino continua a distar três quilômetros de nosso ponto de partida". J. M. KEYNES, *A Treatise on Probability,* op. cit., p. 7.

ou sairá do primeiro saco, essa probabilidade passa de 50% a 80%. A informação acrescentada altera a probabilidade do evento aleatório.

112. Em suma, a probabilidade de um evento é distinta para cada conjunto de dados considerado. Ora, essa afirmação implica um grave problema de ordem prática para o juiz. Que informações deve ele levar em conta quando da avaliação da chance perdida? As informações detidas pela vítima, no momento do acidente? Aquelas das quais disporia o homem médio, colocado sob as mesmas condições?

Na realidade, para mensurar o valor da chance perdida, o juiz deve considerar todas as informações de que dispõe no momento em que julga. Os dados a serem empregados nessa avaliação incluem, portanto, tudo aquilo que o magistrado sabe no instante em que profere sua palavra final no litígio. Trata-se, em verdade, de uma regra geral da responsabilidade civil (o prejuízo deve ser avaliado no momento da decisão[124]), regra que adquire um sentido peculiar quando aplicada aos casos de perda de chance.

Trata-se igualmente de uma regra de bom senso: ao tomar uma decisão, devemos sempre considerar todas as informações que estão ao nosso alcance. Esse é o único meio de chegarmos o mais próximo o possível de uma representação fidedigna da realidade. "Aquele que julga sem se informar ao máximo que é capaz", afirma John Locke, "não pode se escusar pelo julgamento desacertado"[125].

Assim, o indivíduo que teve seu bilhete de loteria roubado jamais perderá uma chance de obter o prêmio, mesmo que o sorteio ainda não tenha ocorrido no momento do crime. A álea existente no bilhete de loteria será em breve dissipada, de modo que a incerteza não existirá mais no instante em que o juiz sentenciar. Quer a vítima tinha escolhido os bons números, e o ladrão surrupiou-lhe o prêmio, quer os números sorteados sejam outros, e a vítima perdeu assim um papel sem valor[126].

---

[124] Trata-se de uma regra jurisprudencial bastante antiga – Civ., 15 jul. 1943, *JCP 1943*, II, 2500, nota HUBRECHT – e que é hoje pacificamente defendida pela doutrina: P. le TOURNEAU, *Droit de la responsabilité et des contrats*, op. cit., n° 2650 e s., p. 667-675; Y. CHARTIER, *La réparation du préjudice dans la responsabilité civile*, op. cit., n° 457 e s., p. 568-583.

[125] J. LOCKE, *Essay Concerning Human Understanding*. 13ª ed. Londres: William Tegg, 1849, Livro II, Cap. XXI, n° 67, p. 176.

[126] Ao mencionar esse mesmo exemplo, R. SAVATIER afirma que não poderia haver reparação, visto que, nesse caso, a chance fora perdida "no passado". "Une faute peut-elle engendrer la responsabilité d'un dommage sans l'avoir causé?", op. cit., n° 2, p. 124. A análise nos parece imprecisa. Trata-se simplesmente de um caso em que a incerteza contrafatual será desfeita com o tempo.

PERDA DE UMA CHANCE: A CONSTRUÇÃO DA TÉCNICA **117**

113. A quantificação das probabilidades envolve ainda outro problema, ainda mais dramático para a responsabilidade civil. É que nem toda chance pode ser expressa por meio de um número preciso, pois um raciocínio fundado em probabilidades não implica necessariamente uma porcentagem única e invariável. Vejamos alguns exemplos: partindo das evidências obtidas na investigação, pode-se afirmar que o acusado é o provável autor do crime. Seria realmente possível associar essa probabilidade a uma cifra? Em suas notas, Júlio César arroga ter vencido, na batalha de Alésia, um exército muitas vezes maior que o seu. É bem provável que ele o tenha feito. Mas o quão provável? Se afirmarmos que uma equipe esportiva é a favorita em uma competição, isso implicaria que sua vitória corresponde inevitavelmente a uma porcentagem fixa? Duvidamos.

É verdade que, por uma razão de ordem pragmática, representamos o mais das vezes os raciocínios de probabilidade sob a forma de cifras. Mas isso ocorre porque é muito mais fácil analisar e comparar um atributo por meio dos números. Assim, admitimos esse tipo de padronização, mesmo que, para tanto, tenhamos de recorrer a certa dose de artificialismo.

É também verdade que o princípio da indiferença, bem como o método estatístico (desde que haja um número suficiente de observações), podem conceder valores numéricos a diversos fenômenos aleatórios. Mas não a todos. O raciocínio probabilístico não se reduz aos fenômenos que podem ser mensurados por esses métodos[127].

114. É por essa razão que, muitas vezes, a chance não poderá ser mensurada pelo juiz com toda precisão –nem mesmo a ajuda de um perito será capaz de superar esse problema. Devemos então condenar a técnica questão? Trata-se de solução impraticável? De forma alguma.

Com efeito, a liquidação de um prejuízo é uma tarefa que sempre exige forte dose de bom senso e arbítrio por parte do juiz. Nem precisaremos adentrar o domínio dos danos morais para sustentar essa afirmação[128]. Tome-se um exemplo simples, em que o juiz, auxiliado por um perito, é obrigado a avaliar um imóvel pertencente a uma das partes. Quanto valeria o bem em questão? Podemos considerar que o bem vale o preço

---

[127] Comentando o termo "probabilidade", J. M. KEYNES afirma que "é bem verdade que os matemáticos sempre empregaram esse termo em um sentido mais estrito, pois eles frequentemente o confinaram aos poucos casos nos quais a relação [probabilística] está adaptada para um uso algébrico. Mas o emprego comum dessa palavra nunca sofreu semelhante limitação". *A Treatise on Probability*, op. cit., p. 5.

[128] C. RUELLAN, "La perte de chance en Droit privé", op. cit, n° 53, p. 754; G. VINEY e P. JOURDAIN, *Traité de Droit civil: les conditions de la responsabilité*, op. cit., n° 279, p. 91.

que seu dono pagou por ele. Mas poderíamos também levar em conta as variações do mercado, tendo em vista que o valor do metro quadrado subiu, desde a data da aquisição. Ou ainda poderíamos considerar o fato de que há, na região, diversos outros imóveis à venda, o que implica a depreciação do bem pertencente ao litigante. Pode-se ainda considerar o bom estado de conservação do imóvel em questão... Há uma diversidade imensa de elementos que podem ser empregados na avaliação de um mesmo objeto, e todo método de estimação decorre, sempre, de uma opção por alguns desses elementos e pela exclusão de outros. Não existe fórmula universal de avaliação de um bem, pouco importa qual[129].

Conceder valores precisos e incontestáveis a um bem é uma necessidade humana. Mas não se trata, porém, de tarefa que possa ser realizada em toda e qualquer hipótese. É o que ocorre, por exemplo, no caso da avaliação das chances perdidas, cuja mensuração sempre dependerá da prudência do magistrado[130].

115. Analisamos assim as três técnicas empregadas pelos juízes nos casos de lesão a interesses aleatórios. Diante da incerteza o magistrado pode, em primeiro lugar, ignorar a álea, concluindo que a as condições da reparação não estão reunidas e que, por consequência, o demandante não tem direito à reparação. O juiz pode também enfrentar a álea, neutralizando-a por meio das presunções. Nesse caso, ele concluirá seja pelo dever de reparar toda a vantagem aleatória desejada, seja pela inexistência de qualquer dever de indenizar.

Por fim, o juiz pode admitir os limites de sua cognição, condenando o réu a reparar as chances de que foi privada a vítima. A álea do interesse não é nem neutralizada nem ignorada. A incerteza é assimilada pelas regras da reparação, determinado o valor do prejuízo e de sua respectiva indenização[131].

Entre as três, a técnica da reparação das chances é a que melhor se adapta a esse tipo de litígio, visto ser a única em que o acaso é realmente

---

[129] Cf., nesse sentido, os diferentes métodos existentes para a avaliação das partes sociais, em especial nos casos de dissolução parcial e apuração de haveres – valor nominal, valor de mercado, valor contábil, valor referente ao fluxo de caixa descontado...

[130] Trata-se de mais uma diferença gerada pelo deslocamento da reparação dentro da estrutura da responsabilidade. Note-se que, sob a técnica das presunções, o principal ponto a ser decidido pelo juiz concerne à constatação de um prejuízo. Entretanto, sob a técnica da reparação de chances, a quantificação do prejuízo é que passa a ser uma questão intricada, exigindo a ponderação do julgador. Isso ocorre porque no primeiro método a incerteza afeta a existência do prejuízo, enquanto, no segundo, ela atinge sua liquidação.

[131] C. Ruellan, *Idem,* n° 48, p. 752.

levado em consideração. Porém, poderíamos realmente afirmar que essa técnica é justificável? A reparação de chances erige-se sobre um importante postulado, segundo o qual uma chance pode ser considerada, em si, um prejuízo reparável. Passemos então à analise desse postulado.

O FUNDAMENTO DA TÉCNICA

116. Segundo Alain Bénabent, o Direito teria, ao longo dos séculos, adotado duas posturas diante do acaso. Fundado na onipotência do homem, o Direito do século XIX não intervinha espontaneamente nas manifestações da álea. Ele as ignorava. "Não se trata de uma ignorância negligente, mas de uma ignorância voluntária, denso desejo de não as considerar, de deixá-las sem consequências jurídicas"[132]. A aversão a tudo que extrapolava o poder do homem era tamanha que o acaso não podia penetrar o Direito senão com nosso prévio consentimento. De fato, a porta do Direito era aberta à incerteza apenas por meio de um ato voluntário humano, através do contrato e, em especial, do contrato aleatório.

Eis que essa hostilidade do Direito em relação ao acaso virar a sucumbir diante do século XX. Graças ao desenvolvimento dos métodos de cálculo das probabilidades, a álea deixa de nos ameaçar, passando a ser racionalizada por nossas técnicas. Doravante, o Direito pode conceder um sentido jurídico às manifestações do acaso, mesmo àquelas que não foram previamente aceitas pela vontade dos interessados. "Como a ignorância-exclusão revelou-se ineficaz, o método inverso foi adotado"[133]. A álea é então integrada ao mundo jurídico.

117. É bem verdade que Bénabent nega que a técnica da reparação seja uma consequência justificável dessa assimilação do acaso pelo Direito. Mas, em nosso ver – e não se trata de uma opinião isolada[134] –, a reparação de chances não pode ser explicada de outra forma. Ela é um sintoma inevitável da incorporação da incerteza no campo da responsabilidade civil.

---

[132] A. Bénabent, *La chance et le Droit*, op. cit., n° 9, p. 17.
[133] A. Bénabent, *La chance et le Droit*, op. cit., n° 95 p. 78.
[134] C. Ruellan, *La perte de chance en Droit privé*, op. cit, n° 1 e s., p. 728-731; I. Vacarie, "La perte d'une chance", op. cit, p. 904-907.

122 RESPONSABILIDADE CIVIL PELA PERDA DE UMA CHANCE

De seu lado, o Direito dos contratos não hesitou em conceder proteção aos interesses aleatórios. O acaso foi facilmente admitido como objeto das convenções: se o Código Civil francês já previa alguns tipos contratuais dessa natureza, a prática, sempre fecunda, criou novos instrumentos jurídicos para permitir o comércio das probabilidades: o contrato de futuros, as opções, os *swaps*... A responsabilidade civil não poderia, então, seguir os mesmos passos, concedendo um valor jurídico aos interesses aleatórios?

Hoje, o Direito positivo responde a essa questão de forma afirmativa. A responsabilidade civil considera que a chance merece a proteção do Direito. Se na seara contratual essa integração da álea se deu por meio do objeto dos contratos, na seara da responsabilidade o interesse aleatório se materializou através do conceito de prejuízo. Classicamente, o prejuízo é definido a partir da noção de interesse, de forma mais precisa, como lesão a um interesse da vítima. A lesão a um interesse aleatório passa assim a constituir um prejuízo, como tantos outros.

118. Para verificar a justificativa da técnica de reparação de chances, estudaremos os elementos que permitem a assimilação da chance perdida como uma espécie de prejuízo (Seção 1).

Ato contínuo, verificaremos que a noção de prejuízo não é capaz de explicar todas as manifestações da reparação de chances. Em muitos julgados, os tribunais franceses repararam supostas chances perdidas, sem que houvesse, no entanto, lesão a um interesse aleatório da vítima. Trata-se de uma desnaturação da técnica, que revela os limites dessa assimilação (Seção 2).

Seção 1 – A álea como prejuízo: os elementos da assimilação

119. Dois argumentos podem ser levantados em favor da admissão da chance perdida como um prejuízo reparável. Em primeiro lugar, pode-se afirmar que o interesse sobre uma chance ostenta autonomia. Em segundo lugar, é possível argumentar que a chance pode, sob certas condições, representar um interesse real e sério para aquele que a detém. A chance perdida seria, assim, um interesse autônomo e relevante, o que justificaria sua inclusão no rol de interesses reparáveis.

Esse segundo argumento procede; mas não o primeiro.

Com efeito, algumas chances constituem interesses relevantes de seus beneficiários, merecendo a proteção do Direito. Há, contudo, oportunidades perdidas que não são suficientemente sérias, inexistindo qualquer razão para que o sistema jurídico se preocupe com elas. Ora, os juízes franceses

PERDA DE UMA CHANCE: A CONSTRUÇÃO DA TÉCNICA **123**

souberam separar umas das outras, partindo de um princípio geral segundo o qual o Direito não oferece proteção aos interesses insignificantes. *De minimis non curat praetor*, afirma o velho adágio.

Essa regra geral do Direito adquire importância peculiar quando aplicada aos casos de perda de chance. E é por essa razão que a jurisprudência criou uma terminologia específica: afirmam os tribunais que, para que constitua um prejuízo reparável, a chance perdida dever ser real e séria (§ 1). Estudaremos então a abrangência desse requisito.

A autonomia do prejuízo-chance constitui outro argumento por vezes empregado para justificar a técnica de reparação de chance. A doutrina afirma por vezes que a chance perdida é reparável na medida em que representa um prejuízo autônomo em relação à perda da vantagem desejada. Veremos que essa afirmação é falsa: o prejuízo-chance não é autônomo à perda da vantagem final. Mas veremos também que essa afirmação é inútil: o prejuízo-chance prescinde da suposta autonomia para que constitua uma lesão reparável (§ 2).

§ 1 – Um interesse real e sério

120. A chance é um objeto abstrato. Ela não tem uma dimensão material e, por essa razão, é muito difícil impor-lhe limites. Para o escritor, a publicação de sua primeira obra era a chance de sua vida. Eis aí a oportunidade de tornar-se célebre e milionário. O empregado recém--contratado estava eufórico. O destino finalmente sorria para ele: com sua dedicação e competência, ele poderia, talvez dali a uns vinte anos, alcançar o cargo de diretor da companhia. A mãe tem certeza de que sua filha de dez anos será uma excelente advogada. Ou coreógrafa[135].

Em princípio, nada nos impede de qualificar essas aspirações como chances e de repará-las caso venham a ser aniquiladas pela obra de um terceiro. Todas constituem expectativas aleatórias fundadas, com maior ou menor força, sobre evidências racionais.

A técnica da reparação de chances tem assim uma forte tendência à vulgarização – uma tendência, aliás, bastante preocupante. O método redundaria no *direito ao sonho*: o réu estaria obrigado a reparar todas as aspirações da vítima; o único limite dessa dívida seria a imaginação do prejudicado. Sem dúvida, uma solução absurda: "o jurista não é um romancista, livre para construir mil castelos em Espanha"[136].

---

[135] Y.CHARTIER, *La réparation du préjudice dans la responsabilité civile*, p. 46, nota 254.
[136] P. le TOURNEAU, *Droit de la responsabilité et des contrats*, op. cit., n° 1426, p. 393.

124 RESPONSABILIDADE CIVIL PELA PERDA DE UMA CHANCE

A proteção concedida às expectativas aleatórias não pode se tornar um subterfúgio às demandas aventureiras. É necessário impor barreiras conceituais a essa técnica[137], como forma de garantir sua contenção.

121. Uma solução simples seria condicionar a reparação de chances a uma porcentagem mínima, abaixo da qual a chance não constituiria um interesse juridicamente protegido. Essa técnica foi empregada na Itália: os tribunais italianos por vezes afirmam[138] que não há direito à reparação quando a oportunidade perdida representa menos de 50% de chances de obtenção do resultado f-avorável[139]. A separação das chances reparáveis é feita a partir daquilo que é mais provável: a obtenção ou a não obtenção do resultado.

Em nosso ver, essa imposição pode gerar discriminações injustificáveis[140]. Pensemos nas hipóteses em que a vítima foi impedida de participar de um concurso. Na maioria dos casos, o candidato está apostando contra as probabilidades – suas chances de ser aprovado são muito menores que as chances de reprovação. Devemos, por essa razão, considerar que o interesse em questão não é relevante, negando-lhe a reparação? Tal solução nos parece injusta. Por certo, tratava-se de uma expectativa pouco provável, mas essa diminuta probabilidade se refletirá quando da liquidação do prejuízo, gerando uma indenização de menor monta. Não se pode ignorar que algumas oportunidades, conquanto inferiores a 50%, podem representar interesses particularmente importantes para aqueles que as detêm.

---

[137] G. VINEY e P. JOURDAIN, *Traité de Droit civil: les conditions de la responsabilité*, op. cit., n° 283, p. 98-102.

[138] "A concretude da probabilidade deve ser estatisticamente avaliável por meio de juízo sintético que afirme que o perigo de não verificação do evento favorável, independentemente da conduta ilícita, seria inferior a 50%". Cons. St., 7 fev. 2002, n° 686.

[139] No Brasil, esse método foi defendido por S. SAVI, *Responsabilidade civil por perda de uma chance*. São Paulo: Atlas, 2006, n° 2.2.2, p. 61. É de se ressaltar que a solução não foi adotada pela jurisprudência. V. notadamente, STJ, REsp n° 788.459/BA, Rel. Min. Fernando Gonçalves, j. 08.11.2005. O acórdão, que é, aliás, o *leading case* brasileiro sobre o tema: concedeu reparação à vítima que havia perdido 25% de chances de se obter um prêmio. V. também STJ, AgRg no REsp n° 1.220.911/SP, Rel. Min. Castro Meira, j. 17.03.2011.

[140] Mesmo na Itália, os juízes por vezes se afastam do referido critério. Em um julgado proferido em 22 de abril de 1993, a Corte Suprema de Cassação italiana afirmou que bastava à reparação de chances "a razoável certeza da existência de uma não ignorável probabilidade favorável (não necessariamente superior a 50%)". C. Supr. Cass., 22 abr. 1993, n° 4725. No mesmo sentido, v. D. CHINDEMI, *Il danno da perdita di chance*. Milão: Giuffrè, 2007, p. 156-157.

PERDA DE UMA CHANCE: A CONSTRUÇÃO DA TÉCNICA **125**

A adoção de um patamar mínimo de probabilidades – pouco importa qual seja o valor eleito[141] – é uma solução simplista e inadaptada, tendo em vista a diversidade dos interesses sobre probabilidades. Um número, escolhido arbitrariamente, jamais poderia servir de divisor de águas entre as chances relevantes e aquelas que não o são.

122. Um segundo critério pode ser encontrado em um princípio geral, bem conhecido dos sistemas jurídicos de tradição romano-germânica: *de minimis non curat praetor* – o Direito não oferece proteção aos interesses insignificantes[142]. Essa máxima é normalmente empregada para afastar as demandas abjetas, que não merecem a intervenção do Poder Judiciário.

O princípio passa a exercer um papel central quando é aplicado aos casos de perda de chance. A plasticidade do termo *chance* constitui uma porta aberta aos interesses pouco importantes, pois a vítima poderia, sempre, encontrar supostas chances perdidas em razão de um evento danoso. Chances que por vezes não passam de meros sonhos do demandante, ou então de seu oportunismo travestido em prejuízos. Para evitar esse tipo de abuso, os juízes se veem, então, obrigados a considerar que a chance perdida deve ostentar uma importância particular, como condição à sua reparação.

A exclusão das demandas insignificantes é um contrapeso tão importante à frouxidão da técnica que a jurisprudência terminou por forjar uma expressão própria ao campo da reparação de chances: para ser reparável, afirmam reiteradamente os juízes franceses[143], a chance perdida deve ser *real e séria*. De origem jurisprudencial, o requisito recebeu a aprovação unânime da doutrina[144].

---

[141] Para uma proposta um pouco mais elaborada, fundada em vários parâmetros numéricos (15%, 80%), v. L. Medina Alcoz, *La teoría de la pérdida de oportunidad*, op. cit., p. 315-318.

[142] V. X. Pradel, *Le préjudice dans le Droit civil de la responsabilité*, op. cit., n° 157 e s. p. 191-198.

[143] Crim., 15 jun. 1982, *Bull. Crim.*, n° 159; Crim., 11 mar. 1986, *Bull. Crim.*, n° 103, p. 265; Crim., 6 jun. 1990, *RTD Civ. 1991*, p. 121, *RTD Civ. 1992,* p. 109, nota P. Jourdain; Crim., 4 dez. 1996, *Bull. Crim.*, n° 445, p. 1301; Civ. 1ª, 4 abr. 2001, *JCP 2001*, II, 10640 nota C. Noblot; Civ. 1ª, 9 nov. 2004, *não publicado*, pourvoir n° 02-19.286; Civ. 3ª, 1 dez. 2004, *RD Imm. 2005,* p. 43, nota C. Morel; Civ. 1ª, 7 fev. 2006, *não publicado*, pourvoir, n° 05-13.958.

[144] G. Viney e P. Jourdain, *Traité de Droit civil: les conditions de la responsabilité*, op. cit., n° 283, p. 98-102; Y. Chartier, *La réparation du préjudice dans la responsabilité civile*, op. cit., n° 36, p. 50-51; P. le Tourneau, *Droit de la responsabilité et des contrats*, op. cit., n° 1418, p. 388; C. Ruellan, "La perte de chance en Droit privé", op. cit, n°15 e s., p. 736-737; I. Vacarie, "La perte d'une chance", op. cit., p. 924-926.

126 RESPONSABILIDADE CIVIL PELA PERDA DE UMA CHANCE

Mas o que significa exatamente uma chance "real e séria"?

123. A análise dos julgados proferidos pela Corte de Cassação revela que dois elementos são levados em consideração. De um lado, as probabilidades envolvidas no caso. De outro, a prova de que a chance em questão interessava concretamente ao seu beneficiário.

No que tange ao primeiro elemento, não se deve evidentemente retornar a uma definição fundada em cifras preestabelecidas. Pode-se simplesmente afirmar que, quanto menores foram as probabilidades representadas pelas chances perdidas, tanto mais razões terão os juízes para considerar que a chance em questão não é real ou séria[145].

A ideia foi expressa pela Corte de Cassação em um julgado proferido em 4 de abril de 2001, referente a uma ação de responsabilidade intentada contra um advogado negligente. A *ratio decidendi* não poderia ser mais clara: "considerando que, quando um dano consiste na perda da chance de êxito em juízo, o caráter real e sério da chance perdida deve ser apreciado com relação à probabilidade de sucesso desta ação"[146].

A exigência não requer maiores explicações: a probabilidade é um fator elementar para que possamos determinar se uma chance é ou não digna de proteção jurídica. De um lado, uma chance diminuta não constitui um interesse significativo de seu detentor. A ninguém é dado demandar a reparação de suas aspirações pouco factíveis. De outro lado, seria difícil conceber que a probabilidade elevada de obter um resultado positivo não represente uma chance real e séria para a vítima[147].

124. Há, contudo, outros julgados em que a exigência do caráter real e sério da chance não esteve diretamente ligada às probabilidades em jogo. Nesses casos, os juízes fizeram uso do requisito para evitar as demandas oportunistas: pouco provável ou muito provável, a chance não será considerada séria se a vítima não for capaz comprovar seu interesse particular naquela oportunidade perdida[148].

Essa prova é normalmente extraída dos esforços que a vítima empregou na obtenção da vantagem aleatória. É por essa razão que a jurisprudência francesa adota uma postura severa em relação aos demandantes que se

---

[145] Crim., 11 mar. 1986, *Bull. Crim.*, n° 103, p. 265; Civ. 1ª, 8 jul. 2003, *Bull. Civ. I*, n° 164, p. 128; Civ. 3ª, 1 dez. 2004, *RD Imm. 2005*, p. 43, nota C. Morel; Civ. 1ª, 7 fev. 2006, *não publicado,* pourvoir n° 05-13.958.

[146] Civ. 1ª, 4 abr. 2001, *JCP 2001*, II, 10640 nota C. Noblot. V. também: Civ. 1ª, 7 maio 2008, *Gaz. Pal. 2008*, n° 330, p. 18, nota É. Mulon.

[147] TA Rennes, 6 jul. 1994, *LPA 1995*, n° 24, p. 12, nota F. Mallol.

[148] Crim., 6 jun. 1990, *RTD Civ. 1991*, p. 121, *RTD Civ. 1992,* p. 109, nota P. Jourdain; Crim., 4 dez. 1996, *Bull. Crim.*, n° 445, p. 1301.

PERDA DE UMA CHANCE: A CONSTRUÇÃO DA TÉCNICA **127**

queixam de ter perdido a chance de exercer uma profissão, mas que não estavam até então engajados em uma atividade específica para o mister em questão[149]. Assim, em um julgado proferido em 12 de maio de 1966[150], a Segunda Câmara Civil da Corte de Cassação negou a indenização requerida por uma jovem, que afirmava ter perdido a chance de ascender à profissão de farmacêutica. Segundo a Corte, a demandante "não havia empreendido qualquer estudo especial que poderia garantir seu acesso à profissão em questão", e por isso "não poderia se queixar da privação das vantagens da carreira, que eram puramente hipotéticas".

Por outro lado, os tribunais franceses não hesitam em reparar a oportunidade de ascender a uma carreira específica quando a vítima preparava-se para essa profissão. Por exemplo, a alta Corte cassou, em 1961, uma decisão que denegava a uma jovem, vítima de um acidente, a reparação das chances de se tornar comissária aérea. A despeito do fato de que a demandante "não exercia, na época do acidente, nenhuma atividade assalariada", a Corte de Cassação ressaltou que "ela acabara de concluir estudos específicos e de realizar uma viagem à Inglaterra para melhorar seus conhecimentos de inglês, com o objetivo de se preparar para a profissão de comissária de bordo", e que desse modo o acidente a havia "impedido de aproveitar sua aptidão para o emprego em questão, aptidão essa obtida com seu trabalho especialmente realizado para tanto e pelas despesas que incorreu em sua preparação"[151]. Igualmente, nem a Corte de Apelação nem a Corte de Cassação puderam ignorar o prejuízo material sofrido pela viúva de um estudante atingido fatalmente em um acidente. A tragédia interrompera a ascensão brilhante da vítima direta, que já se encontrava no sexto ano de medicina[152].

Note-se então que, quando os juízes condicionam a reparação de uma chance ao seu caráter real e sério, eles não querem nada além da prova concreta de que a vítima estimava aquela chance e que, assim, essa perda representa uma lesão efetiva a um interesse seu. O objetivo dos tribunais é de descartar os falsos interesses, inexplicavelmente "descobertos" pela vítima apenas no momento em que ela propôs sua ação de reparação.

125. Dois julgados, proferidos na década de 1980, ilustram claramente a posição adotada pela Corte de Cassação no que tange à noção

---

[149] Y. CHARTIER, *La réparation du préjudice dans la responsabilité civile*, op. cit., n° 31, p. 42-43.

[150] Civ. 2ª, 12 maio 1966, *D. 1967*, p. 3. v. também: Civ. 2ª, 10 out. 1973, *Bull. Civ. II*, n° 254, p. 203.

[151] Civ. 2ª Seç., 17 fev. 1961, *Gaz. Pal. 1961*, I, p. 400.

[152] Crim., 24 fev. 1970, *D. 1970*, p. 307, nota P. le TOURNEAU, *JCP 1970*, II, 16456

de "chance real e séria". Os recursos interpostos eram idênticos: os herdeiros de um empregado, falecido em um acidente fatal, se insurgiam contra uma decisão que lhes havia negado a reparação das chances de melhorar sua condição financeira. Nos dois casos, os demandantes argumentavam que a vítima direta poderia exercer uma nova atividade após sua aposentadoria, o que aumentaria os recursos da família.

Havia apenas uma diferença relevante entre esses dois litígios. No primeiro, o *de cujus* já estava, antes do acidente, em vias de negociação para se tornar consultor[153]. No outro, contudo, não restava qualquer traço da atividade que possivelmente seria exercida pelo falecido. Sua viúva se limitava a afirmar que ele poderia, depois da aposentadoria, "aumentar seu salário exercendo por sua conta a profissão de motorista de ambulância, ou um outro ofício"[154].

E foi precisamente essa diferença que levou a Corte de Cassação a tomar decisões diametralmente opostas em cada um desses casos: os ministros cassaram o primeiro julgado – a Corte de Apelação não poderia ignorar que a vítima direta havia recebido proposições "reais e sérias" para continuar a trabalhar como consultor, após sua aposentadoria –, mas confirmaram o segundo – "nenhuma prova fora produzida pelo demandante acerca da perda efetiva de uma chance séria de melhoria de seus proventos".

126. Pode-se assim concluir os tribunais franceses têm dois objetivos em mente quando exigem que a chance reparável seja real e séria: de um lado, desejam evitar que a reparação de chances seja empregada em prol de interesses ignóbeis. De outro, que a técnica se torne um subterfúgio às demandas especulativas. A forma mais eficaz de contornar a frouxidão inerente à noção de chance é a reafirmação de um velho princípio romanista: o Direito não se preocupa com as coisas insignificantes.

Uma chance real e séria representa um interesse significativo da vítima de um incidente. Eis aí um argumento que milita em favor da inclusão da chance entre os prejuízos reparáveis. Seria possível afirmar que esse interesse relevante é também um interesse autônomo?

§ 2 – Um interesse autônomo (?)

127. Alguns adjetivos, tais como *autônomo* ou *independente*, nos reservam sempre certo mistério. Etimologicamente, o primeiro representa um

---

[153] Crim., 15 jun. 1982, *Bull. Crim.*, n° 159.
[154] Crim., 11 mar. 1986, *Bull. Crim.*, n° 103, p. 265.

PERDA DE UMA CHANCE: A CONSTRUÇÃO DA TÉCNICA **129**

valor absoluto (do grego *autonomos*: a faculdade de agir por meio de suas próprias regras), enquanto o segundo significa a ausência de vinculação de um elemento perante outro. Mas tudo se confunde na língua corrente, a tal ponto que podemos facilmente encontrar graus de autonomia, ou independências puras e simples.

Aqui os dois termos serão empregados em seu sentido relacional e, no mais, como sinônimos. Ao afirmarmos que a chance perdida é autônoma ou independente, nossa hipótese é que a lesão decorrente da perda de uma chance não teria qualquer relação com a perda da vantagem desejada. O Direito poderia então reparar aquele sem ter de considerar esta última.

É o que concluem muitos juristas[155] com base em uma posição frequentemente adotada pela Câmara Criminal da Corte de Cassação em matéria de responsabilidade, civil e penal, de profissionais da saúde, em casos envolvendo a morte de seus pacientes. Em diversos julgados a Câmara, a despeito de inocentar o médico negligente da acusação de homicídio culposo, o declara, ato contínuo, responsável civilmente por ter privado seu falecido paciente de uma chance de sobreviver[156], e condena o réu ao pagamento da indenização respectiva. No entender da doutrina[157], essa posição da Câmara Criminal revelaria a independência entre a morte, que, afirma a Corte, não é uma consequência do erro médico, e a chance de evitá-la, que, afirma essa mesma Corte, foi perdida em razão desse erro. Cabe observar que, ao invés de declarar abertamente tal autonomia ou independência[158], a jurisprudência francesa se mostra em geral hostil a essa qualificação[159]. Trata-se de uma proposição doutrinária por excelência.

---

[155] C. RUELLAN, "La perte de chance en Droit privé", op. cit, n° 47, p. 751; M. HEERS, "L'Indemnisation de la perte d'une chance". *Gaz. Pal. 2000,* p. 525; G. VINEY e P. JOURDAIN, *Traité de Droit civil: les conditions de la responsabilité,* op. cit., n° 284, p. 103.

[156] Crim., 20 mar. 1996, *RTD Civ. 1996,* p. 912, nota P. JOURDAIN; Crim., 20 nov. 1996, *Bull. Crim.,* n° 417, p. 1211; Crim., 28 set. 1999, *D. 2000,* p. 9. Cumpre notar que a Câmara Criminal da Corte de Cassação tem competência para apreciar certas questões relativas à responsabilidade civil quando os fatos imputados ao réu constituam crime em tese, competência que prevalece ainda que o acusado venha a ser inocentado na esfera penal.

[157] C. RUELLAN, "La perte de chance en Droit privé", op. cit, n° 47, p. 751; M. HEERS, "L'Indemnisation de la perte d'une chance", op. cit., p. 525; G. VINEY e P. JOURDAIN, *Traité de Droit civil: les conditions de la responsabilité,* op. cit., n° 284, p. 103.

[158] Civ. 1ª, 7 jun. 1989, *D. 1991,* p. 158, nota J. P. COUTURIER; D. 1991, p. 323, nota J.-L. AUBERT; Civ. 1ª, 30 jan. 1996, *RTD Civ. 1997,* p. 31, nota P. JOURDAIN; Civ. 1ª, 8 jul. 1997, *RTD Civ. 1998,* p. 126, nota P. JOURDAIN; Civ. 1ª, 18 jul. 2000, *D. 2000,* p. 853, nota Y. CHARTIER.

[159] V., contudo, CA Versailles, 21 jul. 1993, *RTD Civ. 1994,* p. 120, nota P. JOURDAIN.

128. Em nosso ver, essa suposta autonomia sustentada pela doutrina não resiste a uma análise mais aprofundada. O interesse sobre a chance e o interesse sobre a vantagem final estão inevitavelmente ligados, porquanto se reportam a um mesmo objeto: a vantagem em questão. O único elemento que os diferencia reside – emprestando a expressão de Keynes – no grau de *crença racional*[160] acerca da obtenção dessa vantagem. O interesse sobre a vantagem é o interesse de obter *certamente* essa vantagem, enquanto o interesse sobre a chance é o interesse de obter *provavelmente* essa mesma vantagem. Ora, é impossível imaginar um desses interesses dissociado do outro. O candidato que quer vencer o concurso literário quer também usufruir da chance de ganhar essa competição. O jurisdicionado que requer a seu advogado que interponha determinado recurso contra uma decisão desfavorável tem inegavelmente um interesse na revisão do decidido. Certamente ou provavelmente, em todo caso, é a obtenção da vantagem que desperta o desejo da vítima.

Disso decorre que a perda de chance de obter um resultado jamais será independente ou autônoma em relação à perda desse resultado. De forma mais precisa, poderíamos afirmar que a lesão a um interesse aleatório é uma lesão subordinada, cuja existência não deixa de ser uma expressão atenuada da perda da vantagem em jogo. Essa dependência da perda da chance à perda da vantagem desejada se expressa claramente por meio de três fatores de subordinação:

Primus: uma subordinação quanto à sua existência. As chances perdidas apenas constituem um prejuízo reparável caso a vantagem desejada também esteja definitivamente perdida[161]. A eventual obtenção do resultado almejado eliminaria a incerteza contrafatual que atingia o litígio: uma vez satisfeitas as ambições da vítima, podemos então afirmar que ela não se encontraria em uma situação mais vantajosa sem o fato imputável ao réu. Ora, nesse caso, não haveria qualquer razão para conceder uma indenização ao demandante[162]. Por essa razão, não há direito à reparação

---

[160] J. M. KEYNES, *A Treatise on Probability,* op. cit., p. 15. V. *supra,* n° 66

[161] M. FABRE-MAGNAN, *De l'obligation d'information dans les contrats: essai d'une théorie,* op. cit. p. n° 624, p. 495.

[162] Segundo Luis MEDINA ALCOZ, esse fato prova que a chance não constitui um prejuízo: "se fosse certo que a *chance* é uma entidade econômica, teríamos de reconhecer o direito ao ressarcimento também quando o atentado simplesmente a aniquila, quer dizer quando o fato ilícito limita, sem eliminá-las definitivamente, as possibilidades favoráveis da vítima". Contudo, prossegue o autor, "afirma-se que não há um dano porque é preciso que a vítima perca irremediavelmente o bem". Em nosso ver, a exigência da perda irremediável da vantagem final decorre do fato de que, se a vítima obtém o bem pretendido, então o problema da incerteza simplesmente não terá qualquer razão de ser – sabe-se que a situação contrafatual não será mais vantajosa à vítima. Nesse caso, não

PERDA DE UMA CHANCE: A CONSTRUÇÃO DA TÉCNICA 131

enquanto ainda houver chances de que a vítima obtenha o resultado que deseja[163]. O direito à reparação da chance surge apenas com a perda irreversível da vantagem final.

Secundus: uma subordinação quanto à sua extensão. Como visto[164], o valor da chance perdida representa sempre uma fração da vantagem desejada. É por esse motivo que a jurisprudência francesa por vezes afirma que o valor de uma chance não pode ser arbitrado de forma tarifária e apriorística[165]. É necessário avaliá-la a partir da vantagem em jogo.

Tertius: uma subordinação quanto à sua reparação. A indenização das chances perdidas não pode ser cumulada com a indenização da vantagem final perdida. Ou se concede indenização por uma perda, ou pela outra. E isso ocorre justamente porque esses dois prejuízos versam sobre um mesmo objeto. Logo, reparar a perda de chance e a perda do resultado representaria um verdadeiro *bis in idem*, implicando o excesso de indenização concedido à vítima.

129. A afirmação da autonomia entre a perda chance e a perda da vantagem desejada é uma busca fadada ao fracasso. O interesse sobre a chance é sem dúvida um interesse *distinto* do interesse sobre a vantagem final. Distinto – e é difícil de evitar as tautologias – porque a chance de obter um bem não se confunde com esse próprio bem. Contudo, jamais poderíamos afirmar que o interesse sobre a chance é *independente* ou *autônomo* em relação ao interesse sobre a vantagem desejada. O interesse sobre uma chance apenas incorpora um grau de crença racional mais brando, se comparado ao interesse sobre a própria obtenção da vantagem em questão. Logo, para avaliarmos uma lesão ao primeiro, teremos de considerar a lesão ao segundo, inevitavelmente.

130. A ausência de autonomia pode em princípio parecer uma questão puramente teórica. Mas ela apresenta algumas implicações práticas de grande relevo. A primeira foi mencionada anteriormente: o valor da reparação das chances é diretamente proporcional ao valor da vantagem perdida. Essa relação é comumente afirmada pela jurisprudência francesa[166], e há até mesmo um julgado em que a vítima de um erro médico,

---

haverá motivos para que se lance mão da técnica da reparação de chances. O dilema se desfaz naturalmente. *La teoría de la pérdida de oportunidad*, op. cit., p. 372.

[163] Civ. 2ª, 24 jun. 1999, *Bull. Civ. II*, n° 126 p. 89.

[164] V. *supra*, n° 108 e s.

[165] Civ. 1ª, 18 jul. 2000, *D. 2000*, p. 853, nota Y. CHARTIER. O acórdão afirma que a reparação de chances "ne saurait présenter un caractère forfaitaire".

[166] Civ. 1ª, 9 maio 1973, *JCP 1974*, II, 17643; Civ. 1ª, 2 maio 1978, *JCP 1978*, II, 18966, nota R. SAVATIER; Civ. 1ª, 16 jul. 1998, *JCP 1998*, II, 10143, nota R. MARTIN; Civ. 1ª, 9 abr. 2002, *Bull. Civ. I*, n° 116, p. 89; Civ. 1ª, 7 dez. 2004, *D. 2005*, p. 403, nota

já indenizada a título de perda de chance, recebeu uma indenização complementar, em razão da posterior agravação de seu estado de saúde: "no caso em que o erro médico priva o paciente da chance de obter a melhora de seu estado de saúde ou de evitar, no todo ou em parte, uma enfermidade, o dano resultante dessa perda é uma função da gravidade de seu estado físico, de modo que a extensão do dano sofrido [pela vítima] poderia se alterar com a agravação de sua incapacidade"[167].

Outra implicação não menos importante concerne à gama de indenizações que podem ser objeto de direito regresso. No Direito francês, os organismos e indivíduos que prestam auxílio às vítimas de acidentes, tais como seguradoras e instituições de assistência e seguridade social[168], sub-rogam-se, em princípio, nos direitos da vítima assistida e podem assim reaver os valores despendidos com estas, por meio de um pedido formulado diretamente contra o responsável pelo acidente. O valor obtido por esses organismos, contudo, será deduzido da indenização que seria paga à vítima por esse responsável.

Com o claro intuito de proteger a vítima, garantindo a ela a maior parcela possível da indenização, o Direito francês passou a reduzir paulatinamente a gama de espécies de prejuízo que podem ser "abocanhados" por esses organismos de assistência quando do exercício de seu direito de regresso. Em um primeiro estágio dessa evolução legislativa e jurisprudencial, foram tornados imunes ao direito de regresso todas as indenizações de *caráter pessoal* concedidas à vítima (sofrimentos físicos e morais, prejuízos estéticos, prejuízos existenciais, etc.[169]). Assim, para recuperar as somas gastas, os organismos poderiam se valer apenas da indenização concedida à vítima em razão dos prejuízos materiais sofridos ela.

Essa restrição foi reforçada pela Lei de 21 de dezembro de 2006, que introduziu o método de imputação dos direitos de regresso conhecido como "espécie por espécie de prejuízo": doravante, para obter o reembolso, o organismo de assistência poderá apoderar-se somente da indenização que

---

J. Penneau; Civ. 1ª, 14 fev. 2008, *Bull. Civ. I*, n° 51; Civ. 2ª, 9 abr. 2009, *Bull. Civ. II*, n° 98.

[167] Civ. 1ª, 7 jun. 1989, *D. 1991*, p. 158, nota J. P. Couturier, D. 1991, p. 323, nota J.-L. Aubert.

[168] No Direito francês, essas instituições são chamadas de *tiers payeurs* – "terceiros pagadores". Em tradução livre, denominaremos tais figuras de "organismos de assistência".

[169] Esse sistema foi inicialmente previsto pela Lei de 27 de setembro de 1973, que regulava tão somente as prestações versadas pela Seguridade Social. Mas seu campo de aplicação foi paulatinamente ampliado pela jurisprudência. A Lei Badinter de 5 de julho de 1985 tornou-o regra geral, aplicável a todos os casos de exercício de regresso dos organismos de assistência.

PERDA DE UMA CHANCE: A CONSTRUÇÃO DA TÉCNICA **133**

versar exatamente sobre a mesma espécie de prejuízo indenizada por ele com o seu serviço. Em outras palavras, o valor pago pelo organismo só pode ser abatido de uma indenização da *mesma espécie*, ou seja, deve haver uma exata correspondência entre o tipo de prejuízo indenizado pela instituição e o tipo de prejuízo previsto na condenação do responsável, como condição ao exercício do direito de regresso. Por exemplo, caso uma seguradora tenha indenizado seu segurado, vítima de um acidente corporal, em função dos gastos médicos incorridos por este, o direito de regresso da instituição será exercido somente sobre valores devidos pelo responsável pelo acidente a título de *gastos médicos* – e jamais sobre qualquer outro tipo indenização a ser paga por ele à vítima. A seguradora não terá assim direito de reaver suas despesas, caso a prestação oferecida por ela carecer de correspondente na condenação, ou, ainda, terá esse direito mitigado caso o montante reconhecido em sentença para indenizar aquela espécie de prejuízo seja inferior ao montante que fora despendido pela instituição[170].

Eis aí o problema trazido pela reparação de chances ao sistema francês de exercício do direito de regresso: teria a chance reparada a mesma natureza da perda da vantagem final? Em caso afirmativo, a reparação de chances, a que foi condenado o responsável, poderá servir de substrato para o exercício do direito de regresso dos organismos de assistência, quando estes prestam à vítima serviços visando à reparação dos prejuízos finais sofridos por esta. A exemplo, o organismo que concedeu à vítima de um erro médico prestações relativas à perda de salário pelo tempo em que esta ficou em recuperação, poderá exercer seu direito de regresso sobre a indenização devida pelo médico negligente, condenado a reparar a perda de chances de evitar a diminuição desses ganhos.

Por outro lado, se considerarmos que o interesse sobre a chance de obter um resultado é independente do interesse sobre esse resultado, então a reparação de chances jamais fará parte da gama de indenizações que podem satisfazer o direito de regresso, salvo se o organismo em questão concedeu

---

[170] V. a nova redação do art. 25, alínea 1 da Lei de 5 julho 1985: "Os direitos de regresso dos organismos de assistência devem serão exercidos espécie por espécie apenas sobre as indenizações que reparam os prejuízos assumidos por eles, excluindo-se os prejuízos de caráter pessoal". A mesma lei de 21 de dezembro de 2006 introduziu um artigo de redação semelhante no Código da Seguridade Social. Tal sistema for criado para evitar a situação, outrora recorrente, em que o direito de regresso do organismo de assistência terminava por tragar toda a indenização que seria paga à vítima. Seja porque o organismo superestimava os valores dos serviços assistenciais que prestara diretamente à vítima, seja porque a indenização devida pelo responsável foi reduzida após uma transação, o direito de regresso exercido sem referência às espécies de prejuízo privava a vítima de indenizações que não foram arcadas pelo organismo – como, por exemplo, a indenização dos prejuízos morais.

134 RESPONSABILIDADE CIVIL PELA PERDA DE UMA CHANCE

à vítima uma prestação a título expresso de reparação das chances perdidas por esta. Mas, tendo em vista que tal exceção inexiste na prática, a vítima cumularia em todo caso a prestação fornecida pelo organismo de assistência, relativa à perda do resultado, e a indenização paga pelo responsável, relativa à perda da chance de obtenção desse mesmo resultado[171].

131. Ora, essa dupla indenização é nitidamente injusta[172], e mesmos os juízes se mostraram sensíveis a esse problema. É por essa razão que a Corte de Cassação desde logo consagrou a tese da identidade de natureza entre o interesse sobre a chance de obter um resultado e o interesse sobre esse resultado[173], considerando, assim, que a reparação da chance perdida corresponde "a uma fração dos diferentes prejuízos suportados pela vítima"[174]. Por consequência, a reparação de uma chance perdida faz parte do leque de valores que podem servir à satisfação dos organismos de assistência.

Para permitir o exercício do direito de regresso, os juízes devem dividir a chance perdida em diversas subespécies de prejuízos que essa chance visava evitar. Se, antes da reforma de 2006, essa divisão já era feita entre as chances de evitar os prejuízos pessoais e as chances de evitar os prejuízos patrimoniais[175], a partir da mudança legislativa o método deve ser adaptado ao novo sistema de regresso "espécie por espécie"[176].

---

[171] V. a nota de P. Jourdain a Civ. 1ª, 30 jan. 1996, *RTD Civ. 1997*, p. 31.

[172] "Consequência absolutamente inadmissível!", afirma P. Jourdain, em sua nota ao acórdão CA Versailles, 21 jul. 1993, *RTD Civ. 1994*, p. 120.

[173] Logo, a perda de uma chance não constitui necessariamente um prejuízo de natureza patrimonial. Ela será patrimonial ou extrapatrimonial de acordo com a natureza da vantagem desejada. *Contra*: S. Savi, *Responsabilidade civil por perda de uma chance*, op. cit., n° 2.2.1, p. 47-56.

[174] Civ. 1ª, 18 jul. 2000, *D. 2000*, p. 853, nota Y. Chartier; v. também: Civ. 1ª, 30 jan. 1996, *RTD Civ. 1997*, p. 31, nota P. Jourdain; Civ. 1ª, 8 jul. 1997, *RTD Civ. 1998*, p. 126, nota P. Jourdain; Civ. 1ª, 18 jan. 2005, *D. 2005*, p. 524.

[175] A exigência foi claramente colocada pela Primeira Câmara Civil em um julgado de 20 de julho de 1988: "Considerando que depois de afirmar que o sr. X havia privado o sr. Y de 'uma chance de se terminar em um estado menos grave do aquele em que ele se encontra atualmente', o acórdão constatou que essa perda 'se reporta à integralidade física' da vítima e que a indenização que lhe foi concedida deve ser integralmente submetida aos recursos dos organismos sociais; considerando que, ao decidir desse modo, sem esclarecer por quais motivos a chance perdida pelo sr. Y não reportava-se às chances de sofrer em menor grau os prejuízos de caráter pessoal previstos no artigo L. 376-1, alínea 3, do Código da Seguridade Social, prejuízos cuja reparação fora demandada por ele [e que não poderiam ser objeto dos direitos de regresso], a Corte de Apelação não satisfez às exigências do texto legal mencionado; por esses motivos, cassa-se e anula-se". Civ. 1ª, 20 jul. 1988, *Bull. Civ. I*, n° 260, p. 179.

[176] Civ. 1ª, 29 jun. 1999, *RTD Civ. 1999*, p. 841, nota P. Jourdain: "Considerando, contudo, que nos casos em que a negligência do médico privou o paciente da chance de evitar uma lesão à sua integridade física, o dano que resulta para ele é uma função

PERDA DE UMA CHANCE: A CONSTRUÇÃO DA TÉCNICA

132. Justamente em razão dessa dependência entre o prejuízo-chance e o interesse sobre a vantagem desejada, somada ao fato de que a reparação daquele representa sempre uma fração deste, alguns autores consideraram que a reparação de chances implicaria a renúncia ao princípio da reparação integral do prejuízo. A técnica seria uma forma de reparação parcial do prejuízo efetivamente sofrido pela vítima[177].

Um primeiro ponto a ser observado é que, quando os defensores dessa tese sustentam que a reparação de chances é parcial, eles pressupõem que o prejuízo "total" sofrido pela vítima é a perda da vantagem desejada. Assim, comentando os casos de perda da chance de cura, relativos à responsabilidade médica, J. Boré afirma que a reparação integral da vítima exigiria a indenização da própria morte do paciente: "um morto não é um semivivo e a vítima ou seus herdeiros sofreram o prejuízo em sua integralidade"[178].

O equívoco dessa corrente reside, em nosso entender, no fato de que ela confunde o prejuízo, em seu sentido técnico-jurídico, com prejuízo em seu sentido coloquial, equivalente à perda, ao desprazer. Nem toda perda, por mais profunda que seja, constitui um prejuízo em seu sentido técnico, mas apenas aquelas perdas que apresentarem certos elementos estabelecidos pelo Direito. Entre esses elementos está a certeza.

Ora, nos casos de lesão a interesses aleatórios, a perda da vantagem desejada, como o falecimento do paciente no exemplo citado, jamais constitui um prejuízo certo para a vítima. Ainda que a morte seja um fato consolidado e irreversível, não é possível afirmar que o paciente teria sobrevivido caso a falha médica não tivesse ocorrido. Em razão da dúvida, essa perda da vantagem final não pode ser considerada um

---

da gravidade de seu estado de saúde real e de todas as consequências decorrentes; que sua reparação não se limita ao prejuízo moral, mas sim corresponde à uma fração dos diferentes tipos de prejuízo que ele sofreu, de maneira que, em razão das prestações que **foram** fornecidas por força do evento danoso, os organismos de assistência podem exercer seus recursos sobre a soma concedida à vítima para a reparação da perda da chance de evitar uma lesão à sua integridade física, excetuando-se a parte da indenização de caráter pessoal". V. também: Civ. 1ª, 7 dez. 2004, *D. 2005*, p. 403, nota J. PENNEAU.

[177] Na França, a ideia foi defendida por J. Boré: "L'Indemnisation pour les chances perdues: une forme d'appréciation quantitative de la causalité d'un fait dommageable", op. cit. V. também "La causalité partielle en noir et blanc ou les deux visages de l'obligation *in solidum*", *JCP 1971*, I, 2369, do mesmo autor. Mas o conceito foi desenvolvido com maior profundidade na tese do espanhol L. MEDINA ALCOZ, *La teoría de la pérdida de oportunidad*, op. cit., em especial em seu capítulo sétimo.

[178] "L'Indemnisation pour les chances perdues: une forme d'appréciation quantitative de la causalité d'un fait dommageable", op. cit.

prejuízo certo para a vítima e, *a fortiori*, não pode ser considerada o "prejuízo total" sofrido por ela.

Em outras palavras, não há nessas hipóteses qualquer prejuízo para além da chance perdida. Ela constitui o único prejuízo certo sofrido e que deverá ser reparado integralmente pelo responsável. Logo, a reparação de chances não representa uma violação ao princípio da reparação integral do prejuízo, mas o contrário: a indenização integral da vítima só poderá ser empreendida por meio da reparação das chances das quais foi privada[179].

133. Observe-se assim, que, a despeito das incontornáveis afinidades entre elas, a perda da chance e a perda da vantagem correspondente são apreendidas de formas distintas pelo Direito, a primeira recebendo a qualificação de "prejuízo certo", mas não a segunda. O único elemento que as diferencia – o grau de probabilidade – é capaz de conceder individualidade jurídica a cada uma delas, de modo que o interesse sobre a chance e o interesse sobre a vantagem não se confundem. Em suma, a pretensa "autonomia" da chance perdida não é, de forma alguma, condição ao seu reconhecimento jurídico.

Partindo dessa concepção poderemos então explicar a mencionada posição adotada pela Câmara Criminal nas ações de responsabilização, civil e criminal, dos médicos negligentes[180]. De um lado, ela considera que o erro do acusado não provocou a morte do paciente e que, por isso, a morte não é um prejuízo certo decorrente da conduta do médico. Porém, nada impede os juízes de considerar que esse ato negligente privou o paciente da perda de uma chance de evitar a tragédia. Por óbvio, o interesse sobre a chance de sobrevivência somente pode existir

---

[179] Luis MEDINA ALCOZ considera que a chance não constituiria um prejuízo reparável, pois uma chance não é um bem: "se fosse certo que a chance constitui um bem patrimonial, teria de apresentar um valor de mercado. Segundo a teoria econômica moderna, o conceito de 'valor' [...] é sempre um valor de mercado ou de troca [...]. É claro que esse valor econômico que se atribui à *chance* não é um valor de mercado, próprio de um bem negociável". Idem, p. 372-376. Em nosso ver, essa crítica pode ser afastada por meio de dois argumentos: *Primus*, várias chances possuem, efetivamente, um valor de mercado. Diversos contratos, bem conhecidos do Direito privado, têm como objeto central a troca de incertezas, que recebem assim um valor de câmbio – seguros, loteria, contratos de futuros, opções, etc. (esta últimas gozam, até, de cotação em bolsa de valores). *Secundus*, o fato de que a chance constitui ou não um bem cambiável é indiferente à configuração de um prejuízo. Para que um prejuízo patrimonial esteja constatado, basta que haja lesão a um interesse patrimonial do indivíduo atingido. A responsabilidade civil busca a proteção dos interesses da vítima, e não apenas a proteção dos bens desta.

[180] V. *supra*, n° 127.

na medida em que admitimos que o paciente tinha um interesse em sua sobrevivência. Mas, ao contrário da lesão a esse interesse, a lesão àquele constitui um prejuízo certo provocado pelo médico.

134. Distinto, mas subordinado. É dessa forma que podemos resumir as relações entre o prejuízo referente à perda da chance de obter um resultado e a perda efetiva desse mesmo resultado. É também a posição proposta pelo anteprojeto de reforma Catala, em seu art. 1346: "A perda de uma chance constitui um prejuízo reparável distinto da vantagem que essa chance teria oferecido, caso viesse a se realizar"[181].

Séria e distinta do interesse sobre a vantagem final, a lesão a um interesse sobre uma chance pode ser considerada um prejuízo reparável. Mas essa assimilação tem seus limites – por vezes desprezados pela jurisprudência francesa.

Seção 2 – A álea como um prejuízo: os limites da assimilação

135. A reparação de chances é uma técnica de proteção de interesses aleatórios. Em princípio, ela somente poderia ser aplicada aos casos em que o interesse da vítima estava acometido por uma incerteza. Além dessa hipótese, a álea jamais poderia ser considerada um prejuízo reparável.

A técnica da reparação de chances revelou-se, porém, um instrumento bastante – ou mesmo demasiadamente – profícuo nas mãos dos magistrados. Seu potencial é inegavelmente sedutor. Sob o manto da reparação de chances, os juízes podem se esquivar de qualquer incerteza, até mesmo aquelas que em nada se relacionam com a incerteza inerente ao interesse da vítima.

O mecanismo da reparação de chances tornou-se, assim, um verdadeiro *deus ex machina* para superar todas as dificuldades provocadas pelo embate entre a responsabilidade civil e a dúvida. E as novas fronteiras da técnica revelam que sua utilização extrapola os motivos que levaram à sua criação.

Em dois campos, os tribunais franceses conduziram a técnica da reparação de chances aos seus limites. O primeiro deles é o campo da responsabilidade médica (§ 1). É verdade que, nessa seara, a jurisprudência estabeleceu um divisor conceitual, a fim de evitar o abuso da técnica. Ocorre que esse divisor não existe na outra hipótese de aplicação limítrofe, a saber, a da responsabilidade pelo inadimplemento de um dever de infor-

---

[181] V. também Civ. 1ª, 7 jun. 1988, *Bull. Civ. I*, n° 180, p. 125.

mação (§ 2). Esse emprego da reparação de chances não está alicerçado sobre a premissa da proteção dos interesses aleatórios e, por essa razão, devemos indagar se esse uso da técnica é realmente justificável.

§ 1 – A reparação das chances de sobrevivência ou de cura: a demarcação dos limites

136. O julgado proferido em 14 de dezembro de 1965 pela Primeira Câmara Civil da Corte de Cassação[182] ascendeu rapidamente à notoriedade. Foi a primeira vez que a Corte de Cassação empregou a técnica da reparação de chances ao campo da responsabilidade médica. A inovação, recebida com severas críticas pelos comentadores[183], não era de todo inesperada, visto que a Corte de Apelação de Grenoble fizera, quatro anos antes, uso da técnica de reparação de chances na seara médica[184].

No mais, alguns juristas notam[185] que a Corte de Cassação já anunciara, desde 1960, a aplicabilidade da técnica aos casos de responsabilidade médica, por ocasião de um acórdão proferido em 31 de maio daquele ano pela mesma Primeira Câmara Civil[186]. Na decisão de 1960, a alta Corte cassou um julgado da Corte de Apelação de Pau, sob o argumento de que houve contradição na motivação adotada em segunda instância. Os desembargadores, afirmou a Corte de Cassação, haviam se equivocado, pois constataram, de um lado, que a negligência imputável a um cirurgião havia "agravado os riscos da operação" e, ato contínuo, concluíram "que não havia nexo de causalidade entre essa conduta negligente e o

---

[182] Civ. 1ª, 14 dez. 1965, *JCP 1966*, II, 14753, nota R. Savatier, *D. 1966*, p. 453, *RTD Civ. 1967*, p. 181.

[183] V. a nota de R. Savatier, *supra*, e seu artigo "Une faute peut-elle engendrer la Responsabilité d'un dommage sans l'avoir causé?", op. cit.

[184] CA Grenoble, 24 out. 1961, *RTD Civ. 1963,* p. 334, nota A. Tunc: Tratava-se de um caso de erro de diagnóstico, no qual o médico não havia identificado a fratura no punho de seu paciente, evidenciada pelas radiografias realizadas. Anos mais tarde, o indivíduo sente fortes dores na região atingida e é declarado parcialmente incapacitado. Na decisão, a Corte de Apelação de Grenoble assevera que um diagnóstico correto "seria capaz de levar à consolidação da fratura e de evitar, no caso, a formação da pseudoartrose e da persistente fragilidade do punho". Por essa razão, os juízes concluíram que "a não aplicação do tratamento, que decorre do erro de diagnóstico, privou, certamente, [o demandante] de uma chance de cura, chance com a qual o paciente teria, normalmente, o direito de contar" e que "o prejuízo certo e direto causado [ao paciente] pelo erro de diagnóstico reside, exclusivamente, nessa perda de chance de cura".

[185] J. Penneau, *La responsabilité médicale*, op. cit., n° 108, p. 119-120.

[186] Civ. 1ª, 31 maio 1960, *D. 1960*, p. 571, *S. 1960*, p. 303, *JCP 1961*, 11914, nota R. Savatier.

dano causado à sra. Y, em razão da morte de seu marido no curso dessa operação". Ora, o entendimento da Corte provoca certa perplexidade. Ou bem a Corte desejava impor uma presunção de causalidade a todo caso em que um erro médico agrava o risco de ocorrência de uma lesão – hipótese muito rigorosa para com os médicos[187]; ou bem haveria outro prejuízo causado por essa conduta, que estaria diretamente ligado à agravação dos riscos.

Essa segunda hipótese seria consagrada cinco anos mais tarde pelo mencionado acórdão de 14 de dezembro de 1965[188]. Tratava-se de um caso de erro de diagnóstico: ao identificar, erroneamente, uma fratura no úmero, o médico havia privado seu paciente de um tratamento adequado ao mal que verdadeiramente o acometia – uma luxação no cotovelo. A enfermidade veio então a se consolidar, dando origem a uma incapacidade parcial permanente.

Trata-se, nitidamente, de um problema clássico de perda de chances. O paciente tinha interesse em sua possível, mas incerta, recuperação, e esse interesse foi obstado pelo erro imputável ao médico. O processo aleatório se encerrou com a perda definitiva da cura desejada, do que resulta uma incerteza contrafatual: a invalidez permanente teria sido evitada por um tratamento adequado?

A Corte de Apelação de Paris não hesitou em empregar a técnica da reparação de chances a esse litígio, resolvendo assim o problema trazido pela incerteza. Com efeito, o tribunal condenou o médico negligente a reparar "as chances de cura" perdidas por seu paciente. E tal entendimento foi aprovado pela Corte de Cassação: segundo a alta Corte, a decisão de segundo grau "não contrariou o laudo dos peritos, no ponto em que estes afirmaram haver dúvidas quanto aos resultados do tratamento que deveria ter sido empregado pelo dr. P; e considerando que, ao apreciar as chances de cura das quais foi privado o paciente, os juízes de segundo grau entenderam, sem cair em contradição, pela procedência dos pedidos formulados [pelo demandante]; por essa razão, rejeita-se o recurso".

A decisão não foi recebida de forma unânime pela doutrina. Em verdade, muitos juristas teceram sérias críticas à utilização da reparação de chances aos casos de responsabilidade médica, afirmando que a perda

---

[187] V. a nota de R. SAVATIER ao acórdão citado, *supra*.

[188] Sem qualquer fundamento, alguns autores brasileiros afirmam que esse seria o primeiro caso de reparação de chances na jurisprudência francesa. G. GONDIM, "Responsabilidade Civil: Teoria da Perda de uma Chance", *Revistas dos Tribunais*, ano 94, vol. 840, 2005, p. 22; S. CAVALIERI FILHO, *Programa de responsabilidade civil*. 7ª ed. São Paulo: Atlas, 2007, nº 18.4, p. 74.

140 RESPONSABILIDADE CIVIL PELA PERDA DE UMA CHANCE

de chance de cura representaria uma distorção do conceito tradicional de perda de chance (A). Os tribunais não deram muita atenção às censuras doutrinárias. A posição adotada em 1965 seria confirmada por diversos julgados proferidos posteriormente, nos quais os juízes fizeram uso da noção. A perda de chance de cura ou de sobrevivência conheceu uma expansão espetacular no curso dos anos 1960-1970[189] – a tal ponto que a jurisprudência sentiu a necessidade de impor um limite ao conceito (B).

A – O princípio: uma aplicação justificável

137. A aplicação da reparação de chances ao campo da culpa médica encontrou em René Savatier seu principal adversário[190]. Em um artigo carregado de ironia desde o título – "Um ato culposo poderia ensejar a responsabilidade por um dano sem tê-lo causado?"[191] – o reitor Savatier afirma que haveria uma diferença manifesta entre os *verdadeiros* casos de perda de chance e os casos de perda de chance de cura: "O que é reparável, assim, é a perda de uma verdadeira *chance*, ou seja, de uma suposição legítima sobre o futuro. A chance perdida se encontra no futuro", afirma o jurista. A situação mudaria totalmente de figura nas hipóteses em que a pretensa perda de chance refere-se à cura de uma doença ou de outra enfermidade qualquer. Nesses casos, a chance perdida estaria "no passado": "pretendemos que o médico repare as chances que o paciente teria parar evitar a morte ou a enfermidade da qual ele sofre de forma definitiva, caso o médico não tivesse cometido a imprudência ou a ne-gligência a ele imputada. Ora, o destino já o decidiu. Por definição, a enfermidade ou a morte já acorreram. Não se trata mais de chances, mas de fatos concretizados".

Uma vez ocorrido o prejuízo do qual se queixa a vítima, caberia ao magistrado a tarefa de determinar a existência ou não um nexo de causalidade entre a culpa médica e o mal experimentado pelo paciente. A reparação das chances de cura não passaria de um simples artifício, empregado pelos juízes como forma de contornar o peso dessa decisão.

---

[189] Para uma análise detalhada desses julgados, v. G. Boyer-Chammard e P. Mozein, *La responsabilité médicale*. Paris: PUF, 1974, p. 92-98 (Col. SUP).

[190] V. também J. Penneau, *La responsabilité médicale*, op. cit., n° 10 e s., p. 114-123, e *La responsabilité du médecin*, op. cit., p. 31-36; G. Mémeteau, "Perte de chances et responsabilité médicale", *Gaz. Pal. 1997*, p. 1367, e *La responsabilité civile médicale en Droit français et québécois*. Montréal: Québec Research Centre of Private and Comparative Law, 1990, n° 300 e s., p. 184-194; F. Chabas, "Vers un changement de nature de la responsabilité médicale", *JCP 1973*, I, 2737.

[191] *D. 1970*, p. 123.

PERDA DE UMA CHANCE: A CONSTRUÇÃO DA TÉCNICA

138. Em nosso ver, essa distinção entre *chances futuras* e *chances passadas* não se mostra convincente[192]. Não há qualquer diferença concreta entre os supostos casos *tradicionais* de perda de chance e os casos de perda de chance de cura, que justifique a censura tecida a eles por parte da doutrina.

Em primeiro lugar, em toda e qualquer hipótese de perda de chance a vítima sofre definitivamente um revés: o jurisdicionado perdeu o processo, o candidato não foi aprovado no concurso, o concorrente jamais obteve o prêmio... o paciente perdeu sua vida. O emprego da reparação de chances pressupõe a perda definitiva da vantagem desejada e, ainda, que tal perda não constitua um prejuízo certo[193]. Ora, não é surpreendente que, nos casos de perda de chance de cura, a vítima esteja acometida por uma incapacidade ou, pior, que tenha falecido em razão da doença. Nessas hipóteses, a vantagem aleatória desejada por ela referia-se precisamente à recuperação de sua saúde.

A dificuldade de estabelecer um liame causal também não constitui uma peculiaridade da perda de chance de cura. Na verdade, a causalidade nunca está presente nos casos de perda de chance, quer trate-se de um caso de perda de chance médica, quer não. Qualquer que seja o exemplo analisado, não é possível determinar se a perda da vantagem seria evitada caso o réu tivesse adotado uma conduta diversa. E disso decorre um inevitável dilema causal[194].

É por essa razão que os conflitos envolvendo perdas de chance são solucionados pela via do deslocamento da reparação. Esse método resolve o problema através da mudança de perspectiva quanto ao nexo causal: a causalidade será constatada a partir do liame existente entre o ato imputável ao réu e a perda da chance – e não mais entre aquele ato e a vantagem frustrada[195].

A única diferença da perda de chance de cura em relação aos demais casos de aplicação da técnica refere-se à interrupção instantânea do processo aleatório: antes do julgado de 1965, o método fora tão somente

---

[192] Y. CHARTIER, *La réparation du préjudice dans la responsabilité civile*, op. cit., n° 25, p. 36-37.

[193] *Supra*, n° 49.

[194] Nesse sentido, G. VINEY e P. JOURDAIN afirmam que não estão "verdadeiramente chocados" com o emprego da reparação de chances aos casos de erro médico. A perda de uma chance postula essa incerteza acerca do nexo causal, visto que "jamais saberemos nem se a perda sofrida teria sido evitada, nem a vantagem esperada seria obtida". *Traité de Droit civil: les conditions de la responsabilité*, op. cit., n° 371, p. 232.

[195] Y. CHARTIER, *La réparation du préjudice dans la responsabilité civile*, op. cit., n° 28, p. 52.

aplicado às situações nas quais o ato imputado ao réu havia eliminado todas as chances da vítima. Porém, nos casos de perda de chance de cura, é possível que remanesça alguma esperança à vítima, a despeito da oportunidade aniquilada: ela ainda pode recobrar sua saúde, mesmo tendo recebido um tratamento inadequado. Esse elemento não representa obstáculo à reparação de chances[196]. Deve-se simplesmente aguardar a consolidação do estado de saúde do paciente para averiguar se há ou não um prejuízo sofrido por ele[197].

139. Logo, os casos de erro médico não apresentam, a uma primeira vista, qualquer elemento peremptório, que torne a técnica da reparação de chances inaplicável.

Inatacável no plano dos conceitos, a perda de chances de cura nem por isso está imune a todo tipo de questionamento. As objeções, entretanto, devem ser levantadas no que tange à pertinência da técnica. A reparação de chances constitui um método apropriado para resolver os casos de responsabilidade médica? Cremos que sim.

Considerada outrora uma arte, muito mais do que ciência[198], a medicina ascendeu atualmente ao patamar das tecnologias de ponta. Nossa sociedade consagra a ela suas pesquisas mais avançadas e investimentos de grande vulto. Por certo, a cura se apresenta ainda hoje como uma batalha contra a fortuna, mas os tratamentos de que dispomos nos oferecem armas bastante precisas. Ao longo das pesquisas, pode-se afirmar que a eficácia de um medicamento é de 30%, ou que determinado método de assepsia reduz pela metade as chances de infecção. Ora, o paciente não poderia contar com tais técnicas? As expectativas sobre os benefícios – aleatórios, não se nega – oferecidos pela medicina não representariam expectativas legítimas do paciente? Seria difícil refutá-lo[199].

---

[196] G. Viney e P. Jourdain apontam o rigor da jurisprudência em relação aos candidatos que não foram privados de todas as suas chances de aprovação em um concurso. *Traité de Droit civil: les conditions de la responsabilité*, op. cit., n° 282, p. 98.

[197] Alguns atores demonstram que a não interrupção do processo aleatório não é uma especificidade da perda de chance de cura. Em sua nota a um julgado proferido pela Primeira Câmara Civil, Georges Durry nos dá o exemplo do candidato que, ainda em recuperação de um acidente ocorrido poucos dias antes, decide se apresentar a um exame, não obtendo sucesso. Não há dúvidas que, nessa hipótese, a vítima enfrentou a prova em condições desfavoráveis, em razão do acidente. Civ. 1ª, 25 maio 1971, *RTD Civ. 1972*, p. 409. V. também R. Peteffi da Silva, *Responsabilidade civil pela perda de uma chance*, op. cit., n° 2.3.1, p. 102-107.

[198] V. a análise de E. Hobsbawm sobre a visão romantizada da burguesia em relação ao Direito e à medicina. *Age of Revolution*. Nova York: Vintage, 1996, capítulo 10, p. 182-198.

[199] G. Boyer-Chammard, e P. Mozein, *La responsabilité médicale*, op. cit., p. 102-103.

PERDA DE UMA CHANCE: A CONSTRUÇÃO DA TÉCNICA

Pode-se até mesmo afirmar que a reparação de chances é uma técnica decisória especialmente adaptada aos litígios em que o paciente foi privado de um medicamento ou outra terapia indicada à sua doença[200]. Trata-se de um dos raros casos em que o juiz e os peritos poderão contar com as estatísticas – fornecidas pela indústria farmacêutica – para auxiliá-los na difícil tarefa de mensuração das probabilidades perdidas[201].

Há, no entanto, uma ressalva a ser feita quanto ao uso da reparação de chances na seara médica. Sabe-se que o dano corporal ocupa uma posição de destaque no Direito positivo atual. Esse tipo de incidente traz em geral consequências bastante graves para a vítima e, por essa razão, juristas, juízes e legislador parecem concordar em conferir a ela uma proteção especial. Nesse diapasão, é desejável que a jurisprudência empregue, preferencialmente, o método das presunções como forma de resolver tais conflitos, em vez de fazer uso indiscriminado da técnica da reparação de chances. Há quem ressalte a existência de uma corrente jurisprudencial favorável à reparação de todo o prejuízo sofrido[202], ou seja, à reparação da própria ineficácia da cura, considerando que a negligência do médico criou um risco que, afinal, restou concretizado. Esse entendimento concede uma reparação mais vasta às vítimas dos erros médicos, em consonância com os valores atualmente protegidos pela responsabilidade civil.

B – O limite: a aplicação injustificada

140. A reparação de chances é uma forma muito confortável de contornar as incertezas inerentes aos casos de responsabilidade médica.

---

[200] Civ. 1ª, 14 dez. 1965, *JCP 1966*, II, 14753, nota R. Savatier, *D. 1966*, p. 453; Civ. 1ª, 2 maio 1978, *JCP 1978*, II, 18966, nota R. Savatier; Civ. 1ª, 4 nov. 2003, *D. 2004*, p. 601, nota J. Penneau.

[201] J. Penneau afirma que mesmo essas estatísticas são impróprias a avaliar o prejuízo em questão: "existe um abismo profundo entre as chances estatísticas de evolução de dada doença e as chances individuais do paciente acometido por essa doença; ora, em cada caso específico, são essas chances individuais que importam. É, contudo, sobre esse abismo que se pretende construir, quando utilizamos a noção de perda de chances". *La responsabilité médicale*, op. cit., n° 110, p. 122, e também a nota do mesmo autor ao julgado de 4 nov. 2003, *D. 2004*, p. 601. Trata-se na realidade de um falso vício imputado à técnica jurídica: em qualquer campo do conhecimento humano, o cálculo das probabilidades é construído sobre esse abismo existente entre as estatísticas e o caso concreto. É, por exemplo, a partir das estatísticas gerais que uma companhia de seguros pode estabelecer o valor do prêmio em um contrato específico celebrado com o segurado.

[202] G. Viney e P. Jourdain, *Traité de Droit civil: les conditions de la responsabilité*, op. cit., n° 373, p. 235. V., p. ex., Civ. 1ª, 13 nov. 2008, *JCP 2008*, II, 10030, nota P. Sargos.

O emprego das presunções pode demandar grandes esforços argumentativos: deve-se demonstrar a verossimilhança do fato presumido, o que nem sempre é tarefa anódina. Esse problema inexiste sob a técnica de reparação de chances. O juiz pode facilmente afirmar que a culpa do médico implicou a perda de chances para o paciente, neutralizando assim qualquer incerteza que até então dificultava a decisão judicial. É por essa razão que o campo da responsabilidade médica revelou-se particularmente propício à aplicação da técnica.

No julgado proferido em 17 de novembro de 1982[203], a Primeira Câmara Civil buscou impor um limite a esse uso desmedido da reparação de chances. No caso, um médico havia introduzido um trocarte na narina de seu paciente, para realizar uma operação em seu seio paranasal; um procedimento normal para uma intervenção dessa espécie. A despeito da aparição de uma hemorragia, o médico injetou um pouco de ar, com a ajuda de uma seringa, para se assegurar de que havia efetivamente atingido a cavidade paranasal. Nesse ponto, a conduta do médico foi considerada equivocada. Como afirmou a Corte de Apelação, a hemorragia anteriormente ocorrida tornou "perigosa, ou ao menos contraindicada, uma injeção de ar no seio paranasal.

Ocorre que o referido paciente entrou em coma em razão de uma embolia gasosa e, mesmo depois de recuperar consciência, restou acometido por uma incapacidade permanente. O médico foi então acionado judicialmente, para que reparasse os danos sofridos pelo enfermo.

A solução do litígio seria bastante simples, não houvesse duas possíveis causas para a embolia: ou bem foi o ar introduzido culposamente pelo médico que provocou a enfermidade, ou bem foi o ar contido naturalmente no seio nasal que o fez. Pela primeira hipótese o médico seria responsável. Mas não pela segunda.

A Corte de Apelação de Versailles, mesmo tendo afirmado "que não se pode constatar, com toda certeza, que a insuflação de ar, a despeito da efusão sanguínea, tenha sido a causa da embolia gasosa", condenou o médico a reparar metade das consequências danosas sofridas por seu paciente, sob o pretexto de que a conduta negligente teria "aumentado as chances de o doente de se expor à complicação ocorrida".

Esse julgado seria censurado pela Corte de Cassação: "Considerando que, ao fazer uso da noção de perda de chance para declarar o médico parcialmente responsável pela realização de um risco, quando,

---

[203] Civ. 1ª, 17 nov. 1982, *JCP 1983*, II, 20056, nota M. SALUDEN; D. 1984, p. 305, nota A. DORSNER-DOLIVET; RTD CIV. *1983*, p. 547, nota G. DURRY.

PERDA DE UMA CHANCE: A CONSTRUÇÃO DA TÉCNICA   **145**

entretanto, essa noção refere-se somente à quantificação do prejuízo, os juízes de segundo grau, que haviam constatado a inexistência de prova de uma relação causal entre a negligência apontada no julgado, a saber, a utilização da técnica de insuflação a despeito de uma manifestação hemorrágica, e a realização do dano, a saber, a aparição da embolia gasosa, violaram o texto da lei. [...] Por esses motivos, cassa-se e anula-se o julgado".

141. Alguns comentadores enxergaram nesse acórdão uma mudança radical no entendimento até então adotado pela jurisprudência[204]. Os juízes teriam finalmente cedido às críticas da doutrina, proclamando o abandono da perda da chance de cura. Mas essa análise revelou-se incorreta. A jurisprudência não havia recuado: muitos julgados posteriores a 1982[205] fizeram uso da reparação de chance em litígios envolvendo a responsabilidade de médicos negligentes. Por outro lado, outros julgados pareciam seguir o acórdão de 1982, ao afirmarem que a reparação de chances não pode ser empregada ante a ausência de provas do nexo entre a chance perdida e o erro imputado ao profissional[206].

Evidentemente, a Corte havia estabelecido uma distinção entre os casos nos quais a técnica pode ser validamente empregada, e os casos em que ela não o pode[207]. Uma distinção fundada em qual critério? Para responder a essa indagação, devemos retomar as diferenças existentes entre as situações de perda de chance e as situações de pluralidade de riscos[208].

142. O problema trazido perante a Corte em 1982 não era uma hipótese de perda de chance. Tratava-se, em verdade, de um caso de duplo risco: um risco de embolia criado pelo erro médico, e outro risco de embolia inerente à cirurgia praticada. A embolia que atingiu o paciente decorreu, certamente, da realização de um desses dois riscos. Mas somente de um deles. Ou a embolia foi provocada pelo ar da seringa, ou ela foi

---

[204] V. em especial a nota de A. DORSNER-DOLIVET, *supra.*

[205] Civ. 1ª, 8 jan. 1985, *D. 1986*, p. 390, nota J. PENNEAU; Civ. 1ª, 18 jan. 1989, *Bull. Civ. I*, n° 19; Civ. 1ª, 18 jul. 2000, *D. 2000*, p. 853, nota Y. CHARTIER; Civ. 1ª, 4 nov. 2003, *D. 2004*, p. 601, nota J. PENNEAU. V. também: F. DESCORPS DECLÈRE, "La cohérence de la jurisprudence de la cour de cassation sur la perte d'une chance consécutive à une faute du médecin, op. cit, p. 742.

[206] Civ. 1ª, 11 out. 1988, *RTD Civ. 1990*, p. 486, nota P. JOURDAIN; Civ. 1ª, 10 jan. 1990, *RTD Civ. 1990*, p. 109, nota P. JOURDAIN.

[207] Entre os comentadores do julgado, quem mais bem indentificou o problema enfrentado pela Corte de Cassação foi, sem dúvida, o jurista brasileiro M. KFOURI NETO, *Culpa médica e ônus da prova*. São Paulo: RT, 2002, p. 102-104.

[208] V. *supra*, n° 31 e s.

provocada pelo ar presente no seio paranasal. Essas duas hipóteses são mutuamente excludentes[209].

Tem-se assim uma situação em que dois riscos, independentes e excludentes, podem ter provocado o acidente sofrido pela vítima. Eis então o verdadeiro dilema: os juízes da Corte de Apelação não estavam em posição de afirmar qual dos dois riscos o fez.

Os traços distintivos dos casos de pluralidade de riscos podem ser facilmente identificados. Primeiramente, a incerteza em questão é fatual. No litígio de 1982, a dúvida dos juízes referia-se à origem do ar que provocou a embolia – teria ele vindo do seio paranasal ou da seringa? A informação que nos falta é um fato do passado, um elemento da realidade. Note-se a diferença em relação ao julgado de 1965: neste último, não havia qualquer dúvida sobre o encadeamento dos fatos – o médico cometera um erro de diagnóstico, e a enfermidade de seu paciente se consolidara. A informação faltante é, portanto, contrafatual: qual teria sido o resultado de um tratamento apropriado?

Outra diferença refere-se à participação causal do fato imputável ao réu no encadeamento dos eventos. Ao introduzir ar na cavidade nasal, o médico cometeu um erro que talvez tenha influenciado na ocorrência da embolia. É possível que o ar que a provocou tenha partido da seringa e, em tal hipótese, a negligência seria uma condição *sine qua non* à enfermidade. Porém, se o ar que provocou a embolia partiu do seio paranasal, o erro do médico não teve qualquer relação com o evento. Ora, esse tipo de dúvida causal não existe nos casos de perda de chance. O ato que priva a vítima da oportunidade de obter uma vantagem participa invariavelmente da corrente causal. Mas essa participação se limita ao aumento das probabilidades de ocorrência do resultado negativo ou, o que é o mesmo, à diminuição das probabilidades de ocorrência do resultado desejado.

143. Em suma, a dificuldade experimentada pelos juízes no litígio de 1982 decorre também de uma incerteza. Mas trata-se de uma incerteza distinta daquela que atinge os casos de perda de chance.

O entendimento da Corte de Cassação não seria excessivamente rígido? Por qual razão não poderíamos adotar a técnica da reparação de chances para resolver os casos de pluralidade de riscos?

A jurisprudência ressaltou um dos motivos pelos quais a reparação de chances não pode ser aplicada a esses casos: nos litígios envolvendo a pluralidade de riscos, não há nexo causal entre a pretensa chance perdida e o fato imputado ao réu. É bem verdade que, nos casos de

---

[209] M. Kfouri Neto, *Culpa médica e ônus da prova*, op. cit., p. 102.

PERDA DE UMA CHANCE: A CONSTRUÇÃO DA TÉCNICA **147**

perda de chance, inexiste tampouco uma relação de causalidade entre esse fato e a perda da vantagem desejada. Mas a técnica pressupõe, ao menos, a constatação de um nexo que ligue o fato em questão à perda da chance[210].

Ora, mesmo esse liame não está presente nos casos de pluralidade de riscos. Em verdade, é possível que o ato do réu tenha participado do encadeamento causal e, nessa hipótese, o erro médico seria a causa jurídica dos prejuízos sofridos pelo paciente. Mas é igualmente possível que tal fato não tenha exercido nenhuma influência na concretização do dano[211]. Nesse segundo caso, negligência e prejuízo seriam simplesmente concomitantes, não havendo qualquer relação entre os dois[212].

144. Há ainda outra razão – em nosso ver, de maior importância – que torna a reparação de chances incompatível com os casos da pluralidade de riscos: nesse tipo de litígio, a álea a ser enfrentada pelos juízes em nada se relaciona com a álea do interesse da vítima.

Na realidade, nos casos de pluralidade de riscos a dificuldade está na reconstituição do evento litigioso. Trata-se de um problema recorrente na seara médica: os avanços tecnológicos ainda não são suficientes para que possamos constatar *a posteriori* o que ocorreu dentro dos quatro muros de uma clínica, e assim os juízes se veem obrigados, quase sempre, a resolver conflitos nos quais os elementos probatórios são absolutamente inconclusivos.

Foi por essa razão que a Corte de Apelação de Versailles condenou (erroneamente) o médico a "arcar com a metade dos prejuízos" sofridos pelo paciente. Evidentemente, a cifra de 50% não correspondia às chances eliminadas pelo erro do profissional, mas às probabilidades de que esse erro tenha provocado a embolia, tendo-se em vista que havia duas possíveis causas para o incidente em questão. Ora, trata-se de uma incerteza que jamais poderia ser assimilada a um interesse aleatório da vítima.

Em outras palavras, a técnica da reparação de chances não pode ser empregada aos casos de pluralidade de riscos porquanto inexiste um "prejuízo-chance". A incerteza em questão não decorre de uma álea inerente ao interesse da vítima, mas sim de uma deficiência probatória. Para contornar a dúvida, os juízes deverão se valer da técnica das presunções.

---

[210] Y. Chartier, *La réparation du préjudice dans la responsabilité civile*, nº 27, p. 38-39

[211] V. os comentários J. Penneau sobre Civ. 1ª, 8 jan. 1985, *D. 1986*, p. 390.

[212] V. a nota de P. Jourdain sobre Civ. 1ª, 11 out. 1988, *RTD Civ. 1990*, p. 486; v. também: R. Savatier, *Traité de la responsabilité civile en Droit français*, t. II, op. cit., nº 459, p. 5.

148 RESPONSABILIDADE CIVIL PELA PERDA DE UMA CHANCE

145. A crítica formulada por Savatier[213] ressurge aqui com todo vigor. Basta uma pequena distorção para que a técnica de reparação de chances passe a ser empregada para resolver as incertezas sobre fatos passados, transformando-se em verdadeira panaceia em favor dos magistrados indecisos. Uma utilização perigosa e que tenderia a se generalizar: "quando um acidente de automóveis coincidiu com uma violação do Código de Trânsito, sem que esteja claro que o acidente decorreu dessa violação, o juiz poderia então determinar a responsabilidade parcial do infrator, pelo simples fato de que as chances de ocorrência desse acidente aumentaram em razão da infração", alerta o jurista.

É justamente esse tipo de abuso da técnica que foi denunciado pelo acórdão de 17 de novembro de 1982. Não se trata de uma reversão do entendimento jurisprudencial, pois essa decisão apenas reafirmou os limites da técnica da reparação de chances. Para que seja aplicável, é necessário que a incerteza em questão reporte-se à álea do interesse da vítima. É a condição fundamental para que essa incerteza possa ser assimilada a um prejuízo sofrido pelo demandante[214].

Confirmada por acórdãos posteriores[215], a decisão de 1982 demonstra que a jurisprudência francesa reconhece os limites da assimilação da álea ao conceito de prejuízo. Todavia, essa mesma jurisprudência não

---

[213] V. a nota de R. SAVATIER sobre Civ. 1ª, 14 dez. 1965, *JCP 1966*, II, 14753.

[214] O julgado em questão não era de todo inesperado. Algumas decisões anteriores à de 1982 já haviam determinado que nenhuma reparação é devida em situações de dualidade de riscos, sub a justificativa de que não há, nesses casos, certeza quanto à causalidade. Civ. 1ª, 26 jan. 1966, *JCP 1966*, IV, p. 35: um paciente, que havia recebido duas injeções intramusculares, uma de tiodocaína e outra de vitamina B-12b, vem a falecer na sequência. Sua viúva propõe uma ação de reparação contra o médico, afirmando que houve erro em razão do emprego da vitamina B-12b. Mas a Corte nega o pedido: "é extremamente difícil, senão impossível, afirmar se a morte do enfermo decorreu da injeção de tiodocaína ou daquela do composto vitaminado B-12b". Em nosso ver, o obstáculo poderia ser superado por meio do emprego de presunções. V. também: Civ. 1ª, 2 maio 1978, *Bull. Civ. I*, nº 166.

[215] Em um julgado proferido em 11 de outubro de 1988, a Corte de Cassação censurou os juízes de segunda instância por terem condenado um médico negligente a indenizar seu paciente em razão da perda de uma chance de evitar a surdez. No caso em questão, não se sabia se a surdez que o acometera decorria realmente da doença tratada (uma meningite) ou se ela tinha sua origem em um fato totalmente estranho a essa moléstia. Civ. 1ª, 11 out. 1988, *RTD Civ. 1990*, p. 486, nota P. JOURDAIN. Em outro caso, um médico não havia informado seu colega cirurgião sobre a alergia apresentada pelo paciente à substância Baralgina. Após a cirurgia, o paciente veio a falecer, por razões não identificadas. A Corte de Cassação anula a decisão do tribunal de segunda instância, visto que este havia condenado o médico a reparar a chance da qual privou seu paciente, "ainda que não estivesse constatado se a morte [do paciente] foi causada por essa alergia". Civ. 1ª, 10 jan. 1990, *RTD Civ. 1990*, p. 109, nota P. JOURDAIN.

PERDA DE UMA CHANCE: A CONSTRUÇÃO DA TÉCNICA **149**

hesitou em exceder esses limites nos litígios envolvendo o desrespeito a um dever de informação.

§ 2 – A reparação das chances em razão do desrespeito ao dever de informar: a extrapolação dos limites

146. Trata-se de um problema de assimetria de informação. Um indivíduo detém uma informação que poderia influenciar na decisão a ser tomada por outrem. Ele teria em princípio o dever de revelar o que conhece, mas não o faz. Ato contínuo, a decisão tomada pelo indivíduo mal informado se revela catastrófica. Este último sujeito teria direito à reparação? A qual título?

Mais uma vez, a questão emerge, em especial, na seara da responsabilidade médica[216]. Todo médico está legalmente obrigado a informar seu paciente acerca dos riscos inerentes ao tratamento proposto[217]. E se ele não o fizer e o risco não revelado se realizar?

O problema surgiu também em outros domínios, notadamente nos litígios envolvendo a quebra do dever de informação por parte das instituições financeiras, que são obrigadas a instruir seus clientes acerca dos riscos inerentes aos investimentos e empréstimos tomados por estes[218]. Há até mesmo um julgado atinente ao desrespeito do dever de informar em uma relação não contratual[219].

---

[216] Civ. 1ª, 17 nov. 1969, *JCP 1970*, II, 16507, nota R. SAVATIER; *RTD civ,. 1970*, p. 580, nota G. DURRY; Civ. 1ª, 5 nov. 1974, *Bull. Civ. I*, n° 292, p. 251; Civ. 1ª, 7 jun. 1989, *D. 1991*, p. 158, nota J. P. COUTURIER; *RTD Civ. 1992*, p. 109, nota P. JOURDAIN; *RDSS 1990*, p. 52, nota L. DUBOUIS; D. 1991, p. 323, nota J.-L. AUBERT; Civ. 1ª, 7 fev. 1990, *D. 1991*, p. 183, nota J. PENNEAU; *RTD Civ. 1991*, p. 109, nota P. JOURDAIN; Civ. 1ª, 7 dez. 2004, *D. 2005*, p. 403, nota J. PENNEAU; Civ. 1ª, 6 dez. 2007, *D. 2008*, p. 192, nota P. SARGOS; *RTD Civ. 2008*, p. 303, nota P. JOURDAIN.

[217] V. notadamente Civ. 1ª, 17 fev. 1998, *RTD Civ. 1998*, p. 681, nota P. JOURDAIN; Civ. 1ª, 27 maio 1998, *D. 1998*, p. 530, nota F. LAROCHE-GISSEROT; Civ. 1ª, 7 out. 1998, *D. 1999*, p. 145, nota S. PORCHY-SIMON; *RTD Civ. 1999*, p. 111, nota P. JOURDAIN; D. 1999, p. 259, nota D. MAZEAUD.

[218] Civ. 1ª, 13 nov. 1996, *D. 1998*, p. 48, nota C.J. BERR; Com., 10 dez. 1996, *Bull. IV,* n° 307, p. 261; Civ. 1ª, 18 set. 2008, *D. 2009*, p. 1044, nota D. R. MARTIN.

[219] Civ. 1ª, 2 out. 1984, *RTD Civ. 1986,* p. 117, nota J. HUET: o caso versava sobre um contrato de seguro de vida. A seguradora havia enviado uma carta recomendada ao escritório de seu segurado, um notário, para constituí-lo em mora. Contudo, por determinação legal, o cartório estava sendo provisoriamente administrado por um terceiro. E este não remeteu a carta ao segurado em tempo útil para que ele pudesse purgar a mora. O contrato foi então resilido pela seguradora. O notário, gravemente doente, veio a falecer um mês mais tarde. O problema central enfrentado pelos juízes na ação movida pelos

150 RESPONSABILIDADE CIVIL PELA PERDA DE UMA CHANCE

147. Esses litígios envolvem, em seu cerne, uma dúvida quanto à decisão que seria tomada pela vítima. Mais bem informada, ela mudaria de opinião, evitando assim a realização do prejuízo? Essa incerteza sobre a possível decisão da vítima dificulta a constatação de um prejuízo certo – não é possível afirmar que a situação da vítima teria sido melhor caso a informação fosse fornecida –, como também a constatação de um nexo causal entre a omissão do réu e o pretenso prejuízo da vítima.

Que técnica seria então aplicável para contornar essa incerteza contrafatual?

148. Em primeiro lugar, a técnica das presunções. Com efeito, para rejeitar o pedido de reparação, os tribunais por vezes concluem que a vítima não teria mudado de opinião, considerando para tanto a gravidade de seu estado de saúde antes da intervenção médica, ou, ainda, o caráter inevitável da intervenção realizada. A omissão seria assim indiferente à decisão tomada, visto que a vítima não teria outra opção senão se submeter ao tratamento proposto[220].

Há ainda alguns julgados que adotam a presunção inversa: caso fosse informado dos riscos, o paciente teria desistido da intervenção, o que evitaria seu destino infeliz. Logo, o réu é condenado a reparar todos os danos sofridos pela vítima, visto que estes são a consequência direta do desrespeito ao dever de informar[221].

Por fim, outros acórdãos fazem uso da técnica da reparação de chances. A falha na informação teria privado a vítima da chance de tomar uma

---

beneficiários do seguro de vida contra o administrador provisório reportava-se à eventual decisão que teria tomado a vítima se a informação tivesse chegado em tempo.

[220] Civ. 1ª, 7 out. 1998, *RTD Civ. 1999*, p. 83, nota J. MESTRE: apesar de o paciente não ter sido informado do risco, que veio a se concretizar, oriundo da intervenção médica à qual foi submetido, esse paciente não teve direito à reparação da chance perdida: "tendo-se em vista o caráter evolutivo da gonartrose do joelho que acometia [o paciente] e a ineficácia de todos os outros tratamentos anteriores, a operação a que ele foi submetido era indispensável, sendo a única capaz de melhorar seu estado". V. também: Civ. 1ª, 20 jun. 2000, *D. 2000*, p. 471, nota P. JOURDAIN; Civ. 1ª, 13 nov. 2002, *RTD Civ. 2003*, p. 98, nota P. JOURDAIN; Civ. 1ª, 4 fev. 2003, *D. 2004*, p. 600, nota J. PENNEAU; Civ. 1ª, 9 mar. 2004, *Bull. Civ. I*, n° 79, p. 63.

[221] Por exemplo, uma agência de turismo, que não advertira seus clientes que o hotel oferecido nos pacotes não detinha seguro, foi condenada a reparar todo o dano causado a estes, em razão de um incêndio ocorrido no referido hotel: Civ. 1ª, 3 nov. 1983, *RTD Civ. 1984*, p. 322, nota G. DURRY. V. também: Civ. 1ª, 7 mar. 1978, *Bull. Civ. I,* n° 94; Civ. 1ª, 19 dez. 1979; *RTD Civ. 1980*, p. 386, nota G. DURRY; Civ. 1ª, 3 nov. 1983, *RTD Civ. 1984*, p. 322, nota G. DURRY; Civ. 1ª, 11 fev. 1986, *JCP 1987*, II, 20775, nota A. DORSNER-DOLIVET; Civ. 1ª, 16 jul. 1986, *JCP 1986*, IV, p. 285; Civ. 1ª, 18 set. 2008, *Gaz. Pal. 2008*, n° 365, p. 58, nota F. CÉLESTIN.

decisão mais esclarecida, o que poderia, possivelmente, ter evitado o dano. A indenização devida pelo réu terá a exata medida da chance perdida.

Empregada pela primeira vez em 1969, em um acórdão de redação um tanto obscura proferido pela Primeira Câmara Civil[222], a reparação de chances em razão do desrespeito a um dever de informação seria consagrada de forma mais clara pela mesma Câmara, em 1974[223]. Hoje, a reparação de chances é correntemente utilizada para solucionar esse tipo de litígio, e julgados recentes proferidos pela Corte de Cassação chegam até a afirmar que a perda de chance é o único prejuízo indenizável nos casos de responsabilidade médica decorrente do desrespeito ao dever de informação[224].

149. É evidente que os tribunais franceses fazem uso da reparação de chances por razões pragmáticas. O emprego sistemático das presunções poderia ser bastante desfavorável à vítima, em razão da dificuldade de se provar que a informação seria um elemento determinante na formação de sua vontade. A obrigação de informação tornar-se-ia assim uma espécie de dever "vazio", desprovido de qualquer sanção. A técnica da reparação de chances evita esse problema, na medida em que impõe uma sanção constante, ainda que simbólica[225], ao indivíduo culpado, contribuindo com a função punitiva da responsabilidade civil.

Todavia, a aplicação dessa técnica aos casos de desrespeito ao dever de informar é insustentável do ponto de vista teórico. Nesse tipo de litígio, inexiste – mais uma vez – um elemento essencial, sem o qual a reparação de chances jamais pode ser aplicada: uma lesão a um interesse aleatório da vítima.

---

[222] O desrespeito ao dever de informar teria provocado um "prejuízo, ao privar [o paciente] de elementos apreciáveis necessários a uma decisão esclarecida". Civ. 1ª, 17 nov. 1969, *JCP 1970*, II, n° 16507, nota R. Savatier.

[223] Civ. 1ª, 5 nov. 1974, *Bull. Civ. I,* n° 292, p. 251.

[224] V. notadamente, Civ. 1ª, 7 fev. 1990, *D. 1991*, p. 183 nota J. Penneau; *RTD Civ. 1991*, p. 109, nota P. Jourdain: o médico que não cumpre com "sua obrigação de esclarecer [o paciente] sobre as eventuais consequências de sua escolha ao aceitar a operação proposta, apenas priva esse enfermo de uma chance de evitar, por uma decisão talvez mais ponderada, o risco que finalmente se concretizou". Civ. 1ª, 7 dez. 2004, *D. 2005*, p. 403, nota J. Penneau: "a violação de uma obrigação de informação somente pode ser sancionada a título da perda de chance do paciente de evitar, por uma decisão talvez mais ponderada, o risco que finalmente se concretizou"; Civ. 1ª, 6 dez. 2007, *D. 2008*, p. 192, nota P. Sargos; *RTD Civ.2008*, p. 303, nota P. Jourdain: "o único prejuízo indenizável em razão do não respeito a uma obrigação de informação do médico, a qual tem por objetivo obter o consentimento esclarecido do paciente, é a perda da chance de evitar o risco que finalmente se concretizou".

[225] M. Heers, "L'Indemnisation de la perte d'une chance", op. cit., p. 525.

150. Mais uma vez a questão nos remete ao caráter subjetivo da álea. Como expusemos anteriormente, o caráter certo ou incerto de um resultado depende, sempre, das informações detidas por aquele que analisa o resultado em questão. No caso em tela, o evento litigioso reporta-se à decisão que a vítima teria tomado diante da informação omitida. Ora, tal decisão é aleatória para quase todos os indivíduos. Salvo para a própria vítima.

Em princípio, o juiz poderia afirmar que a possível decisão é um elemento desconhecido, logo, aleatório. E ele não teria mentido. A escolha da vítima é efetivamente aleatória para o juiz, para o réu e para todos os demais indivíduos estranhos ao litígio. Como toda escolha reporta-se à vontade íntima daquele que deve escolher, esse fato escapa ao conhecimento do resto da humanidade. Para esta grande maioria, a escolha é uma questão abandonada ao acaso.

Mas esse mesmo juiz jamais poderá afirmar que a eventual decisão da vítima é um elemento desconhecido para ela mesma. Tal afirmação seria logicamente absurda: para a vítima, a vontade em questão não representa qualquer mistério. Ela é a única pessoa que controla essa álea e que pode afirmar, com toda segurança, se a informação ocultada teria ou não mudado sua opinião.

151. É por esse motivo que, em algumas situações, uma vontade hipotética pode representar uma chance para um indivíduo qualquer, notadamente quando o indivíduo em questão tem interesse na vontade que seria proferida por um terceiro, sobre o qual ele não tem qualquer influência[226]. É exatamente o caso do sr. Chauffeteau. Para ele, a vontade do júri representa uma chance. Essa vontade, que escapa completamente a seu controle, poderia consagrá-lo vitorioso no concurso literário ou relegá-lo à derrota. Aqui, a técnica da reparação de chances se mostra perfeitamente aplicável.

Por outro lado, uma vontade não pode representar uma chance para o indivíduo que deve manifestá-la. Trate-se de uma questão de bom senso. Esse indivíduo não poderia honestamente afirmar que tem dúvidas sobre sua própria opinião[227]. Assim, a vítima de uma omissão indevida jamais perde a chance de tomar a decisão contrária. Para ela, e somente para

---

[226] I. VACARIE, "La perte d'une chance", op. cit, p. 917-922.

[227] O Código Civil francês reconhece essa contradição entre a álea e a vontade individual: a obrigação condicionada é aquela que depende de um elemento "futuro e incerto". Esse elemento pode ser, por exemplo, a vontade de um terceiro. Mas ele jamais poderá decorrer da exclusiva vontade daquele que se obriga. Tal condição seria considerada potestativa, engendrando a nulidade do contrato nos termos do art. 1174 do referido Código – e, no Brasil, em razão dos arts. 122 e 123 do Código Civil brasileiro. O mesmo é aplicável aos contratos aleatórios: "o contrato aleatório não é válido se a

PERDA DE UMA CHANCE: A CONSTRUÇÃO DA TÉCNICA **153**

ela, a omissão representa apenas uma certeza: ou bem ela está convencida de que a negligência do réu foi a causa de sua escolha errônea e de todos os prejuízos decorrentes; ou bem ela tem certeza de que o lapso do réu não lhe causou qualquer mal, na medida em que sua vontade restaria inalterada.

É por essa razão que a técnica da reparação de chances se mostra incompatível com os litígios envolvendo o desrespeito a um dever de informação. Nesses casos, a vítima jamais poderá afirmar que perdeu uma chance em razão da referida omissão[228].

152. Ora, se a vítima é a única pessoa capaz de desfazer a incerteza contrafatual que acomete o litígio, por que então seria necessário empregar uma técnica para contornar tal incerteza? Por óbvio, se ela resolveu mover uma ação contra o indivíduo faltoso, isso implica que ela está convencida de que sua escolha foi distorcida pela omissão deste. O juiz não poderia então condenar o réu com base no modelo da criação de um risco? Em verdade, o método proposto encontraria uma forte objeção: o juiz dificilmente poderá fundar uma condenação inteiramente nas alegações do demandante, testemunha única de sua vontade virtual. Eis então a verdadeira álea do litígio. Não se trata de uma álea para a vítima, que, obviamente, não tem qualquer dúvida sobre sua própria opinião. A incerteza contrafatual decorre da dúvida que acomete o próprio juiz, incapaz de confirmar ou infirmar a veracidade das alegações do autor.

153. Nota-se, portanto, que, nos casos de desrespeito a um dever de informar, a incerteza que acomete o litígio em nada se relaciona com a álea do interesse da vítima; logo, não pode ser considerada um prejuízo para o indivíduo em questão.

Nada obstante, a jurisprudência francesa, sem qualquer hesitação, se vale da técnica de reparação de chances para resolver esse tipo de litígio. E podem-se facilmente compreender as razões desse posicionamento dos tribunais: os juízes encontraram na reparação de chances um instrumento cômodo para contornar a incerteza que atinge "quase que de forma congênita"[229] esse tipo de litígio. Mas o artifício não deixa de ser criticável. Na verdade, a vítima perdeu uma escolha, e não uma chance.

---

realização do evento depende da vontade de uma das partes", A. Bénabent, *Les contrats spéciaux civils et commerciaux*. 8ª ed. Paris: Domat, 2008, nº 1313, p. 617.

[228] Nesse sentido, M. Fabre-Magnan afirma que inexiste para a vítima um "prejuízo intermediário" que justifique a aplicação da técnica. *De l'obligation d'information dans les contrats: essai d'une théorie*, op. cit. p. nº 606, p. 482.

[229] G. Viney e P. Jourdain, *Traité de Droit civil: les conditions de la responsabilité*, op. cit., nº 369-1, p. 227.

TERCEIRA PARTE
PERDA DE UMA CHANCE:
A ASSIMILAÇÃO DA TÉCNICA PELO
DIREITO BRASILEIRO

154. Assim como na França, o Direito brasileiro também se vê obrigado lidar a com a intromissão da álea no sistema da responsabilidade civil[1]. E os dilemas enfrentados, aqui e lá, não destoam em sua essência. Cotidianamente, nossos juízes se deparam com os mesmos conflitos que, na França, ensejaram a criação da técnica da reparação de chances[2]: em razão da perda de um prazo processual, o advogado é demandado judicialmente por seu antigo cliente, que requer a reparação dos prejuízos decorrentes da desídia[3]. Um erro de diagnóstico priva o paciente de um tratamento adequado à sua doença, que poderia eventualmente ter evitado sua morte. Por esse motivo, a família da vítima ajuíza demanda em face do profissional negligente[4], ou do hospital[5]. Impedido de participar de um concurso[6] ou da segunda fase de um sorteio[7], o concorrente se volta contra o responsável pela injusta exclusão. O candidato a vereador, que perdeu a eleição por apenas oito (!) votos, demanda reparação em face da rádio local, que erroneamente anunciara a cassação de sua candida-

---

[1] Sobre outro problema causado pela intervenção das incertezas na responsabilidade civil – e a consequente resposta do Direito; o princípio da precaução, v. T. A. LOPEZ, *Princípio da precaução e evolução da responsabilidade civil*. São Paulo: Quartier Latin, 2010. A autora traça uma distinção entre os conceitos de risco, álea e perigo, p. 22-32.

[2] Para um rol abrangente das diversas aplicações da responsabilidade civil pela perda de chances em nossos tribunais, especialmente nos Tribunais de Justiça estaduais, cf. F. M. TARTUCE, *Direito civil*, vol. 2. *Direito das obrigações e responsabilidade civil*. 6ª ed. São Paulo: Gen Método, 2011, p. 435-441.

[3] STJ, Resp. n° 993.936/RJ, Rel. Min. Luis Felipe Salomão, j. 27.03.2012; STJ, REsp. n° 1.190.180/RS, Rel. Min. Luis Felipe Salomão, j. 16.11.2010; STJ, AgRg no REsp. n° 1.013.024/RS, Rel. Min. Aldir Passarinho, j. 05.08.2010; STJ, REsp. n° 1.079.185/MG, Rel. Min. Nancy Andrighi, j. 11.11.2008; STJ, AgRg no Ag n° 932.446/RS, Rel. Min. Nancy Andrighi, j. 06.12.2007.

[4] STJ, Resp. n° 1.254.141/PR, Rel. Min. Nancy Andrighi, j. 04.12.2012; STJ, REsp. n° 1.104.665/RS, Rel. Min. Massami Uyeda, j. 09.06.2009.

[5] STJ, AgRg no Ag no Resp. n° 154.098/PE, Rel. Min. Humberto Martins, j. 29.05.2012; STJ, REsp. n° 1.184.128/MS, Rel. Min. Sidnei Beneti, j. 08.06.2010.

[6] STJ, AgRg no Ag no Resp. 167.480/GO, Rel. Min. Antonio Carlos Ferreira, j. 20.09.2012; STJ, AgRg no AI. n° 1.401.354/PR, Rel. Min. Arnaldo Esteves de Lima, j. 21.06.2012; STJ, AgRg no REsp. n° 1.220.911/RS, Rel. Min. Castro Meira, j. 17.03.2011.

[7] STJ, EDcl no AgRg no AI 1.916.957/DF, Rel. Min. Isabel Galloti, j. 10.04.2012.

tura, às vésperas do sufrágio[8]. Na ação de reparação, o autor alega que a negligência do réu privou-o de uma escolha[9].

Em todos esses casos, é o paradoxo da incerteza que desafia nossos magistrados. Não há dúvidas de que a vítima sofreu uma lesão injusta a um de seus interesses, porquanto perdeu uma chance de obter um resultado favorável. Porém, a álea inerente ao conflito impede a aplicação da norma reparatória, atingindo diretamente dois dos elementos da responsabilidade: o prejuízo[10] e o nexo de causalidade[11].

155. Foi nos anos 1990 que a técnica da reparação de chances passou a ser empregada no Brasil como método de resolução desse tipo de dilema. E essa inovação ocorreu por influência direta do Direito francês[12], precisamente em razão de uma palestra proferida pelo professor François Chabas em 23 de maio de 1990 na Universidade Federal do Rio Grande do Sul, intitulada "La perte d'une chance en Droit français"[13]. Poucos meses após a exposição, o Tribunal de Justiça daquele estado proferiria o primeiro acórdão brasileiro mencionando o conceito de perda de chances, em um litígio relativo à responsabilidade médica – ainda que, naquela ocasião, tenha-se feito tão somente alusão à técnica, sem que fosse efetivamente aplicada ao conflito[14]. Um ano depois, o mesmo Tri-

---

[8] STJ, Resp. n° 821.004/MG, Rel. Min. Sidnei Beneti, j. 19.08.2010. Não bastassem todas as demais peculiaridades, um detalhe torna esse litígio ainda mais curioso: o equívoco da rádio foi provocado pela existência de um candidato de idêntico prenome, concorrendo pelo mesmo partido, cuja candidatura fora realmente cassada, o que, como assentou o acórdão de segunda instância, "possibilitou que a população da região atribuísse ao [demandante] a prática de conduta ilícita, causando-lhe constrangimento, que pode ser caracterizado como dano moral".

[9] A atitude abusiva de uma sociedade anônima privou seus debenturistas da opção de converter seus créditos em ações, STJ, REsp. n° 965.758/RS, Rel. Min. Nancy Andrighi, j. 19.08.2008. Visto que não foram intimados da realização do leilão extrajudicial de seu imóvel hipotecado, os devedores pleiteiam a indenização pela perda de chance de purgar a mora, STJ, REsp. n° 1.115.687/SP, Rel. Min. Nancy Andrighi, j. 18.11.2010.

[10] Para uma discussão quanto ao prejuízo, v. STJ, REsp. n° 1.104.665/RS, Rel. Min. Massami Uyeda, j. 09.06.2009.

[11] Para uma discussão quanto ao nexo causal, v. STJ, Resp. n° 1.254.141/PR, Rel. Min. Nancy Andrighi, j. 04.12.2012; STJ, Resp. n° 993.936/RJ, Rel. Min. Luis Felipe Salomão, j. 27.03.2012; STJ, REsp. n° 1.184.128/MS, Rel. Min. Sidnei Beneti, j. 08.06.2010.

[12] R. Peteffi da Silva, *Responsabilidade civil pela perda de uma chance*, op. cit., p. 185.

[13] Não tivemos acesso ao conteúdo dessa exposição. Porém, a partir do trecho mencionado no voto do Desembargador Ruy Rosado em 12 de junho de 1990 (v. nota, *infra*), pode-se inferir que a palestra de F. Chabas é idêntica àquela proferida em Genebra, pelo mesmo autor, transcrita em "La perte d'une chance en Droit français", op. cit.

[14] TJ-RS, Ap. Civ. n° 589.069.996, Rel. Des. Ruy Rosado, j. 12.06.1990. Tratava-se de lide envolvendo um médico oftalmologista e sua antiga paciente. A demandante havia se submetido a uma operação de correção de miopia, que se revelou catastrófica. "Como

PERDA DE UMA CHANCE: A ASSIMILAÇÃO DA TÉCNICA PELO DIREITO BRASILEIRO **159**

bunal gaúcho faria uso da noção para condenar um advogado negligente a reparar as chances perdidas por seu cliente[15].

A consagração da reparação de chances ocorreria apenas quinze anos mais tarde, quando o tema alcançou pela primeira vez os tribunais superiores. Trata-se do célebre acórdão do "Show do Milhão"[16], proferido pelo Superior Tribunal de Justiça em 8 de novembro de 2005[17].

---

resultado da intervenção cirúrgica, a paciente ficou com dois problemas: '1 – névoa diante do olho direito [...] 2 – anisometropia, que é a diferença refratométrica entre os dois olhos'". Em sede de apelação, o profissional foi considerado negligente, pois realizou a intervenção sem avaliar corretamente o quadro da paciente e, ainda, porque cometeu falhas nos cuidados pós-operatórios: "em razão deste quadro, a primeira conclusão a que chego é que houve erro técnico na intervenção cirúrgica, com a má avaliação dos dados acima explicitados, de consideração obrigatória (idade, pressão, curvatura da córnea, grau a ser corrigido), realizando-se incisões em número e profundidade em desacordo com a situação da paciente [...]. O réu agiu com culpa ao realizar a intervenção cirúrgica com incisões que provocaram névoa diante do olho direito, e produziu hipermetropia ao nível de dois graus no mesmo olho, cujo corretivo pós-operatório, através do uso de medicamentos (colírios), conforme as técnicas apontam, não foi suficiente para a retificação dos ajustes necessários, e, ainda por ter abandonado o uso desse tratamento corretivo menos de 30 dias depois da intervenção". Contudo, o relator afastou a aplicação da técnica da reparação de chances, e o médico foi condenado a indenizar as próprias lesões sofridas pela demandante: "É preciso esclarecer, para efeito de cálculo da indenização, que não se trata de perda de uma chance, a que em certa passagem se referiu o apelante. Na perda de uma chance, não há laço de causalidade entre o resultado e a culpa do agente (François Chabas, 'La perte d'une chance en Droit français' – palestra na Faculdade de Direito, 23.05.1990) [...]. Aqui houve nexo de causalidade entre o comportamento do réu e o dano sofrido pela paciente".

15 TJ-RS, Ap. Civ. n° 591.064.837, Rel. Des. Ruy Rosado, j. 29.08.1991: "Responsabilidade civil. Advogado. Perda de uma chance. Age com negligência o mandatário que sabe do extravio dos autos do processo judicial e não comunica o fato à sua cliente nem trata de restaurá-los, devendo indenizar a mandante pela perda de uma chance. [...] Deixando de adotar essas diligências, o advogado cerceou até hoje o direito de a demandante ver apreciado em juízo o seu pedido de pensionamento pelo Instituto Nacional de Previdência Social, direito derivado da morte do marido. Não lhe imputo o fato do extravio, nem asseguro que a autora venceria a demanda, mas tenho por irrecusável que a omissão da informação do extravio e a não restauração dos autos causaram à autora a perda de uma chance e nisso reside o prejuízo. Como ensinou o prof. François Chabas: 'portanto, o prejuízo não é a perda da aposta (do resultado esperado), mas da chance que teria de alcançá-la (François Chabas, 'La perte d'une chance en Droit français' – conferência na Faculdade de Direito da UFRGS em 23.05.1990)". Por fim, o tribunal refuta a tese apresentada pelo réu, o qual alegava que a demanda poderia ser, de todo modo, rejeitada: "a álea integra a responsabilidade pela perda de uma chance. Se fosse certo o resultado, não haveria a aposta e não caberia invocar esse princípio específico da perda da chance, dentro do instituto da responsabilidade civil".

16 STJ, REsp n° 788.459/BA, Rel. Min. Fernando Gonçalves, j. 08.11.2005.

17 Há um acórdão anterior, preferido pelo STJ em 10.10.1990, que admite a possibilidade de reparação de chances, ainda que sob condições bastante restritivas. No caso, a

160 RESPONSABILIDADE CIVIL PELA PERDA DE UMA CHANCE

156. O litígio envolvia um popular programa televisivo, em que os participantes eram submetidos a uma sequência de perguntas de múltipla escolha. A cada resposta correta, o competidor amealhava determinada soma de dinheiro, e tinha então direito a responder à próxima questão. E assim sucessivamente. O ápice da competição ocorria com a chamada "pergunta do milhão". Tratava-se da décima sexta e última pergunta feita ao participante que, caso chagasse àquela etapa do programa, já teria conquistado quinhentos mil reais em prêmios. Se acertasse qual das quatro alternativas era correta, ganharia um milhão de reais, prêmio máximo da competição. Se errasse, perderia praticamente tudo que havia conquistado, recebendo trezentos reais em consolação. Ao participante era facultado, ainda, após a leitura da pergunta do milhão e das quatro alternativas, optar por não respondê-la, fazendo jus aos quinhentos mil reais acumulados.

Na edição do programa veiculada em 15 de junho de 2000, a sra. Ana Lúcia Serbeto de Freitas Matos, com rara destreza, conseguiu alcançar a última etapa da competição. Após responder corretamente às quinze questões anteriores[18], foi-lhe então formulada a esperada "pergunta do milhão", nos seguintes termos:

---

empresa demandante afirmava que "a supressão ilegítima de possibilidade de lucro" representaria um prejuízo sofrido por ela, visto que "se está diante de uma chance que tem valor econômico próprio, tanto que apurado mediante perícia". A decisão do STJ reconhece, em certa maneira, que [a] perda de uma chance é suscetível de reparação, na medida em que, em algumas hipóteses, "essa chance, por si só, apresenta valor econômico, como é o caso do exercício do direito de ação. Como se sabe, não são raras as cessões de direito de ação, o que demonstra que se trata de mera chance com valor econômico. Frustrada a chance de vencer, por culpa do advogado, é inegável que remanesce um direito de ressarcimento, que se restringe, entretanto, ao simples valor pago pela cessão, e não pelo resultado da causa". Porém, no caso em questão, o STJ repeliu o pedido de reparação de chances formulado pelo apelante: "não ficou demonstrado que a mera possibilidade de concorrer na licitação dos postos, caso houvesse sido aberta, possuía algum valor econômico, razão pela qual não se pode falar em indenização pelo direito de concorrer, o que é o mesmo dizer, em indenização de mera chance". A posição da Corte implica, *contrario sensu*, que a chance perdida pode ser reparada, desde que ostente um valor econômico – conceito que, no entendimento então esboçado pelo STJ, estaria diretamente ligado à possibilidade de negociação da chance em apreço, STJ, AgRg no AI n° 3.364/SP, Rel. Min. Ilmar Galvão, j. 10.10.1990. Sobre esse acórdão, cf. o comentário de Flávio da C. HIGA, *Responsabilidade civil: A perda de uma chance no Direito do trabalho*. São Paulo: Saraiva, 2012, p. 50-52

18 Para uma narrativa sobre os percalços enfrentados pela competidora ao longo do programa, v. F. da C. HIGA, *Responsabilidade civil: a perda de uma chance no Direito do trabalho*, op. cit., p. 92-103.

A Constituição reconhece direitos aos índios de quanto do território brasileiro?

Resposta 1) 22%   Resposta 2) 2%

Resposta 3) 4%   Resposta 4) 10%?

A participante entendeu por bem não se arriscar. Declarando-se incapaz de dizer qual seria a resposta correta, Ana Lúcia preferiu voltar para sua casa com o prêmio de quinhentos mil reais, conquistado ao longo da competição.

E não é de se estranhar que ela assim o tenha feito. Ninguém seria capaz de responder à pergunta, tendo em vista que em passagem alguma a Constituição Federal destina uma porcentagem do território nacional aos povos indígenas. A questão não possui resposta correta, simplesmente.

Sentindo-se injustiçada, a participante propôs ação contra o programa. Requereu que lhe fossem pagos quinhentos mil reais, que, somados aos valores já obtidos por ela, totalizariam o prêmio de um milhão de reais.

Como ocorre em todo caso de perda de chance, a falha do programa provocou a lesão a um interesse aleatório da vítima. O prêmio de um milhão de reais desejado por ela não passava de uma simples possibilidade, uma incerteza. E essa álea põe em xeque duas das condições da responsabilidade civil: de um lado, não é possível alegar que a vítima sofreu um prejuízo certo, na medida em que nada nos garante que ela acertaria a questão. De outro, há um problema de causalidade. Ainda que o programa tivesse agido de forma proba, formulando corretamente a questão, não podemos afirmar que o prejuízo de quinhentos mil reais, alegado em juízo pela demandante, seria evitado.

A esse dilema, o Tribunal de Justiça do Estado da Bahia respondeu por meio da técnica das presunções: condenou o programa ao pagamento dos quinhentos mil reais pleiteados pela demandante, a título de lucros cessantes, considerando que esse seria "o valor que, segundo o curso normal do jogo, a autora poderia ter obtido caso a conduta lesiva da ré não tivesse ocorrido"[19].

A decisão viria a ser reformada pelo Superior Tribunal de Justiça. Os ministros entenderam que não seria possível afirmar que a demandante lograria êxito em responder corretamente à "pergunta do milhão". Daí

---

[19] O acórdão do TJ-BA, na verdade, faz menção à técnica da reparação de chances. A despeito disso, a condenação versou sobre a própria vantagem aleatória almejada (R$ 500.000,00), e não sobre a chance de obtê-la. Trata-se de mais um caso de uso equivocado da técnica, como analisaremos a seguir, v. *infra*, n° 172.

162 RESPONSABILIDADE CIVIL PELA PERDA DE UMA CHANCE

por que não se poderia conceder a ela uma indenização equivalente a quinhentos mil reais[20].

Em contrapartida, o tribunal considerou ser aplicável ao caso "a teoria da perda de chance". Citando o conceito francês de "perte d'une chance", mencionado nas obras de Sílvio Venosa e de Caio Mário da Silva Pereira, o Superior Tribunal acatou a tese subsidiária apresentada pelo programa, reduzindo o valor da indenização a cento e vinte cinco mil reais, que representaria, no dizer dos magistrados, o valor das possibilidades de êxito da demandante[21].

157. A perda da chance é, assim, uma técnica decisória francesa que foi arrebatada pelo Direito brasileiro[22]. Essa abertura às influências ex-

---

[20] "Na espécie dos autos, não há, dentro de um juízo de probabilidade, como se afirmar categoricamente – ainda que a recorrida tenha, até o momento em que surpreendida com uma pergunta no dizer do acórdão sem resposta, obtido desempenho brilhante no decorrer do concurso – que, caso fosse o questionamento final do programa formulado dentro de parâmetros regulares, considerando o curso normal dos eventos, seria razoável esperar que ela lograsse responder corretamente à 'pergunta do milhão'. Isto porque há uma série de outros fatores em jogo, dentre os quais merecem destaque a dificuldade progressiva do programa (refletida no fato notório de que houve diversos participantes que erraram a derradeira pergunta ou deixaram de respondê-la) e a enorme carga emocional que inevitavelmente pesa ante as circunstâncias da indagação final (há de se lembrar que, caso o participante optasse por respondê-la, receberia, na hipótese, de erro, apenas R$ 300,00 (trezentos reais). Destarte, não há como concluir, mesmo na esfera da probabilidade, que o normal andamento dos fatos conduziria ao acerto da questão. Falta, assim, pressuposto essencial à condenação da recorrente no pagamento da integralidade do valor que ganharia a recorrida caso obtivesse êxito na pergunta final, qual seja, a certeza – ou a probabilidade objetiva – do acréscimo patrimonial apto a qualificar o lucro cessante". STJ, REsp n° 788.459/BA, cit.

[21] Há outro litígio, muito semelhante ao caso "Show do Milhão", julgado pelo Tribunal de Justiça de São Paulo em 7 de abril de 2011. Novamente, o problema envolvia uma pergunta mal formulada em um programa televisivo – o programa "Vinte e Um", veiculado pelo canal SBT. Ao concorrente foi perguntado qual teria sido o placar do jogo inaugural do Estádio Pacaembú, disputado entre Corinthians e Atlético Mineiro, em 28 de abril de 1940. O competidor respondeu, corretamente, que partida terminou em 4 a 2, para a equipe paulista. Eis que a resposta foi dada como incorreta pela organização do programa, a qual, para chegar a tal conclusão, baseou-se em uma obra de ficção escrita por W. Olivetto (*Corinthians: é preto no branco.* São Paulo: Ediouro, 2005). Por essa razão, o participante foi prematuramente eliminado da competição, cujo prêmio final era de R$ 120.000,00. Considerando que as chances de vitória do candidato eram de 50%, o Tribunal de São Paulo concedeu a ele uma indenização equivalente a R$ 59.000,00 (descontou-se o prêmio de consolação de R$ 1.000,00, já recebido pelo participante). TJ-SP, Emb. Inf. n° 9131381-66.2009.8.26.0000/50001, Rel. Des. Francisco Loureiro, j. 07.04.2011; e TJ-SP, Apel. Civ. n° 994.09.332493-1, Rel. Des. Ênio Zuliani, j. 13.05.2010.

[22] Cf. F.M. TARTUCE, *Responsabilidade civil objetiva e risco: a teoria do risco concorrente.* São Paulo: Gen Método, 2011, p. 100. O próprio termo "chance" é um galicismo

ternas é uma característica marcante da cultura jurídica nacional, sempre disposta a assimilar inovações de outros sistemas. Contudo, a postura receptiva pode por vezes esconder certa deferência exagerada de nosso Direito em relação aos ordenamentos estrangeiros. E nos expõe a dois tipos de riscos: o primeiro, de emprestar um conceito inadaptado ao nosso sistema; o segundo, de aplicá-lo de forma incoerente, adotando premissas completamente distintas daquelas que conduziram à criação do instituto.

Para contornar esses riscos, realizaremos, preliminarmente, uma análise relativa ao enquadramento da perda de chance dentro das categorias conceituais existentes em nosso sistema. Como afirmado ao longo deste trabalho, a técnica da reparação de chances pressupõe que a privação de uma oportunidade possa ser considerada um prejuízo àquele que a detinha. Devemos identificar, a partir da taxonomia adotada no Direito brasileiro, a natureza ostentada por esse prejuízo-chance em nosso ordenamento (Título 1).

Na sequência, será necessário avaliar como a técnica vem sendo aplicada no Direito brasileiro. Com base na jurisprudência nacional, em especial nos julgados proferidos pelo Superior Tribunal de Justiça, buscaremos delinear a abrangência prática do conceito, tal como se esboça em nossas cortes (Título 2).

---

e revela a influência do Direito francês sobre o tema. F. da C. Higa explica que a "palavra 'chance' remonta ao Direito romano, e deriva da expressão latina 'cadência', a qual, por sua vez, quer indicar a 'queda dos dados', como indicação da álea inerente à boa possibilidade de êxito. No mesmo senso, sustentam os franceses que o termo chance, etimologicamente, advém de *'choir'*, que significa cair – também em referência aos dados –, como emblemática do acaso; mas, acrescentam que, no plural, o termo se torna sinônimo de 'probabilidades'". *Responsabilidade civil: a perda de uma chance no Direito do trabalho,* op. cit., p. 53-55. Alguns afirmam que, no vernáculo, a expressão "perda de uma oportunidade" designaria melhor o tema, tendo em vista que a palavra "chance" tem conotações distintas em francês e em português – G. C do Rosário, *A perda de chance de cura na responsabilidade civil médica.* Rio de Janeiro: Lumen Juris, 2009, p. 7; S. Savi, *Responsabilidade civil por perda de uma chance,* op. cit., p. 3. Por essa mesma razão, o espanhol L. Medina Alcoz preferiu intitular sua tese de *La teoría de la pérdida de oportunidad,* op. cit. Não vemos, contudo, qualquer imprecisão terminológica na expressão "perda de uma chance", já consolidada no Direito brasileiro.

A NATUREZA DA CHANCE PERDIDA: UMA ANÁLISE DA TAXONOMIA DO PREJUÍZO

158. Entre os elementos da responsabilidade civil, o prejuízo é aquele cujo estudo se encontra mais incipiente no Direito brasileiro. Nossos juristas preferem se dedicar às espécies do prejuízo reparável e talvez por isso, entre nós, o prejuízo se veja relegado às classificações. Prejuízos morais se contrapõem aos prejuízos patrimoniais. Os danos emergentes contrastam com os lucros cessantes. Prejuízos futuros, prejuízos presentes, prejuízos diretos e prejuízos indiretos. O prejuízo é veladamente expurgado do plano das abstrações e abandonado ao sabor dos juízos concretos[23].

Entre essas classificações[24], duas recebem especial destaque em nosso ordenamento[25]: de um lado, a dicotomia que opõe os danos emergentes aos lucros cessantes (Seção 1); de outro, a aquela que separa os prejuízos patrimoniais dos prejuízos extrapatrimoniais ou morais (Seção 2).

---

[23] V., contudo, a análise conceitual elaborada por P.T. SANSEVERINO, *Princípio da reparação integral*. São Paulo: Saraiva, 2010, p. 137-191; e também por S. N. BAPTISTA, *Teoria geral do dano*. São Paulo: Saraiva, 2003, p. 43-48.

[24] Para uma visão da taxonomia do prejuízo no Direito comparado, v. U. Magnus (org.), *Unification of Tort Law: Damages*. Haia: Kluwer Law International, 2001; B. MARKESINIS, M. COESTER, G. ALPA e A. ULLSTEIN, *Compensation for Personal Injury in English, German and Italian Law*. Cambridge: Cambridge University Press, 2005; K. OLIPHANT (org.), *Aggregation and Divisibility of Damage*. Viena: European Centre of Tort and Insurance Law, 2009.

[25] Ver, porém, a rica classificação traçada por F. NORONHA, *Direito das obrigações*. 3ª ed. São Paulo: Saraiva, 2010, p. 581-611.

166 RESPONSABILIDADE CIVIL PELA PERDA DE UMA CHANCE

Seção 1 – A chance perdida e a dicotomia entre danos emergentes e lucros cessantes

159. A classificação dos prejuízos em "danos emergentes" e "lucros cessantes" é a mais tradicional no Direito brasileiro. A dicotomia, cujas origens nos remetem ao Direito romano[26], foi expressamente abarcada pelo art. 402 do Código Civil, o qual determina que as perdas e danos abrangem não apenas o que o credor "efetivamente perdeu" – os danos emergentes –, mas também aquilo "que razoavelmente deixou de lucrar"[27] – os chamados lucros cessantes.

Tradicional, a referida classificação é mesmo assim a origem de diversos mal-entendidos. Será necessário, em um primeiro momento, determinar qual é o critério adotado para a construção dessa classificação (§ 1), para que possamos avaliar o enquadramento da chance perdida dentro da mencionada dicotomia (§ 2).

§ 1 – O critério adotado: o impacto do evento danoso sobre o status quo ante

160. Como qualquer *summa divisio*[28], a distinção entre danos emergentes e lucros cessantes fundamenta-se em um critério, a partir do qual é possível classificar todos os elementos pertencentes ao grupo. Há, contudo, uma grande dificuldade em se identificar qual seria o critério empregado para separar as duas categorias em questão[29].

---

[26] J. P. Levy e A. Castaldo, *Histoire du Droit cvil*, op. cit., n° 666, p. 958-961; D. Deroussin, *Histoire du Droit des obligations*. Paris: Economica, 2007, p. 694 (Col. Corpus Histoire du Droit).

[27] Equivalente ao art. 1059 do Código Civil de 1916, que trazia as mesmas expressões.

[28] Alguns autores consideram que a dicotomia entre danos emergentes e lucros cessantes não é uma *summa divisio*, mas sim uma subclassificação dos danos patrimoniais, apenas. S. Cavalieri Filho, *Programa de responsabilidade civil*, op. cit., n° 18 e s., p. 71-76; C. R. Gonçalves, *Responsabilidade Civil*. 13ª ed. São Paulo: Saraiva, 2011, n° 99, p. 757-762.

[29] Uma primeira possibilidade, intuitiva, porém errônea, seria buscar no critério cronológico o divisor de águas entre essas duas categorias. Os danos emergentes seriam, assim, os prejuízos "passados", enquanto os lucros cessantes equivaleriam aos prejuízos "futuros". Tal concepção não se sustenta. Em primeiro lugar, se adotarmos o momento do acidente como marco cronológico referencial, chegaremos à conclusão de que todo prejuízo é futuro. Com efeito, todo prejuízo procede cronologicamente ao acidente que lhe deu origem. Aquele é obviamente posterior a este. E mesmo que adotemos o momento da decisão judicial como marco temporal, a classificação, ainda assim, restaria incoerente. Em primeiro lugar, a dicotomia entre danos emergentes e lucros

PERDA DE UMA CHANCE: A ASSIMILAÇÃO DA TÉCNICA PELO DIREITO BRASILEIRO **167**

Ao que nos parece, o critério distintivo desses dois conceitos é o impacto da lesão ao *status quo ante*. Quando a norma civil exige que o responsável indenize a vítima pelas perdas efetivamente experimentadas, o que se pretende é a devolução dessa vítima à situação anterior ao ocorrido. Portanto, haverá dano emergente quando o acidente provocar a depreciação do estado em que se encontrava a vítima. Por outro lado, os lucros cessantes representam não mais um decréscimo, mas sim o óbice à melhora da situação do lesionado. Nesse caso, não há depreciação do *status quo ante*. O que existe é a ausência de incremento desse estado.

Eis então a diferença entre os dois conceitos: nos dois casos, temos uma lesão a um interesse da vítima. Nos danos emergentes, essa lesão existe na medida em que houve a depreciação do *status quo ante*. Já nos lucros cessantes, a lesão ao interesse decorre do impedimento ao acréscimo desse estado anterior.

161. A análise em questão desmitifica um equívoco recorrente, segundo o qual a indenização teria por fulcro recolocar a vítima no estado em que ela se encontrava antes do evento danoso. Em outras palavras, que a reparação visaria à restauração do *status quo ante*.

Ora, se apenas pretendemos recolocar a vítima na situação em que se encontrava, ela não teria direito à reparação pelos lucros cessantes. Por definição, os lucros cessantes representam os valores que a vítima deixou de ganhar em razão do incidente, ou seja, valores que não estavam incorporados ao seu patrimônio até aquele momento[30].

A reparação civil não busca recolocar a vítima no estado em que se encontrava antes do incidente, mas sim no estado em que ela se encontraria na ausência desse evento[31]. Esse é o modo pelo qual poderemos desfazer todos os efeitos nefastos, positivos e negativos, provocados pelo

---

cessantes confundir-se-ia com aquela que separa danos presentes dos danos futuros. Em segundo lugar, essa visão seria contrária à letra da lei. Muitas "perdas efetivas" (danos emergentes) podem ocorrer após o julgamento, enquanto algumas "frustrações de lucro" (lucros cessantes) se concretizam antes da decisão.

[30] Tome-se como exemplo o caso de um profissional liberal impedido de trabalhar por meses, em razão de um acidente qualquer. Se com a indenização pretendemos recolocá-lo na situação em que ele se encontrava antes do acidente, então todos os rendimentos que deixou de auferir durante o período de recuperação não merecem reparação. Os referidos rendimentos não existiam naquele momento. Eles seriam obtidos posteriormente, com o trabalho a ser realizado pelo profissional. Não há, portanto, qualquer diminuição do *status quo ante* com relação a essas perdas.

[31] Nesse sentido, José de AGUIAR DIAS: "a ideia de interesse (*id quo interest*) atende, no sistema da indenização, à noção de patrimônio como unidade de valor. O dano se estabelece mediante o confronto entre o patrimônio realmente existente após o dano e o que possivelmente existiria se o dano não se tivesse produzido: o dano é expresso

168 RESPONSABILIDADE CIVIL PELA PERDA DE UMA CHANCE

evento danoso. A medida do interesse lesado não é o passado, mas a hipótese contrafatual[32].

§ 2 – O critério aplicado à chance perdida: o enquadramento como dano emergente

162. Como notamos ao longo do trabalho, a indenização das chances perdidas é uma técnica decisória que consiste no duplo deslocamento da reparação. Um primeiro deslocamento relativo aos elementos da responsabilidade, visto que, por meio da técnica, o prejuízo e o nexo de causalidade serão substituídos[33]. Por outro lado, a reparação de chances representa também um deslocamento temporal da regra reparatória. O prejuízo é normalmente medido com base na diferença entre a situação real, na qual se encontra a vítima, e a situação contrafatual, na qual se encontraria sem o ato imputável ao responsável.

A técnica da reparação de chances subverte esse princípio, propondo-se a recolocar a vítima não mais na situação em que ela estaria sem o evento danoso, mas na situação em que ela se encontrava até o evento em questão[34]. Sabemos que a vítima ostentava uma chance antes da intervenção do responsável, e que, por força dessa intervenção, a chance desapareceu. É essa chance perdida que deverá ser reparada.

Nota-se que o prejuízo é assim aferido com base na depreciação efetiva do *status quo ante*. A chance é tratada como um bem, material ou imaterial, pertencente à vítima, e que foi destruído em razão do fato imputável ao réu. Por meio da técnica, a chance passa a ser considerada

---

pela diferença negativa encontrada nesta operação". *Da responsabilidade civil,* op. cit., n° 220, p. 975.

[32] Trata-se da chamada "teoria da diferença", segundo a qual a indenização deve ser "medida pela diferença entre a situação hipotética em que a vítima se encontraria, sem o ato do ofensor, e a situação em que ela realmente se encontra, considerando o ato praticado pelo ofensor". F. da C. Higa, *Responsabilidade civil: a perda de uma chance no Direito do trabalho,* op. cit., p. 21. Para uma visão crítica do conceito, v. P. de T. Sanseverino, *Princípio da reparação integral,* op. cit., p. 140-142.

[33] V. *supra,* n° 16.

[34] "Ambos os casos em que se pode falar em perda de chance (pela interrupção do processo favorável em curso, ou pela não interrupção do processo desfavorável) têm como ponto de referência inicial um momento passado, em que existia a oportunidade agora frustrada". F. Noronha. "Responsabilidade por perda de chances", *Revista de Direito Privado,* vol. 23, 2005, p. 28.

PERDA DE UMA CHANCE: A ASSIMILAÇÃO DA TÉCNICA PELO DIREITO BRASILEIRO **169**

um "patrimônio anterior" do interessado. Disso conclui-se que a chance perdida é um dano emergente[35].

Em sentido oposto, a doutrina nacional por vezes observa que a perda da chance implica para a vítima uma frustração quanto a uma possível melhora ou ganho, aproximando-se assim dos lucros cessantes[36] ou, ainda, representando um *tertium genus* na classificação comentada[37].

A essa concepção, pode-se replicar que a técnica da reparação de chances indeniza, não a perda da vantagem ou da melhora desejada, mas a privação da oportunidade de obter essa vantagem. Ora, se aquelas perdas configuravam a frustração de um ganho, esta constitui, sempre, uma piora efetiva imposta à vítima. A reparação de chances pressupõe que a vítima dispunha de uma oportunidade no momento do acidente e que seu desaparecimento representa uma deterioração dessa situação anterior. Trata-se, portanto, de um dano emergente.

Seção 2 – A chance perdida e a dicotomia entre danos patrimoniais e danos morais

163. Outra importante classificação dos prejuízos no Direito brasileiro é aquela que separa os danos morais dos danos patrimoniais. Deixando de lado os diversos conceitos elaborados pela doutrina, adotaremos a definição de dano patrimonial como a lesão que atinge um interesse pecuniário da vítima, ou seja, a lesão a um interesse suscetível de avaliação em dinheiro. Já os danos morais[38] são as lesões a bens insuscetíveis de

---

[35] No mesmo sentido, S. Savi, *Responsabilidade civil por perda de uma chance*, op. cit., p. 22 e 53.

[36] S. Cavalieri Filho, *Programa de responsabilidade civil*, op. cit., p. n° 18.4, p. 74.

[37] S. Venosa, *Direito civil: responsabilidade civil*, 4ª ed. São Paulo: Atlas, 2004, n° 1.8, p. 34, e n° 10.1, p. 242. Também: STJ, REsp. n° 1.190.180/RS, Rel. Min. Luis Felipe Salomão, j. 16.11.2010.

[38] Y. S. Cahali, adotando a definição de Dalmartello, conceitua-o como "a privação ou diminuição daqueles bens que têm um valor precípuo na vida do homem, e que são a paz, a tranquilidade de espírito, a liberdade individual, a integridade individual, a integridade física, a honra e demais sagrados afetos". *Dano moral*. 2ª ed. São Paulo: RT, 1999, p. 20. Já Wilson de Melo Silva define danos morais como as "lesões sofridas pelo sujeito físico ou pessoa natural de direito em seu patrimônio ideal, entendendo-se por patrimônio ideal, em contraposição ao patrimônio material, o conjunto de tudo aquilo que não seja suscetível de valor econômico". *O dano moral e a sua reparação*. 3ª ed. Rio de Janeiro: Forense, 1983, p. 1. Para uma análise do conceito negativo e positivo do dano extrapatrimonial, v. P. T. Sanseverino, *Princípio da reparação integral*, op. cit., p. 260-265.

170 RESPONSABILIDADE CIVIL PELA PERDA DE UMA CHANCE

mensuração em pecúnia[39] que, o mais das vezes, constituem interesses decorrentes dos direitos da personalidade[40]. No primeiro, o bem jurídico atingido é o patrimônio; no outro, o bem lesado é extrapatrimonial.

Partindo dessas premissas, há de se concluir que a chance perdida não pertence necessariamente a esta ou àquela categoria. A perda de chance representará um dano patrimonial ou moral à vítima, a depender do caráter patrimonial ou extrapatriomonal do resultado que poderia ser obtido por meio dela[41]. É a natureza do interesse em jogo que determinará a natureza da chance[42].

Trata-se de mais uma consequência da subordinação do interesse sobre a chance ao interesse sobre o resultado que pode ser alcançado por via dessa chance. Como visto anteriormente[43], esses dois interesses versam sobre um único objeto. Enquanto o interesse sobre o resultado é o interesse de obter *certamente* uma vantagem, o interesse sobre a chance é o interesse de obter *provavelmente* essa mesma vantagem. Incidindo sobre um mesmo bem, esses dois interesses compartilham necessariamente da mesma natureza, patrimonial ou extrapatrimonial.

164. Assim, a perda da chance de vencer um processo judicial pode constituir um prejuízo patrimonial, na hipótese em que a pretensão veiculada tenha por objeto uma prestação pecuniária. O advogado que deixa transcorrer *in albis* o prazo para interposição de um recurso contra uma sentença que condenou seu cliente ao pagamento de uma dívida causa a este um prejuízo material. O interesse lesado é patrimonial, porquanto avaliável em dinheiro, e o montante da indenização será equivalente ao valor da condenação, multiplicado pelas chances de sucesso do recurso obstado.

Por outro lado, o dano sofrido pelo cliente terá natureza moral se, por meio da demanda em questão, a vítima buscava a satisfação de

---

[39] S. Cavalieri Filho, *Programa de responsabilidade civil*, op. cit., n° 19, p. 78; F. Noronha, *Direito das obrigações*, op. cit., n° 8.1.3, p. 590 e s. O autor prefere a denominação "dano extrapatrimonial", visto que concede ao "dano moral" uma definição mais estrita.

[40] C. R. Gonçalves, *Responsabilidade civil*, op. cit., n° 97.1.3, p. 653-655.

[41] *Contra*: S. Savi, par a quem a perda de chance tem caráter material, necessariamente, *Responsabilidade civil por perda de uma chance*, op. cit., p. 53. Ou G. C. do Rosário, que considera que a perda de chance tem natureza de dano moral. *A perda de chance de cura na responsabilidade civil médica*, p. 143.

[42] R. Abreu e Silva, "Teoria da perda de uma chance em sede de responsabilidade civil", *Revista da Emerj*, 9 (36), 2007, p. 38; R. Peteffi da Silva, *Responsabilidade civil pela perda de uma chance*, op. cit., p. 196-201.

[43] V. *supra*, n° 128 e s.

PERDA DE UMA CHANCE: A ASSIMILAÇÃO DA TÉCNICA PELO DIREITO BRASILEIRO **171**

um interesse extrapatrimonial. Esse é o caso quando o erro do advogado ocorre no curso de uma ação de reconhecimento de paternidade[44] – abstraindo-se os eventuais reflexos pecuniários dessa pretensão. Novamente, para aquilatar o prejuízo o magistrado deverá multiplicar as probabilidades perdidas pelo valor da vantagem almejada. Contudo, este último elemento não é um bem jurídico com valor econômico, daí por que a chance perdida constituirá um dano moral. Poderíamos também vislumbrar a hipótese em que um candidato é injustamente excluído de uma competição, cujo prêmio era meramente simbólico, sem valor econômico. Também nesse caso a reparação concedida à vítima terá a natureza de compensação moral.

É possível igualmente que uma chance perdida represente, ao mesmo tempo, um prejuízo material e um prejuízo moral. É o que ocorre nos casos em que a oportunidade visava à obtenção de interesses das duas espécies. Privado de um tratamento médico adequado, o paciente que perdeu chances de cura sofre lesões tanto aos seus interesses patrimoniais – tal como o interesse em evitar a incapacidade laboral temporária, decorrente do período de recuperação – quanto aos seus interesses puramente extrapatrimoniais – o interesse de resguardar sua integridade física, diante dos sintomas nefastos da doença. Ambas as lesões deverão ser avaliadas a partir das perspectivas de cura oferecidas pelo tratamento negligenciado[45].

165. O interesse sobre a chance representa uma fração do interesse sobre a obtenção do resultado final e, por consequência, a lesão ao interesse sobre a chance resultará em um prejuízo equivalente a uma parcela da vantagem almejada pela vítima, resguardada a natureza patrimonial ou extrapatrimonial do interesse em questão. Nesse sentido, o Superior Tribunal de Justiça já assentou que "a perda da chance se aplica tanto aos danos materiais quanto aos danos morais"[46].

Essa posição foi consagrada pelo enunciado de número 444, da 5ª Jornada de Direito Civil, de organização do Conselho Nacional de Justiça. O mencionado verbete evidencia, em sua primeira parte, que a chance perdida terá natureza patrimonial ou extrapatrimonial, a depender "das circunstâncias do caso concreto":

---

[44] R. Peteffi da SILVA, *Responsabilidade civil pela perda de uma chance*, op. cit., p. 201.

[45] Para uma análise da perda de chances na seara médica, v. M. KFOURI NETO, *Responsabilidade civil do médico*. 5ª ed. São Paulo: RT, 2003, p. 64-67; e *Culpa médica e ônus da prova*, op. cit., p. 96-127. Nancy novo médico.

[46] STJ, Resp. 1.079.185/MG. Rel. Min. Nancy Andrighi, j. 11.11.2008.

Art. 927. A responsabilidade civil pela perda de chance não se limita à categoria de danos extrapatrimoniais, pois, conforme as circunstâncias do caso concreto, a chance perdida pode apresentar também a natureza jurídica de dano patrimonial. A chance deve ser séria e real, não ficando adstrita a percentuais apriorísticos.

166. Por fim, observe-se que, em alguns casos de perda de chances, é possível que a vítima venha a sofrer outros danos de cunho moral, além da lesão ao interesse aleatório. É que a perda da oportunidade pode ofender também outros interesses da vítima, como sua honra, sua dignidade ou mesmo provocar frustrações e dores de cunho psicológico, configurando assim um dano moral autônomo, a ser reparado ao lado da chance perdida.

Seria o caso do esportista impedido de participar de uma competição decisiva em sua carreira. Sob a ótica da reparação de chances, a vítima foi privada da oportunidade de consagrar-se vitoriosa na competição. Trata-se de lesão a um interesse aleatório, que deverá ser reparada através de uma indenização proporcional às suas probabilidades de vitória e às benesses materiais e morais decorrentes de uma conquista dessa estirpe. Mas, afora o interesse na possível vitória, o evento poderia representar algo em si estimado pelo atleta[47]. Muito além da simples oportunidade de receber o prêmio, a injusta exclusão provocou um dano à integridade moral da vítima. A depender da importância do interesse em questão, esse dano moral também ensejará o direito à reparação, independentemente da indenização pela chance perdida[48].

---

[47] O infortúnio que atingiu o maratonista Vanderlei Cordeiro de Lima na Olimpíada de Atenas, em 2004, é exemplo nítido desse tipo de situação. O atleta, que então ocupava a primeira posição da maratona, foi injustamente atrapalhado por um espectador, que o segurou nos momentos finais da corrida. Não há dúvidas de que o incidente em questão provocou frustrações na vítima, que vão muito além do mero interesse na vitória. Cf. F. da C. Higa, *Responsabilidade civil: a perda de uma chance no direito do trabalho*, op. cit., p. 125-129.

[48] Cf.: EDcl no AgRg no AI 1.916.957/DF, Rel. Min. Isabel Galloti, j. 10.04.2012: ainda que esse acórdão tenha negado a reparação moral pretendida pela vítima, a decisão evidencia que as lesões a interesses extrapatrimoniais não se confundem com a lesão às expectativas aleatórias.

A APLICAÇÃO DA REPARAÇÃO DE CHANCES: UMA ANÁLISE DA JURISPRUDÊNCIA

167. A jurisprudência brasileira tem reconhecido que a reparação de chances é um método eficaz para superar a incompatibilidade entre a responsabilidade civil e a incerteza. O tema é por vezes tratado sob a ótica da incerteza do prejuízo, como no julgado emblemático do "Show do Milhão":

> (...) não há como concluir, mesmo na esfera da probabilidade, que o normal andamento dos fatos conduziria ao acerto da questão. Falta, assim, pressuposto essencial à condenação da recorrente no pagamento da integralidade do valor que ganharia a recorrida caso obtivesse êxito na pergunta final, qual seja, a certeza – ou a probabilidade objetiva – do acréscimo patrimonial apto a qualificar o lucro cessante. Não obstante, é de se ter em conta que a recorrida, ao se deparar com questão mal formulada, que não comportava resposta efetivamente correta, justamente no momento em que poderia sagrar-se milionária, foi alvo de conduta ensejadora de evidente dano. Resta, em consequência, evidente a perda de oportunidade pela recorrida[49].

Por outro lado, há julgados que abordam a temática da perda de uma chance sob o enfoque do nexo de causal. Se na França a doutrina e a jurisprudência levaram décadas para compreender que a reparação de chances envolve também dificuldades relativas à causalidade, nossos juízes não tardaram a identificar essa faceta da técnica. A afinidade entre a reparação de chances e a causalidade jurídica foi claramente exposta pela Ministra Nancy Andrighi, em um precedente relativo à responsabilidade de um advogado negligente:

---

[49] STJ, REsp n° 788.459/BA, Rel. Min. Fernando Gonçalves, j. 08.11.2005.

174 RESPONSABILIDADE CIVIL PELA PERDA DE UMA CHANCE

Diante deste panorama, a doutrina tradicional sempre teve alguma dificuldade para implementar, em termos práticos, a responsabilidade do advogado. Com efeito, mesmo que comprovada sua culpa grosseira, é difícil antever um vínculo claro entre esta negligência e a diminuição patrimonial do cliente, pois o que está em jogo, no processo judicial de conhecimento, são apenas chances e incertezas que devem ser aclaradas em um juízo de cognição. Em outras palavras, ainda que o advogado atue diligentemente, o sucesso no processo judicial depende de outros favores não sujeitos ao seu controle. Daí a dificuldade de estabelecer, para a hipótese, um nexo causal entre a negligência e o dano. Para solucionar tal impasse, a jurisprudência, sobretudo de direito comparado, e a doutrina passaram a cogitar da teoria da perda da chance. A aludida teoria procura dar vazão para o intricado problema das probabilidades, com as quais nos deparamos no dia a dia, trazendo para o campo do ilícito aquelas condutas que minam, de forma dolosa ou culposa, as chances, sérias e reais, de sucesso às quais a vítima fazia jus[50].

E a Ministra completaria o raciocínio em outro acórdão, proferido quatro anos mais tarde, dessa vez na seara da responsabilidade médica:

A perda da chance, em verdade, consubstancia uma modalidade autônoma de indenização, passível de ser invocada nas hipóteses em que não se puder apurar a responsabilidade direta do agente pelo dano final. Nessas situações, o agente não responde pelo resultado para o qual sua conduta pode ter contribuído, mas apenas pela chance de que ele privou a paciente. Com isso, resolve-se, de maneira eficiente, toda a perplexidade que a apuração do nexo causal pode suscitar[51].

O principal fundamento para essa inovação jurisprudencial é, sem dúvida, o princípio da reparação integral dos prejuízos. De acordo com o mencionado princípio, a vítima tem direito a receber compensação por todas as lesões que sofreu em razão do incidente litigioso; todo interesse legítimo atingido merece indenização[52]. Daí por que os juízes se veem obrigados a recorrer à técnica da reparação de chance. De outro modo, a maioria dos interesses aleatórios ficaria fora do espectro reparatório, um resultado absolutamente insustentável.

---

[50] STJ, REsp. n° 1.079.185/MG, Rel. Min. Nancy Andrighi, j. 11.11.2008.

[51] STJ, Resp. 1.254.141/PR, Rel. Min. Nancy Andrighi, j. 04.12.2012.

[52] Nesse sentido, F. M. TARTUCE, apesar de se declarar contrário à reparação das chances perdidas, assevera que a "a evolução da consciência da civilística nacional conduz à admissão desses novos danos reparáveis, antes não admitidos". *Direito civil*, vol. 2. *Direito das obrigações e responsabilidade civil*, op. cit., p. 441.

PERDA DE UMA CHANCE: A ASSIMILAÇÃO DA TÉCNICA PELO DIREITO BRASILEIRO **175**

Nossa jurisprudência é, contudo, extremante vacilante com relação ao tema. A análise das decisões nacionais revela que não há uniformidade de nossos julgadores quanto ao que se entende por perda de chances.

A despeito da heterogeneidade, é possível identificar certas diretrizes gerais esboçadas pelos magistrados brasileiros. Algumas, em nosso ver, equivocadas (Seção 1). Outras revelam a prudência de nossos juízes, diante dos riscos de vulgarização da técnica (Seção 2).

Seção 1 – *A reparação de chances na jurisprudência: os equívocos de premissa*

168. A técnica da reparação se propõe a indenizar os interesses aleatórios da vítima. Assim, a perda de chance não se confunde, como por vezes afirma a jurisprudência, com um simples fato gerador de dano moral (§ 1). No mais, os prejuízos decorrentes desse tipo de lesão devem ser mensurados através de um método preciso, que leve em consideração as probabilidades envolvidas e a expectativa aleatória almejada. Esse método nem sempre é adotado em nossos tribunais (§ 2).

§ 1 – *Os equívocos quanto à identificação do prejuízo a ser reparado*

169. Um primeiro ponto a ser notado acerca da perda de chance no Brasil é que muitos dos magistrados consideram-na não um prejuízo em si, mas uma situação geradora de danos morais. São comuns acórdãos que, num primeiro momento, afirmam que o erro do réu terminou por privar a vítima de uma chance, e ato contínuo o condenam a reparar os danos morais causados pela perda. Nesse sentido:

> Falhando o advogado em sua obrigação de meio ao deixar de informar nos autos o endereço necessário para a complementação da perícia, está a prejudicar o interesse de seu cliente. Ainda assim, não há possibilidade de fixação do valor do dano material por não se saber qual seria o eventual resultado se a informação tivesse sido prestada. Há dano moral, pois a falha profissional do advogado é causa de sofrimento para o cliente, que nele confiou e que sofre baixa de autoestima ao ver frustrada sua possibilidade de discutir o direito que entendia ter, ocorrendo a chamada "perda de uma chance"[53].

---

[53] TJ-SP, Apel. Cív. n° 992.07.026794-3, Rel. Des. Manoel Justino Bezerra Filho, j. 18.10.2010.

RESPONSABILIDADE CIVIL PELA PERDA DE UMA CHANCE

Ou ainda:

Prestação de serviços. Acesso à internet. "Speedy". Falhas na prestação do serviço. Solicitações de orçamentos não respondidas. Perda de uma chance. Indenização. Danos material e moral. [...] Se, em virtude de falha na prestação do serviço de acesso à internet ("Speedy"), a assinante não pôde encaminhar a possíveis clientes orçamentos solicitados durante o período de indisponibilidade do serviço, responde a concessionária pela frustração decorrente da perda de uma chance. Dano material. Ausência. Simples orçamentos não necessariamente se converteriam em contratação e, portanto, não se constituíam direito líquido e certo, mas mera expectativa de direito, não gerando prejuízo material. Dano moral. Perda de uma chance. Prejuízo imaterial "in re ipsa". A perda da chance de ter orçamentos escolhidos e, assim, obter lucro, provoca frustração que constitui abalo moral suscetível de reparação[54].

170. Note-se que a perda da chance é vista como um mero fato, como um evento no qual a vítima se envolveu. E em razão desse fato, a vítima teria sofrido lesões a interesses de cunho extrapatrimonial, às quais se concedeu indenização. Por outro lado, os acórdãos mencionados negam que o interesse aleatório, fundado na possível prestação material a ser obtida com o processo, seja passível de reparação.

Ora, o entendimento em questão é uma nítida desnaturação da técnica. A teoria da perda de uma chance propõe-se a indenizar o próprio interesse sobre a vantagem aleatória desejada, e não as eventuais frustrações morais decorrentes da perda dessa vantagem. Os dois prejuízos não se confundem e podem até dar ensejo a reparações independentes, quando configurados.

Na verdade, os magistrados fazem uso do conceito de dano moral por mera comodidade[55]. É que a noção concede grande margem de atuação ao julgador, que fica livre para identificar um prejuízo moral quando assim o entender, mensurando-o com base em sua exclusiva prudência[56].

---

[54] TJ-SP, Apel. Cív. n° 992.08.018679-2, Rel. Des. Cesar Lacerda, j. 01.03.2011.

[55] R. Peteffi da Silva, *Responsabilidade civil pela perda de uma chance*, op. cit., p. 197.

[56] Por essa mesma razão, o dano moral é empregado no Brasil como sucedâneo às indenizações punitivas – conceito, em teoria, inexistente em nosso sistema: "O instituto da indenização por danos punitivos no Brasil apenas se assemelha àquele consagrado na 'Common Law' [...] a indenização do dano moral, especialmente no Brasil, tem duas funções: a de pena ou expiação, em relação ao culpado, e a de satisfação, relativa à vítima". T. A. Lopez, *Princípio da precaução e evolução da responsabilidade civil*, op. cit., p. 82.

PERDA DE UMA CHANCE: A ASSIMILAÇÃO DA TÉCNICA PELO DIREITO BRASILEIRO **177**

É evidente que tal prática constitui abuso do conceito de dano moral e da própria técnica de reparação de chances. Tome-se o caso de uma instituição financeira, impedida de cobrar uma dívida em razão da desídia de seu advogado. O interesse dessa instituição não é de forma alguma extrapatrimonial. As taxas de inadimplemento e as porcentagens de êxito nas cobranças são objeto de complexos cálculos realizados pelos bancos, no intuito de prever a viabilidade econômica de suas atividades. A oportunidade perdida representa um interesse patrimonial da instituição, diretamente atingido pela conduta negligente de seu representante legal.

171. Esse tipo de equívoco seria enfrentado pelo Superior Tribunal de Justiça, em acórdão proferido em 16 de novembro de 2010[57]. O demandante movera ação em face do seu antigo advogado, pretendendo que este reparasse os prejuízos materiais decorrentes da apresentação extemporânea de uma contestação judicial. O Tribunal de Justiça do Rio Grande do Sul reconheceu a falha do patrono, e afirmou que, em razão desta, "houve para o demandante a perda de uma chance". Por esse motivo, condenou o réu ao pagamento de R$ 25.000,00 "a título de dano moral".

O Superior Tribunal de Justiça anulou a decisão, observando que o tribunal gaúcho proferira julgamento *extra petita*. Os danos morais reconhecidos em segundo grau não equivalem à reparação material pretendida pelo autor, havendo nítida violação ao princípio processual da congruência[58].

§ 2 – Os equívocos quanto à quantificação do prejuízo a ser reparado

172. O segundo equívoco está diretamente ligado ao primeiro. Trata-se do método de mensuração da chance perdida.

---

[57] "Observa-se da exordial que o autor manejou ação com vistas à indenização do dano suportado, que seria 'mensurável, certo e inquestionável', decorrente de execução contra ele ajuizada e que atingiria o valor de R$ 335.938,96, mais honorários de sucumbência e custas [...]. Assim, há julgamento *extra petita* se o autor deduz pedido certo de indenização por danos absolutamente identificados na inicial e o acórdão, com base na teoria da perda de uma chance, acolhe a pretensão do autor e condena o réu ao pagamento de danos morais". STJ, REsp. n° 1.190.180/RS, Rel. Min. Luis Felipe Salomão, j. 16.11.2010.

[58] Para outros julgados do STJ que diferenciam a perda da chance material dos danos morais: STJ, AgRg no REsp. n° 1.220.911/RS, Rel. Min. Castro Meira, j. 17.03.2011; STJ, REsp. n° 1.079.185/MG, Rel. Min. Nancy Andrighi, j. 11.11.2008.

178 RESPONSABILIDADE CIVIL PELA PERDA DE UMA CHANCE

Muitos julgados estabelecem o montante devido a título de reparação das chances, sem nem ao menos mencionar as probabilidades em jogo e a vantagem esperada pela vítima. Isso ocorre porque o prejuízo-chance é por vezes considerado uma espécie de dano moral[59]:

> Ação de reparação de danos. Prestação de serviços advocatícios. Negativa de seguimento de recurso ordinário interposto em razão da intempestiva comprovação do recolhimento das custas. Falha incontroversa na prestação do serviço demonstrada. Decorrente impedimento de apreciação em instância superior que caracteriza perda de uma chance. [...] Demonstrada a realidade de eventual chance de sucesso por parte do apelante, inafastável que se imponha à apelada a obrigação de indenizar que, em não tendo aquele apresentado subsídios para a quantificação da provável perda, deve ser esta arbitrada dentro de um parâmetro de razoabilidade, ou seja, R$ 10.000,00 (dez mil reais), mais as despesas processuais (custas e todos os encargos)[60].

Por outro lado, há acórdãos que, a despeito de mencionarem o conceito de perda de chances, concedem à vítima uma indenização equivalente não à chance perdida, mas ao próprio resultado esperado em sua integralidade:

> Responsabilidade civil. Profissional liberal. Contratação de serviços advocatícios. Comprovada negligência por parte dos réus. Dano material comprovado na forma de lucros cessantes. Caso de perda da chance. [...] Assim, demonstrada a perda da chance da autora em ver-se ressarcida judicialmente pelos seus créditos trabalhistas, resta apenas quantificá-los. Nesse ponto, tem-se que o cotejo realizado com a ação movida [em caso semelhante] permite que se chegue a uma quantia aproximada do que receberia efetivamente a autora, técnica permitida pela aplicação da equidade ao caso[61].

173. As duas posições nos parecem criticáveis.

A primeira, porque ignora os critérios próprios de mensuração da chance. Para quantificar uma oportunidade, devemos nos pautar nas expectativas que poderíamos legitimamente esperar da chance em questão,

---

[59] Há um acórdão do STJ em que a perda de chance é tratada como espécie de dano moral: AgRg no REsp. n° 1.013.024/RS, Rel. Min. Aldir Passarinho, j. 05.08.2010.

[60] TJ-SP, Apel. Civ. n° 0034387-12.2008.8.26.0309, Rel. Des. Dimas Rubens Fonseca, j. 05.04.2011.

[61] TJ-RS, Rec. n° 71001196195, Rel. Ricardo Torres Hermann, j. 12.07.2007.

PERDA DE UMA CHANCE: A ASSIMILAÇÃO DA TÉCNICA PELO DIREITO BRASILEIRO **179**

as quais são necessariamente porporcionais às probabilidades envolvidas e à vantagem almejada[62].

A segunda, porque concede uma reparação excessiva à vítima. O valor da chance é sempre inferior ao valor da vantagem pretendida[63], e por razão evidente: a possibilidade de obter uma vantagem jamais poderia ter a mesma importância que a própria vantagem[64]. Se o magistrado pretende conceder uma indenização equivalente à vantagem final esperada, então

---

[62] M. KFOURI NETO, *Culpa médica e ônus da prova*, op. cit., p. 110-120; R. Peteffi da SILVA, "A responsabilidade pela perda de uma chance e as condições para a sua aplicação", in *Novo Código Civil: questões controvertidas* (dir. M. L. Delgado e J. F. Alves), v. 5. São Paulo: Método, 2006, p. 452-455.

[63] "O dano não pode consistir na vantagem que era esperada, porque esta não passava de mera expectativa, que não há mais condições de se viria a concretizar-se, caso não tivesse ocorrido o fato antijurídico". F. NORONHA, "Responsabilidade por perda de chances", op. cit., p. 35.

[64] Uma utilização peculiar da técnica da reparação de chances ocorreu nos casos relativos à indenização devida ao candidato que, aprovado em concurso por decisão judicial, teve sua posse adiada durante o curso do processo. Os ministros do STJ por diversas vezes se mostraram contrários à concessão de indenização equivalente à soma dos vencimentos integrais a que faria jus o candidato durante todo o período de atraso. Sem exercer efetivamente o cargo, o demandante receberia o montante integral e livre dos impostos e contribuições devidos pelos funcionários efetivos, além de poder cumular, sob a forma de indenização, os proventos do cargo com aqueles decorrentes da atividade profissional que exerceu durante a demora. Por isso, alguns magistrados da Corte sustentaram que "a indenização seria devida em razão da responsabilidade pela perda de uma chance", a qual, na hipótese, serviria de fator de redução da indenização (Resp. 1.243.022/RS, Rel. Min. Luis Felipe Salomão, j. 02.06.2011; EmbDiv no Resp n° 825.037/DF, Rel. Min. Eliana Calmon, j. 01.02.2011; EmbDiv no Resp n° 1.117.974/RS, Rel. Min. Teori Zavascki, j. 21.09.2011). A preocupação dos magistrados é louvável, mas a técnica escolhida não é adequada ao problema, tendo em vista que as hipóteses em questão não envolvem qualquer incerteza ou probabilidade perdida pela vítima. E pode-se até mesmo afirmar que a técnica seria desnecessária. Se a ação é indenizatória, o prejuízo deve ser calculado *in concreto*, de acordo com as efetivas perdas experimentadas pelo demandante. É natural que para a realização desse cálculo sejam abatidos os valores percebidos pelo candidato em decorrência de sua atividade própria, além dos tributos respectivos. É também provável que tenha sido essa a intenção dos magistrados, quando se referiram à "perda de oportunidade": vislumbra-se aqui uma indenização equivalente ao custo de oportunidade, e não propriamente à perda de uma probabilidade. De todo modo, a questão perdeu muito de seu interesse prático, tendo em vista que o STF firmou entendimento de que "é indevida indenização pelo tempo em que se aguardou solução judicial definitiva sobre aprovação em concurso" (AgRg no RExt 593.373, Rel. Min. Joaquim Barbosa, j. 18.04.2011) e o STJ se alinhou rapidamente a essa posição (EmbDiv no Resp n° 1.117.974/RS/DF, cit., AgRg no Ag no Resp n° 109.277/DF, Rel. Min. Castro Meira, 19.04.2012).

180 RESPONSABILIDADE CIVIL PELA PERDA DE UMA CHANCE

não há falar em perda de chance. O objeto da indenização é o próprio resultado, e não a chance de obtê-lo.

174. A chance deve ser medida a partir da efetiva extensão do interesse que ela representa. E isso se faz através do cálculo das "expectativas matemáticas" decorrentes dessa chance.

Trata-se de uma média ponderada, em que os possíveis resultados da chance são ponderados pela probabilidade de obtê-los. O produto dessa conta equivale ao valor médio que seria obtido por meio do evento aleatório, se ele fosse repetido muitas vezes. Representa o valor que a vítima poderia racionalmente esperar da chance, ou seja, a expectativa racional decorrente dessa oportunidade.

Esse cálculo há de ser feito em duas etapas[65]. Num primeiro momento, determina-se qual seria o ganho auferido ou a perda evitada, se a vítima tivesse obtido o resultado aleatório esperado. Depois, esse valor será multiplicado pela porcentagem de chances que vítima perdeu em função do ato imputável ao réu. O resultado dessa conta será o montante a ser indenizado em razão da perda da chance[66]. E esse valor, frise-se, é necessariamente inferior ao valor da vantagem final esperada[67].

É o que ficou assentado pelo Superior Tribunal de Justiça, em julgado proferido em 4 de dezembro de 2012. A Corte superior censurou a decisão do Tribunal do Estado do Paraná, que não poderia, num caso relativo à perda de chance de cura, condenar o médico a indenização equivalente à morte do paciente: "admitida a indenização pela chance

---

[65] Comparar, por exemplo, a perícia minuciosamente realizada no caso *Collet v. Smith & Middlesbrough*, julgado pela High Court da Inglaterra e do País de Gales em 11 de agosto de 2008, [2008] EWHC 1962 (QB). A carreira promissora do jovem futebolista Benjamin Collett, então com 18 anos e membro da equipe de base do Manchester United, foi bruscamente interrompida por uma falta desleal, perpetrada durante uma partida amistosa. Para avaliar os prejuízos sofridos pela vítima, os juízes calcularam, ano a ano, as probabilidades de ganho do jogador, valendo-se de estatísticas relativas à carreira. O cálculo levou em conta, por exemplo, as probabilidades de que a vítima firmasse sua carreira na primeira ou na segunda divisão do futebol inglês, descontando-se o salário que será efetivamente ganho pelo ex-jogador, que decidiu entrar na universidade após o acidente.

[66] Por razões de simplificação, nossa explicação parte do pressuposto de que há apenas dois resultados possíveis: a obtenção ou a não obtenção da vantagem desejada. Contudo, há casos nos quais vários resultados são possíveis, por exemplo, o lance de dados, que poderá dar origem a seis resultados diferentes. Nesse tipo de situação, será necessário efetuar a média ponderada dos resultados, para que se alcance o valor da chance.

[67] R. Abreu e SILVA, "Teoria da perda de uma chance em sede de responsabilidade civil", op. cit., p. 40; R. Peteffi da SILVA, "A responsabilidade pela perda de uma chance e as condições para a sua aplicação", op. cit., p. 452.

PERDA DE UMA CHANCE: A ASSIMILAÇÃO DA TÉCNICA PELO DIREITO BRASILEIRO **181**

perdida, o valor do bem deve ser calculado em uma proporção sobre o prejuízo final experimentado pela vítima. A chance, contudo, jamais pode alcançar o valor do bem perdido. É necessária uma redução proporcional. [...] O acórdão recorrido não reconheceu ao médico responsabilidade integral pela morte da paciente. Não pode, assim, fixar reparação integral, merecendo reparo nesta sede"[68].

O método em questão deve ser empregado, mesmo nos casos em que a vantagem aleatória não tenha valor econômico; em outras palavras, ainda que a chance em questão tenha natureza de dano moral. Nesse caso, o juiz deverá aplicar os critérios ordinários de mensuração do dano moral quando da realização da primeira etapa da mencionada equação e, ato contínuo, reduzir esse valor inicial, com base nas porcentagens envolvidas.

Seção 2 – *A reparação de chances na jurisprudência: a justa cautela*

175. O maior risco trazido pela técnica da reparação de chances reside em sua fluidez. A chance é um conceito etéreo, impalpável e, por esse motivo, particularmente suscetível aos abusos e desnaturações trazidos pela prática jurídica. Sem critérios bem definidos, quase toda demanda judicial comportaria um pedido de reparação em razão de supostas chances perdidas[69].

---

[68] STJ, Resp. 1.254.141/PR, Rel. Min. Nancy Andrighi, j. 04.12.2012. Nesse sentido, v. STJ, REsp. n° 1.184.128/MS, Rel. Min. Sidnei Beneti, j. 08.06.2010, e o julgado do TJ-RS confirmado pelo Superior Tribunal de Justiça: "Desta forma, a indenização pelo dano moral há que ser fixado em 200 (duzentos) salários mínimos, os quais, tomando--se por base o valor vigente, equivalem a R$ 83.000,00, já ponderando a redução do *quantum* em 50% em virtude das chances de sobrevivência da vítima", e o julgado "Show do Milhão", em que o STJ acolheu parcialmente o recurso do canal de televisão, apenas para reduzir a indenização concedida à vítima, de modo a adequá-la às probabilidades perdidas: "A quantia sugerida pela recorrente (R$ 125.000,00 – cento e vinte e cinco mil reais –, equivalente a um quarto do valor em comento, por ser uma 'probabilidade matemática' de acerto de uma questão de múltipla escolha com quatro itens) reflete as reais possibilidades de êxito da recorrida". STJ, REsp n° 788.459/BA, Rel. Min. Fernando Gonçalves, j. 08.11.2005.

[69] Nesse sentido, a crítica de F. M. TARTUCE à admissão da reparação da perda de chances: "tais danos, na maioria das vezes, constituem-se hipotéticos ou eventuais, sendo certo que os arts. 186 e 403 do Código Civil brasileiro exigem o dano presente e efetivo. A perda de uma chance, na verdade, trabalha com suposições, com o *se*, isto é, hipóteses com as quais nem a estatística tem condições de determinar objetivamente". *Responsabilidade civil objetiva e risco: a teoria do risco concorrent*e, op. cit., p. 103.

É necessário impor limites conceituais à perda de chance[70], evitando assim sua vulgarização. A grande dificuldade está em estabelecer um critério adequado para distinguir as chances que merecem a proteção do Direito daquelas que são mero fruto dos devaneios do requerente.

176. A jurisprudência brasileira mostra-se particularmente sensível ao problema. As demandas de indenização referentes a oportunidades pouco consistentes são por vezes repelidas pelos magistrados, sob o argumento de que a alegada chance não era real ou séria[71].

É o que ocorreu em um acórdão proferido Superior Tribunal de Justiça, em 21 de junho de 2012. O demandante, um policial militar, pretendia a reparação dos danos materiais e morais decorrentes da "perda da chance de ter progredido na carreira", notadamente por ter sido impedido pela administração pública de participar de um curso de oficiais de administração. O relator do recurso, contudo, ressaltou que chance em questão não poderia ser considerada real e séria, em razão da precariedade da situação em que se encontrava o militar[72]: "A chance supostamente perdida pelo agravante deve apresentar-se real e séria, não podendo se tratar de meras conjecturas e/ou ilações... Não há falar em perda de uma chance quando todo o suposto direito pleiteado pelo agravante, na ação ordinária anterior, baseava-se em uma decisão judicial precária: ele participou, *sub judice*, do Curso de Formação de Sargento; sua eventual promoção, por conseguinte, se daria também *sub judice*, o

---

[70] Sobre os critérios de delimitação da técnica, v. R. F. MORAES, "Da moldura jurídica da 'perda de chance'", *Valor Econômico*, 12.01.2011.

[71] F. da C. HIGA observa que os termos "real" e "sério" não são sinônimos, e que há uma hierarquia entre os dois, visto que o segundo pressupõe a existência do primeiro: "é possível estabelecer uma escala hierárquica entre os requisitos: a realidade antecede a seriedade, embora somente a conjunção de ambos torne a vítima apta a pedir a reparação do dano. É possível haver uma chance real que não seja séria, mas não é possível cogitar de uma chance séria que não seja real. Retomando os exemplos anteriores, o enfermo cientificamente condenado não possui uma chance real, logo, ela não é séria; já o possuidor de um bilhete com uma chance em 50 milhões possui uma chance inegavelmente real – tanto assim que adquire o bilhete mediante paga –, mas que, para efeitos jurídicos, não pode ser considerada séria". *Responsabilidade civil: a perda de uma chance no Direito do trabalho*, op. cit., p. 85.

[72] "Esse excerto da sentença e os demais elementos dos autos permitem a ilação de que os recorridos jamais demonstraram a intenção de purgar a mora ou mesmo de efetuar o pagamento dos valores devidos ao recorrente. [...] Na espécie dos autos, portanto, as chances de purgação da mora após a intimação pessoal da data designada para o leilão extrajudicial do imóvel hipotecado eram remotas e inexpressivas. No que tange à indenização pela perda de uma chance, contudo, somente a frustração de uma oportunidade real, plausível e séria justifica a compensação por danos morais". STJ, REsp n° 1.115.687/SP, Rel. Min. Nancy Andrighi, j. 18.11.2010.

PERDA DE UMA CHANCE: A ASSIMILAÇÃO DA TÉCNICA PELO DIREITO BRASILEIRO

mesmo ocorrendo caso lhe houvesse sido autorizado participar do Curso de Oficiais da Administração"[73].

A mesma cautela foi empregada pelo Superior Tribunal em acórdão que abordou a aplicação da técnica da reparação de chances no campo da responsabilidade médica. A vítima direta falecera após uma operação cardíaca, e seus parentes alegavam que o médico, por sua conduta negligente durante o período pós-operatório, havia privado o paciente de uma chance de sobrevida. Questionado se a morte teria sido evitada "caso tivesse havido acompanhamento médico mais próximo, no período pós-operatório", o perito do juízo havia concluído de forma pouco categórica: "não há como fazer qualquer ilação. Mas é possível que sim". E isso bastou para que o Superior Tribunal afastasse o pedido de indenização: "A chamada 'teoria da perda da chance', de inspiração francesa e citada em matéria de responsabilidade civil, aplica-se aos casos em que o dano seja real, atual e certo, dentro de um juízo de probabilidade, e não de mera possibilidade, porquanto o dano potencial ou incerto, no âmbito da responsabilidade civil, em regra, não é indenizável"[74].

177. Há quem proponha a adoção de um critério fundado exclusivamente nas probabilidades envolvidas. É ideia defendida por Sérgio Savi. O autor sustenta que apenas as oportunidades superiores a 50% seriam reparáveis. Aquém desse patamar, nenhuma chance haveria de ser considerada suficientemente séria a ponto de merecer a proteção do Direito[75].

O critério nos parece demasiadamente simplista. Se o objetivo é separar as chances relevantes daquelas que não o são, nenhuma cifra estabelecida *a priori* poderá servir de parâmetro. Isso porque o problema das chances perdidas surge nas mais variadas situações, em algumas das quais uma chance de poucas probabilidades pode representar um interesse muito relevante para a vítima. E em outras, chances muito prováveis podem não ter valor algum. Qualquer vestibulando sabe, por exemplo, que 20% de chances de passar em uma faculdade de primeira linha valem muito mais do que 80% de chances de ser aprovado em uma instituição de pouco renome. Ora, seria ilógico afirmar que este interesse é suficientemente sério, mas não aquele.

---

[73] AgRG no AI 1.401.354/PR, Rel. Min. Arnaldo Esteves de Lima, j. 21.06.2012.

[74] STJ, REsp n° 1.104.665/RS, Rel. Min. Massami Uyeda, j. 09.06.2009. Cf. também: nos casos de responsabilidade de advogados pela perda de um prazo processual, faz-se "absolutamente necessária a ponderação acerca da probabilidade – que se supõe real – que a parte teria de se sagrar vitoriosa ou de ter a sua pretensão atendida". Logo, não há perda de uma chance reparável se, após a análise do recurso obstado, verifica-se que suas chances de êxito eram pouco relevantes: STJ. Resp. 993.936/RJ, Min. Rel. Luis Felipe Salomão, j. 27.03.2012.

[75] S. Savi, *Responsabilidade civil por perda de uma chance*, op. cit., p. 60-61.

Na verdade, a seriedade de uma chance pode decorrer de diversos fatores. Entre eles, o mais importante é sem dúvida a probabilidade envolvida. Quanto mais prováveis forem as possibilidades de vitória, maior será a relevância da oportunidade em questão. Por outro lado, uma probabilidade diminuta de êxito dificilmente será reputada digna de reparação. Mas esse não pode ser o único elemento a ser considerado no momento da verificação do caráter "real e sério" da chance perdida.

O próprio Superior Tribunal de Justiça parece não se render ao critério da cifra única. De um lado, os acórdãos que utilizam o conceito de "chance real e séria" não mencionam qualquer patamar mínimo de probabilidades a servir de parâmetro. De outro lado, há precedentes que expressamente repeliram o critério numérico proposto, concedendo indenizações a chances cujas probabilidades êxito eram inferiores a 50%[76]. Esse entendimento foi também sufragado pelo mencionado enunciado n° 444 da 5ª Jornada de Direito Civil, que, em sua parte final, explicita que a chance reparável "deve ser séria e real, não ficando adstrita a percentuais aprioristicos"[77].

178. A recusa ao critério objetivo não significa que a jurisprudência brasileira seja contrária à delimitação da reparação de chances. Os julgados anteriormente citados bem demonstram que a banalização da técnica é uma preocupação constante entre nossos magistrados, que enxergam a reparação de chances com certo rigor e desconfiança. A análise da posição dos tribunais simplesmente revela que essa seleção há de ser feita caso a caso. Partindo dos elementos concretos fornecidos pelo problema, os juízes devem ponderar se a chance em questão constituía um interesse relevante para a vítima, digno, portanto, de reparação. Ou se, ao contrário, a oportunidade supostamente perdida era de pouca importância, sendo descabida a indenização.

E para essa avaliação, os magistrados devem considerar outros fatores, além das meras probabilidades em jogo.

---

[76] STJ, REsp n° 788.459/BA, Des. Min. Fernando Gonçalves, j. 08.11.2005 – indenização de chances de êxito uma competição de perguntas, cujas probabilidades foram avaliadas em 25%; EDcl no AgRg no AI 1.916.957/DF, Rel. Min. Isabel Galloti, j. 10.04.2012 – indenização de chances em um concurso avaliadas em 1/30; AgRg no REsp n° 1.220.911/SP, Rel. Min. Castro Meira, j. 17.03.2011 – Nesse último julgado, apesar de considerar que a chance alegada não era real ou séria, o Ministro relator rejeitou expressamente o critério dos 50% de probabilidades.

[77] "Art. 927. A responsabilidade civil pela perda de chance não se limita à categoria de danos extrapatrimoniais, pois, conforme as circunstâncias do caso concreto, a chance perdida pode apresentar também a natureza jurídica de dano patrimonial. A chance deve ser séria e real, *não ficando adstrita a percentuais aprioristicos*".

O caráter extraordinário da chance é um dos elementos que devem ser ponderados. Embora diminutas as probabilidades, teremos fortes razões para concluir pelo caráter real e sério se a vítima gozava de uma chance rara, pouco comum. É exatamente o que ocorre nos casos em o concorrente já se encontrava nas últimas fases de um concurso ou sorteio, após ter avançado nas etapas anteriores, e é então impedido de prosseguir no certame.

Um julgado recente do Superior Tribunal de Justiça apreciou uma situação dessa espécie. Em razão das falhas imputáveis à empresa organizadora de um sorteio, a concorrente não foi informada de que fora indicada para a segunda etapa do evento, na qual seriam sorteadas 30 casas entre os 900 participantes restantes. As probabilidades de êxito da competidora eram bastante remotas: somente 1/30 de chances de obter o prêmio. Nada obstante, o STJ reconheceu seu direito à indenização e, consequentemente, o caráter relevante da oportunidade em questão[78].

O mesmo tipo de circunstância pode ser encontrado no julgado "Show do Milhão". Ainda que chances de vitória da competidora fossem de apenas 25%, a oportunidade era raríssima, tendo em vista que poucas pessoas chegaram à "pergunta do milhão", fato que, somado à importância do prêmio em disputa, induziu os juízes a concluir pela seriedade da chance perdida.

Outro elemento a ser considerado é a proximidade temporal entre o evento danoso e o momento em que a chance seria efetivamente usufruída[79]. É mais plausível que a chance perdida constitua um interesse relevante para a vítima séria se, no momento do acidente, ela estava gozando da oportunidade em questão. Ou, ainda, se essa oportunidade seria usufruída em breve. É o que ocorre nos casos de perda de chance jurisdicional: o interessado estava a usufruir de sua chance de ganhar a lide, e o erro do advogado veio a falsear o desenvolvimento natural dessa álea. Nesse tipo de situação, a reparação da chance é menos problemática. A vítima estava engajada no processo aleatório, sendo verossímil de que o réu, ao privá-la da oportunidade jurisdicional, tenha atingido um interesse relevante de seu cliente.

A situação muda totalmente de figura quando o demandante requer a indenização por uma chance que seria aproveitada dali a meses, ou mesmo

---

[78] EDcl no AgRg no AI 1.916.957/DF, Rel. Min. Isabel Galloti, j. 10.04.2012.

[79] R. Peteffi da Silva afirma que o critério a ser levado em conta na aferição do caráter real e sério da chance é "a proximidade temporal do momento em que ocorreu o ato danoso que extinguiu as chances e o momento em que estas chances seriam utilizadas, na obtenção da vantagem esperada". "A responsabilidade pela perda de uma chance e as condições para a sua aplicação", op. cit., p. 452-455.

anos. Nessas situações, o hiato temporal entre o momento do incidente e o momento do desfrute da oportunidade torna mais factível que o desaparecimento dessa probabilidade não tenha gerado lesão alguma a um interesse da vítima. Não se sabe se o réu faria uso da chance supostamente perdida ou se ao menos se importava com ela. Para esses casos, o critério do "real e séria" significa que um grande ônus probatório pesa sobre o demandante. Ele deve demonstrar que se encontrava em situação particularmente vantajosa para obter o resultado almejado; em outras palavras, que a chance perdida era especial e que, por essa razão, a vítima tinha todo interesse em aproveitá-la. Não se trata de um atributo quantitativo, mas qualitativo; a vítima tinha uma oportunidade atípica, que se destacava das possibilidades acessíveis a qualquer um, e que era especificamente direcionada à obtenção de um resultado concreto. Sob esse enfoque, deve-se refutar a reparação de oportunidades genéricas, que visavam a uma melhora indistinta, bem como as possibilidades corriqueiras.

Há ainda um terceiro fator determinante nessa avaliação. Trata-se da atitude da vítima com relação à chance perdida, notadamente se ela estava a se preparar para usufruir da chance, adotando medidas capazes de permitir o seu gozo ou de ampliar suas probabilidades. Em caso afirmativo, teremos um forte indício de que a oportunidade representava para ela um interesse relevante, afastando assim as desconfianças quanto ao possível oportunismo da demanda judicial.

Nesse sentido, podemos entender a recusa do Superior Tribunal de Justiça em acolher a demanda de um casal que requeria a reparação da perda da chance de evitar a alienação do imóvel que lhe pertencia. Dado em garantia para o pagamento de uma dívida, o referido bem fora leiloado extrajudicialmente pelo credor sem que os proprietários fossem intimados do ato. Com base no contexto fático, notadamente na ausência de provas da efetiva possibilidade ou intenção dos proprietários de fazer uso de seu direito de purgar a mora, o Superior Tribunal negou o pleito reparatório, afirmando que a oportunidade em questão não era "real, plausível e séria". Afinal, "além de diversas vezes cientificados por avisos de convocação para saldarem prestações em atraso (...), os próprios autores relatam que envidaram tratativas para composição dos débitos junto ao banco, sem êxito. (...) Somente depois de quase um ano e meio decorrido do leilão é que se animaram os autores em perseguir sua anulação". Somados aos demais elementos dos autos, esses fatos permitiam "a ilação de que os recorridos jamais demonstraram a intenção de purgar a mora ou mesmo de efetuar o pagamento dos valores devidos ao recorrente"[80].

---

[80] STJ, REsp n° 1.115.687/SP, Rel. Min. Nancy Andrighi, j. 18.11.2010.

O mesmo Superior Tribunal afastou o pedido de reparação fundado na "teoria da perda de uma chance", em um litígio envolvendo um candidato ao cargo de Policial Rodoviário Federal, indevidamente alijado do concurso durante o exame psicotécnico. Além das dificuldades inerentes ao concurso, a Corte ressaltou que o recorrente "já havia logrado aprovação no concurso para Procurador Federal" e que declarara, abertamente, que "não pretendia a investidura no cargo de Policial Rodoviário Federal". Inexistindo intenção do recorrente em fazer uso da oportunidade em questão[81], não há perda de chance real ou séria.

179. Admitida sem ressalvas, a reparação de chances tornar-se-ia lugar-comum em nossos tribunais. Não é difícil imaginar que, tal como o dano moral, a perda de chances passaria a constituir um pedido acessório, presente em quase toda ação de reparação. É esse tipo de "indústria da perda de chances" que nossos juízes buscam evitar, limitando o uso da técnica aos casos em que há efetiva lesão a um interesse aleatório da vítima. Uma posição prudente e plenamente justificada.

---

[81] AgRg no Resp 1.220.911/RS, Rel. Min. Castro Meira, 17.03.2011.

CONCLUSÃO

180. René Savatier teceu uma das críticas mais severas ao conceito de perda de chance de cura[508], na época uma noção recém-consagrada pela Corte de Cassação. Segundo o jurista, os magistrados lançariam mão da perda de chance de cura apenas para espantar suas próprias incertezas. Tratar-se-ia de uma espécie de terapia contra o duro fardo da decisão: atormentado por suas dúvidas, o juiz não concede a reparação integral ao demandante, mas também não o priva totalmente de indenização. O julgador se acomoda no meio do caminho e outorga uma reparação parcial ao prejuízo sofrido pela vítima. Uma solução tão desprezível quanto aquela que condena o acusado a uma pena reduzida em razão das dúvidas que pesam sobre sua culpabilidade. "Paraíso dos juízes indecisos", completa o autor.

Em nosso ver, da maneira como foi exposta, a censura em questão está mal orientada. Em vez de se prestar à desqualificação do conceito de perda de chance de cura, ela deveria se endereçar à técnica da reparação de chances em geral. Com efeito, não há nem mesmo uma crítica formulada por Savatier contra a perda de chances de cura que não seja igualmente válida em relação aos demais casos de perda de chances.

Trata-se, ainda assim, de uma crítica bastante incisiva. Não se pode negar que a reparação de chances é fruto da incerteza do magistrado. Mais especificamente, de uma incerteza contrafatual: o juiz condena o médico a reparar as chances de cura quando ele não está em posição de afirmar se um tratamento adequado teria ou não salvado o paciente. Do mesmo modo, o advogado negligente é condenado a reparar as chances de vitória de seu cliente, pois o magistrado não consegue determinar qual seria o desenlace do processo comprometido pelo erro do profissional. O juiz, com efeito, não teria qualquer razão para empregar a técnica da reparação

---

[508] Une faute peut-elle engendrer la responsabilité d'un dommage sans l'avoir causé ?, op. cit.

de chances se ele não estivesse atormentado por suas próprias dúvidas. Não houvesse uma incerteza inerente ao litígio, o réu ou seria condenado a indenizar toda a perda, ou seria isentado de qualquer condenação.

Não partilhamos, porém, das conclusões que o jurista deduz das constatações anteriores. Por certo, a reparação de chances decorre sempre de uma incerteza do juiz. Mas isso não significa que a solução seja inaceitável. Pelo contrário, em muitos julgados, tal solução se mostra necessária.

181. Uma ressalva deve ser feita sobre essa incerteza que acomete os casos de perda de chance: não se trata de uma incerteza que atinge somente o juiz. O paciente tinha também suas desconfianças. Para ele, o tratamento representava a possibilidade de melhora, e nada mais. Até mesmo a ciência médica, tão avançada, se mostrava incapaz de afirmar a cura ou o revés. A despeito do crescente poder do homem sobre sua saúde, os tratamentos médicos ainda estão submissos ao império da álea.

A mesma observação é válida nos casos de perda de chance jurisdicional. Nenhum advogado honesto ousaria garantir a seu cliente o ganho da causa, por mais experiente que seja o patrono em questão. O jurisdicionado tem apenas esperança de vencer o processo.

Logo, nas duas situações, a incerteza do juiz decorre do fato de que o interesse lesado pelo ato do responsável versava sobre a *provável* cura ou sobre a *provável* procedência da demanda. Um interesse aleatório, portanto.

Aleatório, mas nem por isso irrelevante! O médico, que privou seu paciente de um tratamento adequado, não causou um mal a este? O cliente não tinha um forte interesse na possível vitória judicial? O Direito não pode ignorá-lo. Negar a reparação de um interesse aleatório seria uma solução evidentemente contraditória. O mesmo interesse sobre a provável vitória e sobre a provável cura fora reconhecido juridicamente quando da conclusão do contrato entre o paciente e seu médico; entre o cliente e seu advogado[509]. Como então admitir que o Direito vire suas costas a esse tipo de interesse, apenas porque ele deixou o campo do acordo – o contrato – para se estabelecer no campo do desacordo – a responsabilidade?

---

[509] Há uma relação muito próxima entre o inadimplemento de obrigações de meio e a reparação das chances perdidas. E não por acaso. Quando o Direito afirma que o credor é sujeito ativo de uma obrigação de meios, isso implica que apenas seu interesse sobre a *possibilidade* de obter o resultado é juridicamente reconhecido. Trata-se, portanto, de um interesse aleatório, abarcado pela convenção.

O verdadeiro problema é que, ao contrário do Direito dos contratos, a responsabilidade civil é incapaz de zelar pelos interesses aleatórios. Há uma incompatibilidade principiológica entre essse tipo de interesse e o funcionamento da norma reparadora.

182. Classicamente, a regra de reparação procura colocar a vítima na situação em que ela se encontraria na ausência do fato imputável ao réu. Esse objetivo pressupõe o domínio total do homem sobre a realidade, a tal ponto que poderíamos afirmar, com toda certeza, qual seria o destino virtual dessa vítima. Ora, essa busca se revela impraticável nos casos em que a lesão alegada concerne a um interesse aleatório. Por definição, o desenlace de um evento aleatório é desconhecido. A responsabilidade civil exige uma certeza que o interesse aleatório jamais poderia lhe oferecer.

Em uma primeira vista, a lesão a um interesse aleatório seria assim irreparável. É por essa razão que a jurisprudência francesa recusa, por vezes, a indenização a esse tipo de interesse, afirmando o caráter hipotético do prejuízo alegado ou, ainda, a ausência de nexo causal entre a perda da vantagem desejada e o fato imputado ao réu. Essa solução é empregada especialmente nos casos em que o interesse aleatório lesado é irrisório, não merecendo assim a proteção do Direito.

183. Por outro lado, os juízes podem resolver o litígio pela via das presunções. Apoiado sobre os indícios que lhe foram apresentados, o magistrado pode conjecturar se a vítima teria ou não obtido a vantagem aleatória desejada. Trata-se de uma solução salutar, pois recoloca a responsabilidade em seu campo natural de ação – a certeza. Ou bem o juiz conclui que a vítima teria certamente obtido a vantagem desejada e que, então, o réu deve reparar essa perda; ou bem ele considera que a chance estava, de todo modo, fadada ao fracasso, e que por isso o ato do réu não deu causa a qualquer prejuízo.

O emprego sistemático das presunções seria, todavia, impraticável. A presunção está condicionada à existência de elementos suficientemente precisos e concordantes, que demonstrem a verossimilhança do fato presumido. Ora, na maioria dos casos de lesão a um interesse aleatório, essa conjuntura não está presente, de modo que o juiz não pode afirmar que a vítima teria obtido o resultado aleatório; tampouco pode afirmar o contrário. A álea do interesse lesado é irredutível.

184. É por essa razão que, muitas vezes, uma terceira técnica se mostra necessária. Quando a negação da reparação e a presunção são inaplicáveis, o juiz pode então condenar o réu a reparar as chances perdidas pela vítima. Trata-se de uma técnica particularmente eficaz, pois renuncia às conjecturas impossíveis. Em vez de recolocar a vítima na

situação em que ela se encontraria – uma situação desconhecida –, a reparação de chances a reposiciona na situação em que ela se encontrava antes do evento danoso, o *status quo ante*. Ora, não há qualquer dúvida sobre essa situação passada. Sabemos que, antes da intervenção do réu, a vítima tinha chances de obter o resultado desejado. São essas chances perdidas que devem ser reparadas.

Tomando o contrapé das técnicas anteriores, esse método não se propõe a ignorar, tampouco a desfazer a incerteza. A reparação de chances admite a álea e a assimila à regra da reparação. Sob o manto da chance, a incerteza deixa de representar um entrave à aplicação da responsabilidade civil e passa se projetar no momento da quantificação da indenização devida.

185. Três técnicas são assim aplicáveis aos litígios envolvendo a lesão a um interesse aleatório. Três respostas distintas a um mesmo dilema. Ora, qual seria o lugar exato da técnica da reparação de chances em meio a essa gama? Em cada caso concreto, caberá ao juiz, de forma mais ou menos discricionária, optar em favor de uma ou de outra solução. Mas algumas diretrizes podem nos poupar da ameaçadora arbitrariedade do magistrado.

Em primeiro lugar, a reparação de chances deve ser relegada ao papel de técnica subsidiária, não podendo ser empregada senão diante da impossibilidade de aplicação de presunções. E por uma razão muito simples: o interesse sobre a chance de obter uma vantagem é subsidiário ao interesse sobre a própria vantagem; aquele não passa de uma forma mais branda desta. Ora, se o juiz pode, de forma razoável, empregar presunções ao caso apreciado, que ele então o faça. A reparação de chances não deve invadir o domínio da técnica das presunções, que constitui, ainda hoje, o método mais elementar de resolução das incertezas no plano jurídico.

Em segundo lugar, a negação da reparação deve sempre servir de contraponto à técnica da reparação de chances. Se a chance em questão não se mostra real ou séria, o juiz deve simplesmente ignorá-la. Trata-se de uma limitação conceitual, cujo objetivo é evitar a expansão injustificada – e abusiva – da técnica.

Enfim, há um último enquadramento: a reparação de chances não pode ser utilizada para contornar incertezas que em nada se relacionam com a incerteza do interesse da vítima. Esse é o caso quando o dano constatado pode ter sua origem em duas causas distintas, e o juiz hesita entre uma ou outra. Ou, ainda, quando a incerteza se reporta à vontade da própria vítima. Nesses casos, a dúvida a ser enfrentada pelo magistrado é estranha às expectativas do demandante, logo, jamais poderíamos assimilar tal incerteza a uma suposta chance perdida por este.

186. Uma técnica que se presta a superar as limitações da norma reparadora, com o fulcro de proteger interesses aleatórios. Eis a verdadeira natureza da perda de chances. Trata-se, sem dúvida, de um método engenhoso, em prol de uma causa igualmente salutar.

BIBLIOGRAFIA

I) MANUAIS E OBRAS JURÍDICAS GENERALISTAS

AGUIAR DIAS, José de. *Da responsabilidade civil*. 11ª ed. Rio de Janeiro: Renovar, 2006.

AUBERT, Jean-Luc. *Introduction au Droit*. 10ª ed. Paris: Armand Colin, 2004.

AUBRY, Charles, RAU, Charles-Frédéric, e ESMEIN, Paul. *Droit civil français*, t. VI. 6ª ed. Paris: Juris-Classeurs, 1951.

BACACHE-GIBEILI, Mireille. *Droit civil* (Dir. Christien LARROUMET). T. V: *Les obligations: La responsabilité civile extracontractuelle*. Paris: Economica, 2007.

BÉNABENT, Alain. *Les contrats spéciaux civils et commerciaux*. 8ª ed. Paris: Domat, 2008.

BOBBIO, Norberto. *Teoria do ordenamento jurídico*. Trad. Maria Celeste Cordeiro Leite dos Santos. 6ª ed. Brasília: UnB, 1995.

CAVALIERI FILHO, Sergio. *Programa de responsabilidade civil*. 7ª ed. São Paulo: Atlas, 2007.

DEROUSSIN, David. *Histoire du Droit des obligations*. Paris: Economica, 2007 (Col. Corpus Histoire du Droit).

FABRE-MAGNAN, Muriel. *Droit des obligations*, vol. 1. *Contrat et engagement unilatéral*. Paris: PUF, 2007 (Col. Thémis Droit).

_____. *Droit des obligations*, vol. 2. *Responsabilité civile et quasi-contrats*, Paris: PUF, 2007 (Col. Thémis Droit).

FLOUR, Jacques, AUBERT, Jean-Luc, e SAVAUX, Éric. *Les obligations*, vol. 1. *L'Acte Juridique*. 11ª ed. Paris: Armand Colin, 2004.

_____, _____, e _____. *Les obligations*, vol. 2. *Le fait juridique*. 12ª ed. Paris: Sirey, 2007.

_____, _____, _____, e Flour, Yvonne. *Les obligations*, vol. 3. *Le rapport de l'obligation.* 5ª ed. Paris: Sirey, 2007.

Ghestin, Jacques, Goubeaux, Gilles, e Fabre-Magnan, Muriel. *Traité de Droit civil* (dir. Jacques Ghestin). *Introduction générale.* 4ª ed. Paris: LGDJ, 1994.

Gonçalves, Carlos Roberto. *Responsabilidade civil.* 13ª ed. São Paulo: Saraiva, 2011.

Lalou, Henri. *La responsabilité civile: principes élémentaires et applications pratiques.* Paris. Dalloz, 1928.

_____, e Azard, Pierre. *Traité pratique de la responsabilité civile.* 6ª ed. Paris: Dalloz, 1962.

Levy, Jean-Philippe, e Castaldo, André. *Histoire du Droit civil.* Paris: Dalloz, 2002 (Col. Précis Droit Privé, n. 580).

Malaurie, Philippe, Aynes, Laurent. *Droit civil: Les obligations.* 2ª ed. Paris: Cujas, 1990.

_____, _____, e Stoffel-Munck, Philippe. *Droit civil: Les obligations.* 4ª ed. Paris: Defrénois, 2004.

Markensinis, Basil, Deakin, Simon, e Johnston, Angus. *Tort Law.* 5ª ed. Oxford: Oxford University Press, 2003.

Mazeaud, Henri, e Mazeaud, Léon. *Traité théorique et pratique de la responsabilité civile délictuelle et contractuelle.* Paris: Recueil-Sirey, 1931.

_____, _____, e Tunc, André. *Traité théorique et pratique de la responsabilité civile délictuelle et contractuelle*, t. II. 5ª ed. Paris: Montchretien, 1958.

_____, _____, e _____. *Traité theorique et pratique de la responsabilité civile delictuelle et contractuelle*, t. I. 6ª ed. Paris: Montchretien, 1965.

Mazeaud, Henri, e Mazeaud, Léon, Mazeaud, Jean, e Chabas, François. *Leçons de Droit civil: Obligations: théorie générale.* tomo II, vol. I. 9ª ed. Paris: Montchrestien, 1998.

Noronha, Fernando. *Direito das obrigações.* 3ª ed. São Paulo: Saraiva, 2010.

Pereira, Caio Mario da Silva. *Responsabilidade civil.* 9ª ed. Rio de Janeiro: Forense, 1999.

Planiol, Marcel, Ripert, Georges, e Esmein, Paul. *Traité pratique de Droit civil français*, t. VI, 1ª parte. *Obligations.* 2ª ed. Paris: LGDJ, 1952.

Rodrigues, Silvio, *Direito civil*, vol. 4. *Responsabilidade civil.* 20ª ed. São Paulo: Saraiva, 2008.

BIBLIOGRAFIA **197**

SAVATIER, René. *Traité de la responsabilité civile en Droit français*, t. II. 2ª ed. Paris: LGDJ, 1951.

SÉRIAUX, Alain. *Le Droit naturel*. 2ª ed. Paris: PUF, 1999 (Col. Que Sais-Je?).

SUPIOT, Alain. *Homo juridicus: essai sur la fonction anthropologique du Droit*. Paris: Seuil, 2005. [Ed. bras.: Trad. M. E. de Almeida Prado Galvão. São Paulo: Martins Fontes, 2007.]

TARTUCE, Flávio Murilo. *Direito civil*, vol. 2. *Direito das obrigações e responsabilidade civil*. 6ª ed. São Paulo: Gen Método, 2011.

TERRÉ, François. *Introduction générale au Droit*. 5ª ed. Paris: Dalloz, 2000 (Col. Précis Droit Privé).

_____. SIMLER, Philippe, e LEQUETTE, Yves. *Les obligations*. 10ª ed. Paris: Dalloz, 2009 (Col. Précis Droit Privé).

TOURNEAU, Philippe le. *Droit de la responsabilité et des contrats 2006-2007*. 6ª ed. Paris: Dalloz, 2006 (Col. Action).

VENOSA, Sílvio de Salvo. *Direito civil: responsabilidade civil*. 4ª ed. São Paulo: Atlas, 2004, p. 34.

VINEY, Geneviève, e JOURDAIN, Patrice. *Traité de Droit civil: Les conditions de la responsabilité* (dir. Jacques GHESTIN). 3ª ed. Paris: LGDJ, 2006.

II) TESES E MONOGRAFIAS

BAPTISTA, Silvio Neves. *Teoria geral do dano*. São Paulo: Saraiva, 2003.

BÉNABENT, Alain. *La chance et le Droit*. Paris: LGDJ, 1973 (Col. Bibliothèque de Droit Privé).

BOYER-CHAMMARD, Georges, e MONZEIN, Paul. *La responsabilité médicale*. Paris: PUF, 1974 (Col. SUP).

CAHALI, Yuseff Said. *Dano moral*. 2ª ed. São Paulo: RT, 1999.

CHABAS, François. *L'Influence de la pluralité de causes sur le Droit de la réparation*. Paris: LGDJ, 1967 (Col. Bibliothèque de Droit Privé).

CHARTIER, Yves. *La réparation du préjudice dans la responsabilité civile*. Paris: Dalloz, 1983.

CHINDEMI, Domenico. *Il danno da perdita di chance*. Milão: Giuffrè, 2007.

FABRE-MAGNAN, Muriel. *De l'obligation d'information dans les contrats: essai d'une theorie*. Paris: LGDJ, 1992 (Col. Bibliothèque de Droit Privé).

G'SELL-MACREZ, Florence. *Recherches sur la notion de causalité*. Tese. Paris I, 2005.

HIGA, Flávio da Costa. *Responsabilidade civil: a perda de uma chance no Direito do trabalho.* São Paulo: Saraiva, 2012.

HIRONAKA, Giselda Maria Fernandes Novaes. *Responsabilidade pressuposta.* Belo Horizonte: Del Rey, 2005.

JUNQUEIRA DE AZEVEDO, Antônio. *Negócio jurídico: existência, validade e eficácia.* 4ª ed. São Paulo: Saraiva, 2002.

KFOURI NETO, Miguel. *Culpa médica e ônus da prova.* São Paulo: Revista dos Tribunais, 2002.

_____. *Responsabilidade civil do médico.* 5ª ed. São Paulo: Revista dos Tribunais, 2003.

LOPEZ, Teresa Ancona. *Princípio da precaução e evolução da responsabilidade civil.* São Paulo: Quartier Latin, 2010.

MAGNUS, Ulrich (org.). *Unification of Tort Law: Damages.* Haia: Kluwer Law International, 2001.

MARKESINIS, Basil, COESTER, Michael, ALPA, Guido, e ULLSTEIN, Augustus. *Compensation for Personal Injury in English, German and Italian Law.* Cambridge: Cambridge University Press, 2005.

MEDINA ALCOZ, Luis. *La teoría de la pérdida de oportunidad: estudio doctrinal y jurisprudencial de Derecho de daños público y privado.* Cizur Menor: Thomson-Civitas, 2007.

MÉMETEAU, Gérard. *La responsabilité civile médicale en Droit comparé français et québecois.* Montréal: Québec Research Centre of Private and Comparative Law, 1990.

NOVAIS DIAS, Sergio. *Responsabilidade civil do advogado*: perda de uma chance. São Paulo: LTr, 1999.

OLIPHANT, Ken (org.). *Aggregation and Divisibility of Damage.* Viena: European Centre of Tort and Insurance Law, 2009.

PENNEAU, Jean. *La responsabilité du médecin.* 2ª ed. Paris: Dalloz, 1996 (Col. Connaissance du Droit).

_____. *La responsabilité médicale.* Paris: Sirey, 1977.

PRADEL, Xavier. *Le préjudice dans le Droit civil de la responsabilité.* Paris: LGDJ, 2004 (Col. Bibliothèque de Droit Privé).

REISS, Lydie. *Le juge et le préjudice: étude comparée des Droits français et anglais.* Marselha: Puam, 2003.

ROSÁRIO, Grácia Cristina Moreira do. *A perda de chance de cura na responsabilidade civil médica.* Rio de Janeiro: Lumen Juris, 2009.

BIBLIOGRAFIA

Sallet, Frédérique. *La perte d'une chance dans la jurisprudence administrative relative à la puissance publique*. Paris: LGDJ, 1994.

Sanseverino, Paulo de Tarso. *Princípio da reparação integral*. São Paulo: Saraiva, 2010.

Savi, Sérgio. *Responsabilidade civil por perda de uma chance*. São Paulo: Atlas, 2006.

Silva, Rafael Peteffi da. *Responsabilidade civil pela perda de uma chance*. São Paulo: Atlas, 2007.

Silva, Wilson de Melo. *O dano moral e a sua reparação*. 3ª ed. Rio de Janeiro: Forense, 1983.

Tartuce, Flávio Murilo. *Responsabilidade civil objetiva e risco: a teoria do risco concorrente*. São Paulo: Gen Método, 2011.

III) ARTIGOS

Bacache-Gibeilli, Mireille. "Le défaut d'information sur les risques de l'intervention: quelles sanctions? Pour une indemnisation au-delà de la perte d'une chance". *D. 2008*, p. 1908.

Boré, Jacques. "La causalité partielle en noir et blanc ou les deux visages de l'obligation *in solidum*". *JCP 1971*, I, 2369.

_____. "L'Indemnisation pour les chances perdues: une forme d'appréciation quantitative de la causalité d'un fait dommageable". *JCP 1974*, I, 2620.

Chabas, François. "La perte d'une chance en Droit français". In: *Développements recents du Droit de la responsabilité civile* (dir. Olivier Guillod). Zurique: Schulthess, 1991.

_____. "L'Obligation médicale en danger". *JCP 2000*, I, 212.

_____. "Vers un changement de nature de la responsabilité médicale". *JCP 1973*, I, 2737.

Crédeville, Anne-Elisabeth. "Le défaut d'information sur les risques de l'intervention: quelles sanctions? Non à la dérive des préjudices". *D. 2008*, p. 1914.

Descorps-Declère, Frédéric. "La coherence de la jurisprudence de la Cour de Cassation sur la perte de chance consécutive a une faute du médecin". *D. 2005*, p. 742.

Durry, Georges. "La faute du médecin diminuant les chances de guérison du malade". *RTD Civ. 1967*, p. 181.

Esmein, Paul. "Le nez de Cléopâtre ou les affres de la causalité". *D. 1964*, Crônica 205.

Gondim, Glenda Gonçalves. "Responsabilidade civil: teoria da perda de uma chance". *Revistas dos Tribunais*, ano 94, vol. 840, 2005, p. 11.

Grynbaum, Luc. "Le lien de causalité en matière de santé: un élément de la vérité judiciaire". *D. 2008*, p. 1928.

Guillod, Olivier (dir.). *Développements récents du Droit de la responsabilité civile*. Zurique: Schulthess, 1991.

Heers, Mireille. "L'Indemnisation de la perte d'une chance". *Gaz. Pal. 2000*, p. 525.

Jakobs, Günther. "Imputation in Criminal Law and the Conditions for Norm Validity". *Buffalo Criminal Law Review*, vol. 7, trad. Carlos Gómez-Jara Díaz, p. 492.

Jourdain, Patrice. "De l'incertitude affectant la relation causale". *RTD Civ. 1990*, p. 486.

_____. "Le préjudice et la jurisprudence". *Resp. Civ. et Assur. 2001*, fora de série, jun. 2001, p. 45.

_____. "Perte d'une chance: une nouvelle forme d'abus de l'utilisation de la notion pour reparer un préjudice certain". *RTD Civ. 1994*, p. 110.

_____. "Sur la perte d'une chance". *RTD Civ.* 1992, p. 109.

Lambert-Faivre, Yvonne. "De la poursuite à la contribution, quelques arcanes de la causalité". *D. 1992*, p. 311.

Marty, Gabriel. "La relation de cause à effet comme condition de la responsabilité civile". *RTD Civ. 1939*, p. 685.

Mémeteau, Gérard. "Perte de chances et responsabilité médicale". *Gaz. Pal. 1997*, p. 1367.

Moraes, Renato Duarte Franco de. "Da moldura jurídica da 'perda de chance'". *Valor Econômico*, 12.01.2011.

Noronha, Fernando. "Responsabilidade por perda de chances". *Revista de Direito Privado*, vol. 23, 2005, p. 28.

Philippe, Denis M. "La théorie de la relativité aquilienne". In: *Mélanges Roger O. Dalcq*. Paris: Lancier, 1994.

Porchy, Stéphanie. "Lien causal, préjudices réparables et non-respect de la volonté du patient". *D. 1998*, p. 371.

REECE, Helen. "Losses of Chances in the Law". *The Modern Law Review,* 1996, vol. 59, n° 2, p. 188

RUELLAN, Caroline. "La perte de chance en Droit privé". *RRJ* 1999; *Droit Prospectif,* vol. 3, p. 731.

SARGOS, Pierre. "La causalité en matière de responsabilité ou le 'Droit Schtroumpf'". *D. 2008,* p. 1935.

SAVATIER, René. "Une faute peut-elle engendrer la responsabilité d'un dommage sans l'avoir causé?". *D. 1970,* Crônica 123.

SILVA, Rafael Peteffi da. "A responsabilidade pela perda de uma chance e as condições para a sua aplicação".In: DELGADO, Mário Luiz, ALVES, Jônes Figuerêdo (dirs.). *Novo Código Civil: questões controvertidas,* v. 5. São Paulo: Método, 2006, p. 443.

SILVA, Roberto de Abreu e. "Teoria da perda de uma chance em sede de responsabilidade civil". *Revista da Emerj,* 9 (36), 2006, p. 24.

VACARIE, Isabelle. "La perte d'une chance". *RRJ, Droit Prospectif,* vol. 3, p. 904, 1987.

WEIR, Tony. "Loss of a Chance: Compensable in Tort? The Common Law". In: GUILLOD, Olivier (dir.). *Développements récents du Droit de la responsabilité civile.* Zurique: Schulthess, 1991.

IV) OBRAS NÃO JURÍDICAS

APIANO. *Les guerres civiles à Rome,* livro II. Trad. Jean-Isaac Combes-Dounous. Paris: Les Belles Lettres, 1994.

CÉSAR, Caio Julio. *Guerre civile,* tomo I. Trad. Pierre Fabre. 9ª ed. Paris: Les Belles Lettres, 2005.

HOBSBAWM, Eric. *Age of Revolution.* Nova York: Vintage, 1996.

HUME, David. *A Treatise of Human Nature,* vol. I. Londres: J. M. Dent, 1964.

_____. *An Inquiry Concerning Human Understanding.* Edimburgo: Abernethy & Walker, 1817.

KEYNES, John Maynard. *A Treatise on Probability.* Londres: BN, 2008.

KNIGHT, Frank. *Risk, Uncertainty and Profit.* Nova York: Cosimo, 2006.

LOCKE, John. *Essay Concerning Human Understanding.* 13ª ed. Londres: William Tegg, 1849.

PASCAL, Blaise. *Lettres de Blaise Pascal accompagnées des lettres des ses correspondants.* 6ª ed. Paris: G. Crès, 1922.

_____. *Pensamentos*. Trad. Sérgio Milliet. São Paulo: Abril Cultural, 1973, p. 99 (Col. Os Pensadores).

POINCARÉ, Henri. *Calcul des probabilités*. 2ª ed. Paris: Jacques Gabay, 1987 [1912] (Col. Les Grands Classiques Gauthier-Villars).

SUÉTÔNIO. *Vies des Douze Césars*, tomo I. Trad. Henri Ailloud. Paris: Les Belles Lettres, 1931.

V) ACÓRDÃOS E NOTAS

CA Grenoble, 25 jun. 1875, *D. 1876*, II, p. 147.

Civ., 6 mar. 1876, *D. 1876*, I, p. 195, nota A. GIBOULOT.

CA Besançon, 23 fev. 1880, *D. 1880,* II, p. 225.

CA Bordeaux, 18 jun. 1886, *D. 1888*, II, p. 189.

CA Limoges, 10 fev. 1888, *D. 1889*, II, p. 261.

CA Bourges, 15 abr. 1889, *D. 1891*, II, p. 43.

Req., 17 jul. 1889, *S. 1891*, I, p. 399.

Civ., 26 nov. 1890, *D. 1891*, I, p. 18.

CA Riom, 30 dez. 1890, *D. 1892,* II, p. 227.

CA Paris 1ª Câm, 11 jan. 1895, *D. 1895*, II, p. 489.

CA Limoges, 24 mar. 1896, *D. 1898*, II, p. 259.

CA Riom, 8 mar. 1897, *S. 1897*, II, p. 97.

Req., 30 jun. 1902, *S.* 1907, I, p. 434, *D. 1903*, I, p. 569, *Gaz. Pal. 1902*, II, p. 279.

CA Rouen, 8 ago. 1903, *D. 1904*, II, p. 175.

CA Nancy 1ª Câm., 6 fev. 1909, *Gaz. Pal. 1909*, II, p. 440.

Chaplin v. Hicks ([1911] 2 KB, 786).

Civ., 27 mar. 1911, *D. 1914*, I, p. 225, nota H. LALOU; *S. 1914*, I, p. 137.

Trib. Com. de la Seine, 3 jul. 1913, *Gaz. Pal. 1913*, II, p. 406.

Trib. Civ. de Meaux, 29 jan. 1920, *D. 1920*, I, p. 137, nota H. LALOU.

Trib. Civ. de la Seine 1ª Câm, 29 nov, 1928, *JCP 1929*, I, p. 535.

Req., 24 nov. 1930, *Gaz. Pal. 1930*, II, p. 953.

CA Angers 1ª Câm., 19 maio 1931, *Gaz. Pal. 1931*, II, p. 218, *S. 1931*, II, p. 190.

CA Aix, 3 mar. 1932, *JCP 1932*, I, p. 328.

Req., 26 maio 1932, *S. 1932*, I p. 387.

Req., 1º jun. 1932, *S. 1933*, I, p. 49, nota H. MAZEAUD.

Trib. Civ. Oran, 22 out. 1932, *S. 1933*, II, p. 239.

CA Nancy, 28 fev. 1934, *S. 1934*, II, p. 237.

Trib. Cor. Chalons-sur-Marne, 16 jun. 1934, *Gaz. Pal. 1934*, II, p. 367.

Civ., 22 out. 1934, *Gaz. Pal. 1934*, II, p. 821.

CA Paris 3ª Câm., 15 mar. 1937, *Gaz. Pal. 1937*, I, p. 956.

CA Paris 1ª Câm., 10 nov. 1937, *JCP 1937*, II, 460, nota J. LOUP, *Gaz. Pal. 1937*, II, p. 928.

CA Aix 1ª Câm., 29 mar. 1938, *JCP 1938*, II, 650, nota J. LOUP.

CA Paris 1ª Câm., 13 abr. 1938, *JCP 1938*, II, 663, nota J. LOUP.

CA Paris 5ª Câm., 24 maio 1938, *D.H. 1938*, p. 392.

CA Limoges, 19 out. 1938, *JCP 1938*, II, 871, nota J. LOUP.

Req., 30 abr. 1940, *Gaz. Pal. 1940*, II, p. 37, *D. 1941*, som. p. 4.

Civ., 15 jul. 1943, *JCP 1943*, II, 2500, nota HUBRECHT.

Civ., 19 mar. 1947, *D. 1947*, II, p. 313, *Gaz. Pal. 1947*, II, p. 11.

Trib. Civ. Bordeaux, 16 jan. 1950, *D. 1950*, p. 122.

CA Rouen, 9 jul. 1952, *D. 1953*, p. 13.

Trib. Civ. de la Seine, 1ª Câm., 16 dez. 1953, *Gaz. Pal. 1954*, I, p. 80.

Civ., 9 jul. 1954, *D. 1954*, p. 627.

Crim., 18 jan. 1956, *JCP 1956*, II, 9285, nota J. CAREL.

Civ. 2ª seç., 14 nov. 1958, *Gaz. Pal. 1959*, II, p. 31.

CA Lyon 1ª Câm., 17 nov. 1958, *Gaz. Pal. 1959*, II, p. 195.

Civ. 1ª, 31 maio 1960, *D. 1960*, p. 571, *S. 1960*, p. 303, *JCP 1961*, 11914, nota R. SAVATIER.

Civ. 2ª Seç., 17 fev. 1961, *Gaz. Pal. 1961*, I, p. 400.

CA Grenoble, 24 out. 1961, *RTD Civ. 1963*, nota A. TUNC.

Civ. 1ª, 14 dez. 1965, *JCP 1966*, II, 14753, nota R. SAVATIER; *D. 1966*, p. 453, *RTD Civ. 1967*, p.181.

Civ. 1ª, 26 jan. 1966, *JCP 1966*, IV, p. 35.

Civ. 2ª, 12 maio 1966, *D. 1967,* p. 3.

Civ. 2ª, 13 mar. 1967, *D. 1967*, p. 591.

Civ. 1ª, 2 jun. 1969, *D. 1970*, som. 12.

Com., 10 jun. 1969, *Bull. Civ. IV*, n° 249.

Civ. 1ª, 17 nov. 1969, *JCP 1970*, II, 16507, nota R. Savatier; *RTD Civ. 1970,* p. 580 nota G. Durry.

Civ. 1ª, dez. 1969, *JCP 1970*, II, 16445, nota J.-L. Aubert.

Crim., 24 fev. 1970, *D. 1970*, p. 307, nota P. le Tourneau, *JCP 1970*, II, 16456.

Civ. 1ª, 17 nov. 1970, *D. 1970*, som. p. 46.

Civ. 1ª, 25 maio 1971, *RTD Civ. 1972*, p. 409, nota G. Durry.

Crim., 23 nov. 1971, *D. 1972*, p. 225, nota Lecourtier; *RTD Civ. 1972*, p. 598, obs. G. Durry.

Civ. 2ª, 4 maio 1972, *D. 1972*, p. 596, nota P. le Tourneau; *RTD Civ.* 1972, p. 793, nota G. Durry.

Civ. 2ª, 18 jan. 1973, *Bull. Civ. II*, n° 27, p. 20.

Civ. 2ª, 25 jan. 1973, *JCP 1974,* II, 17641 nota A. Bénabent; D. 1974, p. 230, nota P. J. Doll; *RTD Civ.*1973, p. 573, nota G. Durry.

Civ. 1ª, 9 maio 1973, *JCP 1974*, II, 17643.

Civ. 2ª, 10 out. 1973, *Bull. Civ. II*, n° 254, p. 203.

Civ. 1ª, 5 nov. 1974, *Bull. Civ. I*, n° 292, p. 251.

Crim., 18 mar. 1975, *Bull. Crim.,* n° 79, p. 213.

Civ. 1ª, 1° jun. 1976, *JCP 1976*, II, 18482, nota R. Savatier.

Civ. 2ª, 9 mar. 1977, *Bull. Civ. II*, n° 708.

Civ. 2ª, 4 jan. 1978, *Bull. Civ. II*, n° 4.

Civ. 1ª, 7 mar. 1978, *Bull. Civ. I,* n° 94.

Civ. 1ª, 2 maio 1978, *JCP 1978*, II, 18966, nota R. Savatier; *D. 1978*, IR p. 408, nota C. Larroumet.

Civ. 1ª, 18 out. 1978, *não publicado*, pourvoir n° 77-12.673.

Civ. 1ª, 20 fev. 1979, *JCP 1979,* IV, p. 145.

Com., 18 dez. 1979, *RTD Civ. 1980*, p. 180, nota G. Cornu.

Civ. 1ª, 19 dez. 1979, *RTD Civ. 1980,* p. 386, nota G. Durry.

Civ. 2ª, 11 jun. 1980, *Bull. Civ. II*, n° 141.

Crim., 9 dez. 1980, *Bull. Crim.,* n° 338.

Civ. 1ª, 24 mar. 1981, *D. 1981*, p. 545 nota J. Penneau.

Crim., 15 jun. 1982, *Bull. Crim.*, n° 159.

Civ. 1ª, 17 nov. 1982, *RTD Civ. 1983*, p. 547, nota G. Durry; *JCP 1983*, II, 20056, nota M. Saluden; *D. 1984*, p. 305, nota A. Dorsner-Dolivet.

Crim., 3 nov. 1983, *JCP 1985*, II, 20360, nota Y. Chartier.

Civ. 1ª, 3 nov. 1983, *RTD Civ. 1984*, p. 322, nota G. Durry.

Civ. 1ª, 2 out. 1984, *RTD Civ. 1986,* p. 117, nota J. Huet.

Civ. 1ª, 8 jan. 1985, *D. 1986*, p. 390, nota J. Penneau.

Com., 14 maio 1985, *JCP 1985*, IV, p. 258.

Civ. 1ª, 11 fev. 1986, *JCP 1987*, II, 20775, nota A. Dorsner-Dolivet.

Crim., 11 mar. 1986, *Bull. Crim.*, n° 103, p. 265.

Civ. 1ª, 16 jul. 1986, *JCP 1986*, IV, p. 285.

Ass. Plen., 3 jun. 1988, *RTD Civ. 1989*, p. 81, nota P. Jourdain.

Civ. 1ª, 7 jun. 1988, *Bull. Civ. I*, n° 180, p. 125.

Civ. 1ª, 20 jul. 1988, *Bull. Civ. I*, n° 260, p. 179.

Civ. 1ª, 11 out. 1988, *RTD Civ. 1990*, p. 486, nota P. Jourdain.

Civ. 1ª, 18 jan. 1989, *Bull. Civ.*, n° 19.

Civ. 1ª, 7 jun. 1989, *D. 1991*, p. 158 nota J.P. Couturier; *RTD Civ. 1992*, p. 109, nota P. Jourdain; *RDSS 1990*, p. 52, nota L. Dubouis; D. 1991, p. 323, nota J.-L. Aubert.

Civ. 2ª, 15 nov. 1989, *Bull. Civ. II*, n° 206.

Civ. 1ª, 10 jan. 1990, *RTD Civ. 1990*, p. 109, nota P. Jourdain.

Civ. 1ª, 7 fev. 1990, *D. 1991*, p. 183 nota J. Penneau; *RTD Civ. 1991*, p. 109, nota P. Jourdain.

Civ. 2ª, 21 fev. 1990, *RTD Civ. 1990*, p. 501, nota P. Jourdain.

Crim., 6 jun. 1990, *RTD Civ. 1991*, p. 121, *RTD Civ. 1992,* p. 109, nota P. Jourdain.

TJ-RS, Ap. Civ. n° 589.069.996, j. 12 jun. 1990, Rel. Des. Ruy Rosado.

STJ, AgRg no AI n° 3.364/SP, j. 10 out. 1990, Rel. Min. Ilmar Galvão.

Civ. 3ª, 9 jan. 1991, *AJDI 1992*, p. 28.

Civ. 2ª, 25 mar. 1991, *Resp. Civ. et Assur. 1991*, comen. 283.

Civ. 1ª, 16 jul. 1991, *RTD Civ. 1992*, p. 51, nota J. Hauser.

TJ-RS, Ap. Civ. n° 591.064.837, j. 29 ago. 1991, Rel. Des. Ruy Rosado.

Civ. 2ª, 14 out. 1992, RTD Civ. 1993, p. 148, nota P. Jourdain.

Crim., 3 mar. 1993, *RTD Civ. 1995*, p. 128, nota P. Jourdain.

C. Supr. Cass., 22 abr. 1993, n° 4725.

CA Versailles, 21 jul. 1993, *RTD Civ. 1994*, p. 120, nota P. Jourdain.

TA Rennes, 6 jul. 1994, *LPA 1995*, n° 24, p. 12, nota F. Mallol.

Civ. 2ª, 2 nov. 1994, *RTD Civ. 1995*, p. 128, nota P. Jourdain.

CA Limoges, 19 out. 1995, *JCP 1996*, IV, 897.

Crim., 13 dez. 1995, *Bull. Crim.*, n° 377, p. 1101.

Civ. 1ª, 30 jan. 1996, *D. 1997*, p. 31, nota P. Jourdain.

Civ. 2ª, 7 fev. 1996, *Bull. Civ. II*, n° 36, p. 23.

Crim., 20 mar. 1996, *RTD Civ. 1996*, p. 912, nota P. Jourdain.

Civ. 1ª, 26 mar. de 1996, *RTD Civ. 1996*, p. 623, nota P. Jourdain.

Crim., 9 jul. 1996, *Bull. Crim.*, n° 286, p. 880.

Civ. 1ª, 13 nov. 1996, *D. 1998*, p. 48, nota C. J. Berr.

Crim, 20 nov. 1996, *Bull. Crim.*, n° 417, p. 1211.

Crim., 4 dez. 1996, *Bull. Crim.,* n° 445, p. 1301.

Com., 10 dez. 1996, *Bull. Civ. IV*, n° 307, p. 261.

Civ. 1ª, 18 fev. 1997, *Bull. Civ. I*, n° 65, p. 41.

Crim., 19 mar. 1997, *Bull. Crim.*, n° 109, p. 365.

Civ. 1ª, 2 abr. 1997, *D. 1997*, p. 101.

Civ. 1ª, 8 jul. 1997, *RTD Civ.1998*, p. 126, nota P. Jourdain.

Civ. 1ª, 8 jul. 1997, *RDSS 1998*, p. 67, nota L. Dubouis.

Civ. 1ª, 17 fev. 1998, *RTD Civ. 1998*, p. 681, nota P. Jourdain.

Civ. 1ª, 27 maio 1998, *D. 1998*, p. 530, nota F. Laroche-Gisserot.

Civ. 1ª, 6 out. 1998, *RTD Civ. 1999*, p. 113, nota P. Jourdain.

Civ. 1ª, 7 out. 1998, *D. 1999*, p. 145, nota S. Porchy-Simon; *RTD Civ. 1999*, p. 111, nota P. Jourdain; *D. 1999*, p. 259, nota D. Mazeaud; *RTD Civ. 1999*, p. 83, nota J. Mestre.

Civ. 1ª, 16 jun. 1998, *Bull. Civ. I*, n° 216, p. 149.

BIBLIOGRAFIA

Civ. 1ª, 16 jun. 1998, *JCP 1998*, II, 10143, nota R. Martin.

CA Dijon, 4 fev. 1999, *RTD Civ. 1999,* p. 396, nota J. Mestre.

Civ. 2ª, 24 jun. 1999, *Bull. Civ. II*, n° 126 p. 89.

Civ. 1ª, 29 jun. 1999, *RTD Civ. 1999*, p. 841, nota P. Jourdain.

Crim., 28 set. 1999, *D. 2000*, p. 9.

Civ. 1ª, 20 jun. 2000, *D. 2000*, p. 471, nota P. Jourdain.

Civ. 1ª, 18 jul. 2000, *D. 2000*, p. 853, nota Y. Chartier.

Ass. Plen., 17 nov. 2000, *D. 2001,* p. 332, nota D. Mazeaud e P. Jourdain, *JCP 2000*, II, 10438, nota F. Chabas; *RTD Civ. 2001*, p. 226, nota R. Libchaber.

Civ. 1ª, 4 abr. 2001, *JCP 2001*, II, 10640, nota C. Noblot.

Civ. 1ª, 4 abr. 2001, *Bull. Civ. I*, n° 101, p. 64.

Civ. 2ª, 5 jul. 2001, *Bull. Civ. II*, n° 135, p. 91.

Cons. St., 7 fev. 2002, n° 686.

Civ. 1ª, 9 abr. 2002, *Bull. Civ. I*, n° 116, p. 89.

Civ. 3ª, 22 out. 2002, *RD Imm. 2003*, p. 91, nota P. Malinvaud.

Civ. 1ª, 13 nov. 2002, *RTD Civ. 2003*, p. 98, nota P. Jourdain.

Civ. 3ª, 17 dez. 2002, *RD Imm. 2003,* p. 322, nota F. G. Trébulle.

Civ. 2ª, 23 jan. 2003, *Bull. Civ. II,* n° 20, p. 16.

Civ. 1ª, 4 fev. 2003, *D. 2004*, p. 600, nota J. Penneau.

Civ. 3ª, 19 fev. 2003, *RTD Civ. 2003*, p. 508, nota P. Jourdain.

Com., 25 fev. 2003, *RTD Civ.* 2004, p. 80 e 85, nota J. Mestre e B. Fages.

Civ. 2ª, 27 março 2003, *Bull. Civ. II*, n° 76, p. 66.

Civ. 1ª, 27 maio 2003, *Bull. Civ. I*, n° 129, p. 100.

Civ. 1ª, 8 jul. 2003, *Bull. Civ. I*, n° 164, p. 128.

Civ. 1ª, 4 nov. 2003, D. 2004, p. 601, nota J. Penneau.

Civ. 3ª, 12 nov. 2003, *RTD Civ.* 2004, p. 80 e 85, nota J. Mestre e B. Fages.

Com., 26 nov. 2003, *D. 2004*, p. 869 nota A. S. Dupré-Dallemagne; *JCP 2004*, I, 163, n° 18, nota G. Viney; *RDC 2004*, p. 257, nota D. Mazeaud.

Civ. 2ª, 18 dez. 2003, *RTD Civ. 2004*, p. 294, nota P. Jourdain.

Crim., 28 jan. 2004, *RTD Civ. 2004*, p. 298, nota P. Jourdain; *D. 2004,* p. 1447, nota H. Matsopoulou.

Civ. 1ª, 9 mar. 2004, *Bull. Civ. I*, n° 79, p. 63.

Civ. 2ª, 10 jun. 2004, *RTD Civ. 2004,* p. 738, nota P. Jourdain; *RD Imm.* 2004, p. 348, nota F. G. Trébulle.

Civ. 1ª, 3 nov. 2004, *Bull. Civ. I*, n° 243, p. 203.

Civ. 1ª, 9 nov. 2004, *não publicado*, pourvoir n° 02-19.286.

Civ. 3ª, 1 dez. 2004, *RD Imm. 2005,* p. 43, nota C. Morel.

Civ. 1ª, 7 dez. 2004, *D. 2005*, p. 403, nota J. Penneau.

Civ. 1ª, 18 jan. 2005, *D. 2005*, p. 524.

Civ. 2ª, 24 fev. 2005, *JCP 2005*, II, 10100, nota F. G. Trébulle; LPA 2006, n° 109, p. 16, nota M. A. Rakotovahiny.

STJ, REsp. n° 788.459/BA, j. 8 nov. 2005, Rel. Min. Fernando Gonçalves.

Civ. 1ª, 29 nov. 2005, *D. 2006*, p. 689, nota J. Penneau.

Civ. 1ª, 7 fev. 2006, *não publicado*, pourvoir, n° 05-13.958.

Civ. 3ª, 28 jun. 2006, *D. 2006*, p. 2963, nota D. Mazeaud; RTD Civ. 2006, p. 770, nota P. Jourdain.

Civ. 2ª, 19 out. 2006, *não publicado*, pourvoir n° 05-16.005.

Civ. 1ª, 21 nov. 2006, *JCP 2007*, I, 115, nota P. Stoffel-Munck; RDC 2007, p. 266, nota D. Mazeaud.

Civ. 1ª, 19 dez. 2006, *JCP 2007*, II, 10052, nota S. Hocquet-Berg; *RTD Civ. 2007*, p. 352, nota P. Jourdain.

Civ. 1ª, 16 jan. 2007, *Gaz. Pal. 2008*, n° 78, p. 19, nota E. Du Rusquec.

Civ. 3ª, 14 fev. 2007, *RD Imm. 2007*, p. 247, nota F. G. Trébulle; *RTD Civ. 2007*, p. 345, nota J. Mestre e B. Fages.

TJ-RS, Rec. n° 71001196195, j. 12 jul. 2007, Rel. Ricardo Torres Hermann.

Civ. 1ª, 28 nov. 2007, *RD Imm. 2008*, p. 191, nota F. G. Trébulle; JCP 2008, I, 125, nota P. Stoffel-Munck.

Civ. 1ª, 6 dez. 2007, *D. 2008*, p. 192, nota P. Sargos; *RTD Civ. 2008*, p. 303, nota P. Jourdain; *Gaz. Pal. 2008,* n° 283, p. 34 nota A. Duballet.

STJ, AgRg no Ag n° 932.446/RS, j. 6 dez. 2007, Rel. Min. Nancy Andrighi.

Civ. 1ª, 14 fev. 2008, *Bull. Civ. I*, n° 51.

Civ. 1ª, 7 maio 2008, *Gaz. Pal. 2008*, n° 330, p. 18, nota É. Mulon.

Civ. 2ª, 15 maio 2008, *RTD Civ. 2008*, p. 679, nota P. Jourdain; *JCP 2008*, I, 186, nota P. Stoffel-Munck; *D. 2008*, p. 2894, nota P. Brun.

BIBLIOGRAFIA

Collet v. Smith & Middlesbrough ([2008] EWHC 1962 QB).

STJ, REsp. n° 965.758/RS, j. 19 ago. 2008, Rel. Min. Nancy Andrighi.

Civ. 1ª, 18 set. 2008, *D. 2009*, p. 1044, nota D. R. MARTIN.

Civ. 1ª, 18 set. 2008, *Gaz. Pal. 2008*, n° 365, p. 58, nota F. CÉLESTIN.

TGI Nanterre, 18 set. 2008, *JCP 2008*, II, 10208, nota J. V. BOREL.

Civ. 1ª, 30 out. 2008, *D. 2009*, p. 995, nota Y. AVRIL.

STJ, REsp. n° 1.079.185/MG, j. 11. nov. 2008, Rel. Min. Nancy Andrighi.

Civ. 1ª, 13 nov. 2008, *JCP 2008*, II, 10030, nota P. SARGOS.

Civ. 3ª, 7 jan. 2009, *RTD Civ. 2009*, p. 113, nota B. FAGES.

Civ. 2ª, 9 abr. 2009, *Bull. Civ. II*, n° 98.

Civ. 2ª, 28 maio 2009, *não publicado*, pourvoir n° 08-14.272.

STJ, REsp. n° 1.104.665/RS, j. 9 jun. 2009, Rel. Min. Massami Uyeda.

TJ-SP, Apel. Civ. n° 994.09.332493-1, j. 13 maio 2010, Rel. Des. Ênio Zuliani.

STJ, REsp. n° 1.184.128/MS, j. 8 jun. 2010, Rel. Min. Sidnei Beneti.

STJ, AgRg no REsp. n° 1.013.024/RS, j. 5 ago. 2010, Rel. Min. Aldir Passarinho.

STJ, Resp. n° 821.004/MG, j. 19 ago. 2010, Rel. Min. Sidnei Beneti.

TJ-SP, Apel. Civ. 992.07.026794-3, j. 18 out. 2010, Rel. Des. Manoel Justino Bezerra Filho.

STJ, REsp. n° 1.190.180/RS, j. 16 nov. 2010, Rel. Min. Luis Felipe Salomão.

STJ, REsp. n° 1.115.687/SP, j. 18 nov. 2010, Rel. Min. Nancy Andrighi.

TJ-SP, Apel. Civ. n° 992.07.062615-3, j. 24 nov. 2010, Rel. Des. Reinaldo Caldas.

STJ, Emb. Div. no Resp n° 825.037/DF, 1° fev. 2011, Rel. Min. Eliana Calmon.

TJ-SP, Apel. Cív. n° 992.08.018679-2, j. 1° mar. 2011, Rel. Des. Cesar Lacerda.

STJ, AgRg no REsp. n° 1.220.911/RS, j. 16 mar. 2011, Rel. Min. Castro Meira.

TJ-SP, Apel. Cív. n° 0034387-12.2008.8.26.0309, j. 5 abr. 2011, Rel. Des. Dimas Rubens Fonseca.

TJ-SP, Emb. Inf. n° 9131381-66.2009.8.26.0000/50001, j. 7 abr. 2011, Rel. Des. Francisco Loureiro.

STF, AgRg no RExt n° 593.373, j. 18 abr. 2011, Rel. Min. Joaquim Barbosa.

STJ, Resp. 1.243.022/RS, j. 2 jun. 2011, Rel. Min. Luis Felipe Salomão.

STJ, Emb. Div. no Resp n° 1.117.974/RS, j. 21 set. 2011, Rel. Min. Teori Zavascki.

STJ, Resp. n° 993.936/RJ, j. 27 mar. 2012, Rel. Min. Luis Felipe Salomão.

STJ, EDcl no AgRg no AI 1.916.957/DF, j. 10 abr. 2012, Rel. Min. Isabel Galloti.

STJ, AgRg no Ag no Resp n° 109.277/DF, j. 19 abr. 2012 Rel. Min. Castro Meira.

STJ, AgRg no Ag no Resp. n° 154.098/PE, j. 29 maio 2012, Rel. Min. Humberto Martins.

STJ, AgRg no AI. n° 1.401.354/PR, j. 21 jun. 2012, Rel. Min. Arnaldo Esteves de Lima.

STJ, AgRg no Ag no Resp. 167.480/GO, Rel. j. 20 set. 2012, Min. Antonio Carlos Ferreira.

STJ, Resp. n° 1.254.141/PR, j. 4 dez. 2012, Rel. Min. Nancy Andrighi.